Patrik A. Hauns und Werner Schnatterbeck (Hrsg.)

Wenn die Hummel wüsste, dass sie *nicht* fliegen kann!

Wissenswertem & Erstaunlichem auf der Spur

Bruchsaler Kinder-Sommerakademie

verlag regionalkultur

Mit freundlicher
Unterstützung der

BRUCHSALER BILDUNGSSTIFTUNG

Titelbildnachweis:
Inquisitive children look at leaf under magnifying glass in the ecological summer camp. Image 167551124. (123rf.com)

Titel:
Wenn die Hummel wüsste, dass sie *nicht* fliegen kann!

Wissenswertem & Erstaunlichem auf der Spur

Herausgeber:
Patrik A. Hauns und Werner Schnatterbeck

Mitarbeit:
Lara Waterstraat, Sophia Kegreis, Chantal Buttau

Bildnachweis:
Alle Abbildungen stammen von den Autorinnen und Autoren, soweit nicht anders angegeben und pixabay.

Zeichnungen:
Barbara Bartsch

Herstellung:
verlag regionalkultur (vr)

Satz:
Jochen Baumgärtner (vr)

Umschlaggestaltung:
Jochen Baumgärtner (vr)

Endkorrektorat:
Andrea Sitzler (vr)

ISBN 978-3-95505-270-6

Bibliographische Information der Deutschen Nationalbibliothek
Die Deutsche Nationalbibliothek verzeichnet diese Publikation in der Deutschen Nationalbibliographie; detaillierte bibliographische Daten sind im Internet über http://dnb.dnb.de abrufbar.

Diese Publikation ist auf alterungsbeständigem und säurefreiem Papier (TCF nach ISO 9706) gedruckt entsprechend den Frankfurter Forderungen.

verlag regionalkultur
Heidelberg • Ubstadt-Weiher • Stuttgart • Speyer • Basel

Verlag Regionalkultur GmbH und Co. KG
Bahnhofstraße 2 • 76698 Ubstadt-Weiher • *Telefon* 07251 36703-0 • *Fax* 07251 36703-29
E-Mail kontakt@verlag-regionalkultur.de • *Internet* www.verlag-regionalkultur.de

Inhalt

Vorwort

 Liebe Leserinnen und Leser,

„Wenn die Hummel wüsste, dass sie nicht fliegen kann!", so lautete der Titel einer der vielen spannenden Veranstaltungen, die in den letzten Jahren seit Bestehen der Bruchsaler Kinder-Sommerakademie in das Programm aufgenommen und durchgeführt wurden. Dabei legten die ehrenamtlich tätigen Dozentinnen und Dozenten großen Wert darauf, sowohl sach- als auch kindgerecht vorzugehen.

Bei uns als Ideengeber, Organisatoren und Nachbereiter des in Bruchsal gut angenommenen Ferien-Bildungsangebots für Kinder im Alter von 7–13 Jahren wurde immer wieder angeregt, zumindest einen Teil der mit viel Kreativität und Herzblut aufbereiteten Sachthemen auch in gedruckter Form zur Verfügung zu stellen. Als interessanter Stoff für ältere Geschwister, Eltern und Großeltern, für Schulen und Einrichtungen der Jugendarbeit, aber auch zur Vertiefung kann eine solche Veröffentlichung dienen. Gerade bei Kindern stehen Bücher noch immer hoch im Kurs. Sie beflügeln die Fantasie, vermitteln neue Erkenntnisse und regen zum Nachdenken an. Bücher greifen die Neugier der Kinder auf, was ohne Zweifel eine ganz wesentliche Grundvoraussetzung für den Wissenserwerb ist – auch in einer Zeit, in der audiovisuelle Vermittler wie Fernsehen, Computer, Internet und soziale Medien einen immer größeren Einfluss gewinnen.

Es war die Bildungsstiftung Bruchsal, die sich dankenswerterweise bereit erklärt hat, die Herausgabe eines Buches mit einer Sammlung spannender Aufsätze und Beiträge quer durch die Themenbereiche großzügig zu fördern. Unser Dank gilt aber vor allem auch den Lehrenden, ohne deren ehrenamtliches Engagement weder die alljährlich stattfindende Bruchsaler Kinder-Sommerakademie noch die Herausgabe dieses Buches möglich gewesen wäre.

Wir wünschen allen großen und kleinen Leserinnen und Lesern viel Gewinn und Freude beim Lesen!

Die Herausgeber
Patrik A. Hauns und Werner Schnatterbeck

Die Bruchsaler Kinder-Sommerakademie – ein Erfolgsmodell!

Patrik A. Hauns

Die Bruchsaler Kinder-Sommerakademie – kurz: BruKiSA – ist seit vielen Jahren ein Erfolgsmodell! Ein Ferienprogramm, veranstaltet von der Stadt Bruchsal, das Kindern im Alter von 7 bis 13 Jahren die Möglichkeit gibt, spannende und vielleicht nicht alltägliche Fragen von Hochschuldozentinnen und Hochschuldozenten in verständlicher, kindgerechter Form beantworten zu lassen.

In den meisten Universitätsstädten gibt es eine „Kinder-Universität". Dort werden in den Semesterferien Vorlesungen und wissenschaftliche Veranstaltungen für Kinder und Jugendliche angeboten. Leider hat Bruchsal keine Universität, mit der man solche Angebote organisieren und durchführen könnte. Die Stadtverwaltung Bruchsal orientierte sich mit der Kinder-Sommerakademie daher an der Stadt Ettlingen.[1] Auch dort stand man 2004 vor der Frage, wie man in den Sommerferien spannende Bildungsangebote für Kinder organisieren könnte. Die Kinder-Sommerakademie wurde geboren und fand auch in Bruchsal Freunde und Nachahmer. Dabei kann die Kinder-Sommerakademie – im Gegensatz zu den bekannten Kinder-Universitäten in Karlsruhe, Tübingen oder Heidelberg – in der Regel mehr bieten als eben jene Hochschulen. So werden nicht nur allein kindgerechte „Vorlesungen" zu bestimmten Sachthemen und Fragestellungen angeboten, vielmehr gibt es immer wieder auch Experimentierworkshops, Ausstellungen oder einzelne Exkursionen, die das Gesamtangebot der BruKiSA im Idealfall komplettieren. Darüber hinaus erhalten die Kinder nicht nur ein übersichtliches „Vorlesungsprogramm" – das zwischenzeitlich auch digital zur Verfügung steht – sondern vielmehr auch einen „Studierendenausweis", in dem der Besuch der einzelnen Angebote entsprechend bescheinigt und dokumentiert wird.

Zur Entstehung der BruKiSA

Wie bereits zum Ausdruck gebracht: Letztlich war die Ettlinger Kinder-Sommerakademie Vorbild, die bereits im Jahre 2004 den Versuch eines solchen Bildungsangebots in den Sommerferien wagte. Der damalige Leiter des Amtes für Jugend, Familie und Senioren der Stadt Ettlingen, Patrik A. Hauns, entwickelte gemeinsam mit dem langjährigen Leiter des Staatlichen Seminars für Didaktik und Lehrerbildung Karlsruhe, Prof. Gerold Niemetz, dieses Angebot. Gemeinsam ist es gelungen, engagierte Hochschuldozentinnen und –dozenten, die in der Wissenschaftsstadt Karlsruhe an einer der dortigen Hochschulen oder dem KIT ätätig sind oder waren, für die Kinder-Sommerakademie zu begeistern. Obwohl das Projekt durchweg ehrenamtlich angelegt war, brauchte keiner der angesprochenen Wissenschaftlerinnen und Wissenschaftler lange überredet werden. Gerne wurde von den Dozentinnen und Dozenten die Herausforderung angenommen, ihr spezifisches Fachwissen in kindgemäßer Form aufzubereiten und den Kindern während der Sommerferien zu vermitteln. Nach der Wahl der Ettlinger Bürgermeisterin Cornelia Petzold-Schick zur Oberbürgermeisterin der Stadt Bruchsal fiel das Konzept der Kinder-Sommerakademie 2009 auch dort auf fruchtbaren Boden.

Bereits im darauffolgenden Jahr 2010 ging die Bruchsaler Kinder-Sommerakademie – damals noch unter dem Namen „KinderUNIversum" mit acht Beiträgen an den Start. Im Gebäude der ehemaligen „International University in Germany"[2] auf dem Campus – heute ist dort u.a. der Fachbereich Bildung, Soziales und Sport der Stadtverwaltung untergebracht – stand ein geeignetes Gebäude für die Kinderakademie zur Verfügung.

Die erste Vorlesung des neuen Bildungsangebots übernahm Prof. Dr. Wim de Boer vom Karlsruher Institut für Technologie (KIT). Sein Thema „Der Urknall und seine Teilchen" war somit der Startschuss für eine bis heute erfolgreiche Veranstaltungsreihe für Kinder. Im Laufe der Jahre konnten weitere Dozentinnen und Dozenten für die Kinder-Sommerakademie gewonnen werden. Besonders erfreulich ist in diesem Zusammenhang, dass der Anteil der beteiligten Wissenschaftlerinnen – gerade in den naturwissenschaftlichen und technischen Disziplinen – deutlich gestiegen ist.

Ziele und Methoden der BruKiSA

Das Hauptziel der BruKiSA ist es, die Kinder mit Forschung und wissenschaftlichem Denken vertraut zu machen. Dabei besteht die große Herausforderung für die Dozentinnen und Dozenten in erster Linie darin, ihr Expertenwissen in kindgerechter Form aufzubereiten und auch zu vermitteln. Es liegt auf der Hand, dass die Inhalte – nicht nur sprachlich hinsichtlich der Verwendung von Fachbegriffen und Fremdwörtern – sondern auch mit Blick auf das Vorwissen der Kinder im Alter von 7 bis 13 Jahren und die Methodik entsprechend zu gestalten sind. Manche Kinder haben keinerlei Vorwissen, andere haben sich schon ansatzweise mit einzelnen Sachverhalten beschäftigt und dürfen sich auch nicht langweilen. Es ist die Kunst, diesem Anspruch gerecht zu werden und bei den Kindern die Neugier und vielleicht auch den kindlichen Forschungsdrang zu wecken. Und tatsächlich: manchmal gibt es unter den Teilnehmenden bereits kleine „Experten", die mit ihren Fragen und Bemerkungen die Veranstaltung positiv bereichern.

Die Mittel, mit denen man die Kinder der unterschiedlichen Altersstufen errei-chen kann, fordern das methodische Können und die pädagogische Fantasie der Vortragenden heraus. Eine reine Vorlesung, wie sie bei erwachsenen Studierenden häufig die Regel ist, würde die meisten Kinderstudentinnen und –studenten nicht nur überfordern, sondern vermutlich auch wenig interessieren. Daher wird selbst-verständlich – wo immer möglich – mit entsprechenden technischen Geräten oder kleinen Versuchen gearbeitet. Selbstverständlich dürfen die Kinder auf vielfälti-ge Weise mitwirken: durch Fragen, Hilfestellungen, partnerschaftliche Übungen, Dialoge. Bei kleinen Versuchen dürfen die Kinder natürlich assistieren oder mithel-fen. Besonders spannend waren in diesem Zusammenhang die BruKiSA-Workshops mit chemischen oder biologischen Experimenten und Versuchen, die aufgrund der dafür notwendigen Geräte im Chemielabor der Käthe-Kollwitz-Schule durchgeführt wurden.

Besonders eindrucksvoll für die Kinder erwiesen sich Darstellungen und Vorträge, wenn sie aktuelle Ereignisse aufgegriffen haben. Zum Beispiel Blitz und Donner der vergangenen Nacht, oder Wetterereignisse und Wirbelstürme, die die Kinder bereits aus dem Fernsehen kannten oder Inhalte, die sich auf die unmittelbare Umgebung von Bruchsal und den Kraichgau bezogen.

Den Besuch der einzelnen Angebote der BruKiSA können sich die Kinder auf einem „Studierendenausweis" bestätigen lassen. Es gibt Kinder, die mit Akribie bei der Sache sind und keine Veranstaltung verpassen. Voller Stolz präsentieren diese

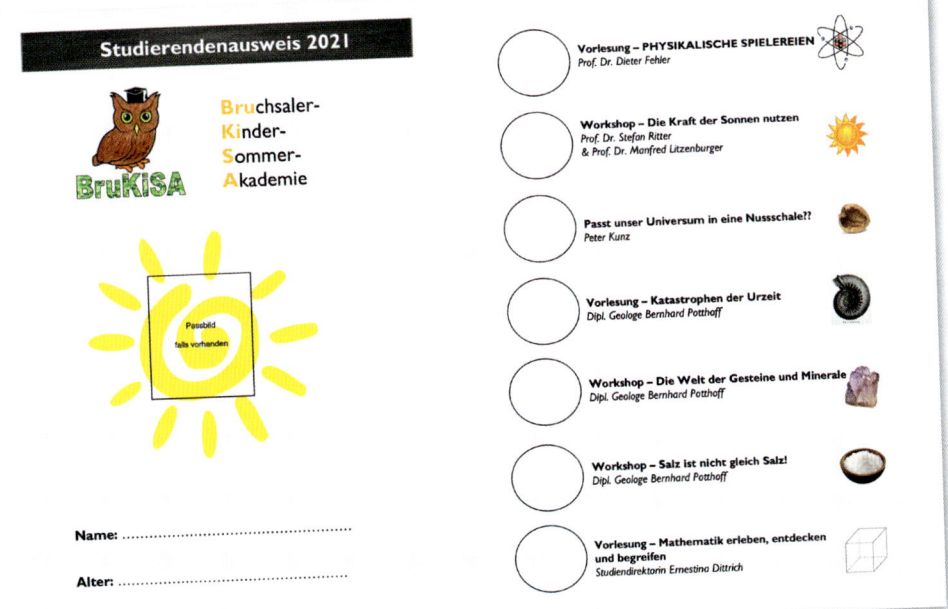

jungen „Studentinnen und Studenten" dann ihren Ausweis, in dem die Teilnahme an den Veranstaltungen mit einem Stempel bestätigt wird.

Zu den Beiträgen in diesem Buch

Die einzelnen Beiträge in diesem Buch sind nicht nach einer inhaltlichen Systematik angeordnet. Das heißt, sie müssen nicht in einer festgelegten Reihenfolge gelesen werden. Es bleibt dem Bedürfnis und dem Interesse der Leserinnen und Leser überlassen, wo sie beginnen und für welche Themen überhaupt ihr Interesse geweckt wird.

Die Herausgeber haben es den einzelnen Autorinnen und Autoren überlassen, welche Form der Darstellung sie für ihren Beitrag wählen. Das gilt auch für die am Ende des jeweiligen Beitrags angefügte Kurzbiographie der Verfasserinnen und Verfasser. Manche Beiträge orientieren sich an der Veranstaltung, andere erweitern den Beitrag mit entsprechenden Grafiken, Schaubildern und ergänzenden Angaben oder betten das Thema in eine erfundene Geschichte ein.

Die Herausgeber haben bei der Auswahl der Beiträge für das Buch darauf geachtet, dass ein breites Themenspektrum abgebildet wird. So gibt es spannende Beiträge zu technischen oound naturwissenschaftlichen Fragestellungen, aber auch historische Themen kommen nicht zu kurz. Ein besonderer Beitrag ist sicher der Aufsatz von Prof. Dr. Hartmut Ayrle, der die Verhüllung des Reichstags in Berlin durch das weltbekannte Künstlerehepaar Christo und Jeanne-Claude als verantwortlicher Architekt maßgeblich begleitet und umgesetzt hat. Daher kann der heutige Leiter des Stadtplanungsamtes Bruchsal besonders anschaulich und aus nächster Nähe von dieser ganz besonderen Kunstaktion berichten. Aber auch die anderen Bruchsaler Dozentinnen und Dozenten haben hervorragende Beiträge zu diesem Buch beigesteuert.

Der erste Beitrag des Buches – er ist quasi auch namensgebend für das Buch – beschäftigt sich mit der Frage, warum die Hummel überhaupt fliegen kann – wo sie doch eigentlich für ihre kleinen Flügel zu schwer dafür ist. Dabei bereichert Prof. Dr. Dieter Fehler seinen Beitrag mit Versuchen und Experimenten, die die Kinder auch zuhause problemlos nachmachen können. Dieter Fehler gelingt es seit vielen Jahren, Kinder mit kleinen Experimenten für naturwissenschaftliche Themen zu begeistern. Meist dürfen die Kinder dabei assistieren oder kleine Aufgaben übernehmen.

Botschaften aus der Vergangenheit veranschaulicht die Leiterin des Bruchsaler Stadtarchivs, Dr. Tamara Frey, anhand historischer Exponate, Schriftstücke und Akten aus der Bruchsaler Vergangenheit. Dabei zeigt sie auch kindgerecht auf, wie sich unsere Schrift im Laufe der Zeit entwickelt hat.

Rund um das Programmieren eines Roboters geht es bei Prof. Dr. Cosima Schmauch und Helga Gabler. Die beiden Informatikerinnen zeigen den Kindern, wie

Roboter programmiert werden und wie man einen Roboter dabei sogar zum Tanzen bringen kann.

Dr. Inga Beck nimmt die Kinder mit auf eine Reise in das Weltall. Aus dieser Perspektive lernen sie nicht nur den Kraichgau näher kennen, sondern können auch die Klimaveränderungen, z. B. das Abschmelzen der Gletscher, beobachten.

Prof. Dr. Jürgen Wacker weist in seinem Beitrag darauf hin, dass auch Kinder in Notfällen helfen können – nicht nur Erwachsene. In einer kleinen Geschichte zeigt er anhand der von Barbara Bartsch kindgerecht gestalteten Schaubilder auf, welche Abläufe bei Notfällen zu beachten sind.

Dr. Hartmut Schönherr erklärt den Kindern in sehr anschaulicher Weise, was eigentlich Energie ist, welche Arten von Energie es gibt und wie man Energie gewinnen kann. Gerade mit Blick auf den Klimawandel ist dieser Beitrag von ganz besonderer Bedeutung.

Vom Papyrus über das Papier zum Personalcomputer lautet das Thema von Prof. Dr. Sabine Liebig. Einmal mehr ist es der Historikerin gelungen, Kinder mit auf die Reise durch die Jahrhunderte zu nehmen und zu erklären, wie sich eigentlich unsere Schrift entwickelt hat.

Prof. Dr. Werner Schnatterbeck widmet seinen Beitrag dem pakistanischen Mädchen Malala, die sich für das Recht auf Bildung für Mädchen eingesetzt hat und dafür von den Taliban ermordet werden sollte. Malala erhielt für ihren Einsatz mit 17 Jahren den Friedensnobelpreis. Werner Schnatterbeck will mit seinem Beitrag, der eingangs als Dialog mit seiner Tochter Hannah aufgebaut ist, die Kinder auch dafür sensibilisieren, dass es nicht überall, wie bei uns, selbstverständlich ist, zur Schule gehen zu dürfen.

Bruchsals heißem Untergrund geht Bernhard Potthoff in seinem Beitrag auf den Grund. Er greift damit auch ein aktuelles Thema in Bruchsal auf: die Geothermie. Gegenwärtig werden in Bruchsal und in der Nachbargemeinde Weingarten Probebohrungen in den heißen Untergrund durchgeführt, um zu prüfen, inwieweit auch in Bruchsal durch die Geothermie künftig die Möglichkeit einer nachhaltigen Energieerzeugung besteht.

Der Magie der Zahlen widmet sich Ernestina Dittrich in ihrem Beitrag. Sehr anschaulich erklärt sie, wie z.B. die Maya vor 2.000 Jahren anhand von Bildern Punkt- und Strichsymbole zum Rechnen entwickelt haben und wie damit tatsächlich gerechnet wurde.

Prof. Dr. Melanie Platz und ihrem Kollegen Prof. Dr. Stefan Ritter ist es mit ihrem Beitrag hervorragend gelungen, Stadtgeschichte und Mathematik miteinander zu verbinden. Anhand von drei durchgeführten Geocachings und dem damit verbundenen Einsatz eines Navigationssystems mussten die Kinder versteckte „Schätze" orten und entdecken. Der Aufsatz beschreibt dabei auch die Methodik dieser Aufgaben und die Erfahrungen der verschiedenen Geocachings. Die beigefügte Literatur- und

Quellenangabe ist natürlich für Lehrkräfte und Leser/innen interessant, die sich noch intensiver mit dem Thema beschäftigen wollen.

„Waschen ohne nass zu werden" – für manche kann das sicherlich ein verlockender Gedanke sein. Aber Dr. Matthias Mail geht in seinem Beitrag natürlich auf die Geheimnisse des Lotus-Effekts und der Bionik ein und zeigt anhand von Beispielen, was wir für unsere technischen Entwicklungen von den Tieren und Pflanzen lernen und übernehmen können.

Mit seinem Beitrag „Das Klima im Kühlschrank" gelingt es Prof. Dr. Fehler einmal mehr, naturwissenschaftliche Phänomene sehr anschaulich in eine kleine Geschichte zu verpacken. Anhand der zentralen Fragen „wieso", „weshalb" und „warum" beantwortet Dieter Fehler in kindgerechter Form komplexe Zusammenhänge.

Es ist den Herausgebern nicht leicht gefallen, aus der Vielzahl der Beiträge der Bruchsaler Kinder-Sommerakademie in den letzten Jahren (siehe hierzu auch die Übersicht der Veranstaltungen der BruKiSA, S. 190–192) ein spannendes Themenspektrum für das vorliegende Buch auszuwählen. Denn nahezu alle Beiträge hätten es verdient, in einem solchen Buch einem größeren Kreis von Leserinnen und Lesern zugänglich gemacht zu werden. Letztlich ist es mit dem Buch jedoch gelungen, die breite Palette der Bruchsaler Kinder-Sommerakademie aufzuzeigen.

Patrik A. Hauns, Diplom-Pädagoge und Diplom-Sozialpädagoge/FH

Er leitete von 2014–2021 den Fachbereich Bildung, Soziales und Sport bei der Stadtverwaltung Bruchsal. Der gebürtige Rastatter ist Autor und Herausgeber von Fachbeiträgen und Publikationen zur mündlichen Geschichte. Sein Hauptaugenmerk gilt der familienbewussten Stadtentwicklung und der Erarbeitung innovativer Konzepte in der kommunalen Sozialplanung. Er engagiert sich in der Arbeitsgemeinschaft Netzwerk Familie Baden-Württemberg, ist Mitglied des Vorstands des Landesfamilienrats und Sprecher der Amtsleiter für Familie und Soziales der Großen Kreisstädte im Städtetag Baden-Württemberg. Patrik A. Hauns ist verheiratet und hat zwei erwachsene Töchter.

Anmerkungen

1 Vgl. zu diesem Kapitel auch: Patrik A. Hauns und Gerold Niemetz (Hg): Wo ist am Vogel der Propeller? Die Ettlinger Kinder-Sommerakademie beantwortet spannende Fragen. Verlag Regionalkultur 2009.

2 Die International University in Germany wurde auf Initiative einiger großer Unternehmen und des Landes Baden-Württemberg 1998 gegründet. An dieser privaten Hochschule in Bruchsal konnten Studierende wirtschaftswissenschaftliche und informationstechnische Bachelor- und Masterstudiengänge belegen. Im Jahre 2009 wurde der Lehrbetrieb aufgrund finanzieller Schwierigkeiten beendet und die Hochschule aufgelöst. Die Studentinnen und Studenten konnten ihr Studium an anderen Hochschulen fortsetzen.

Wenn die Hummel wüsste, dass sie *nicht* fliegen kann ...

Dieter Fehler

„Du, Papa, was wäre, wenn die Hummel wüsste, dass sie nicht fliegen kann?" fragte wer – natürlich Aline! [1]

Was, Ihr kennt Aline noch nicht? Also da wird es aber höchste Zeit! Aline hasste es Lenchen gerufen zu werden, vor allem dann, wenn sie etwas ausgefressen hatte, was nicht gerade selten vorkam. Sie war klein, schwarzhaarig, quirlig und furchtbar neugierig. Außerdem zeigte ihre dunklere Hautfarbe, dass ihr „Badisch" nicht in die Wiege gelegt worden war.

Genauso neugierig war Peter, der einen ganzen Kopf größer war und zwei Klassen über Aline in die Schule ging. Peter lebte bei seiner Großmutter, deren Wohnung gleich in der Nachbarschaft von Alines Adoptiveltern lag. Und Peter war der einzige, der Aline ungestraft Lenchen rufen durfte. So, jetzt wisst Ihr das Wichtigste über Aline und Peter, und dass sie beste Freunde waren, war Euch sicher auch schon längst klar!

Es war ein sonniger Samstagnachmittag. Aline, ihr Papa und Alines bester Freund Peter saßen im Schatten am Gartentisch und warteten auf die erhofften süßen Kuchenstückchen, die Aline mit ihrer Mama und Peters Oma noch am Morgen gemeinsam gebacken hatten.

„*So ein Quatsch,*" sagte Peter, „*Du siehst doch, dass Hummeln fliegen können!*" und zeigte auf eine Hummel, die gerade aus einem Erdloch gekrabbelt kam und tief brummend losflog. „Hey, Peter! Sei mal ein bisschen netter zu Aline! Selbst berühmte Wissenschaftler [2] wussten anfangs nicht, wie das eine Hummel fertigbringt", mahnte Alines Papa.

„Diese Wissenschaftler meinten nämlich, das eine Hummel viel zu schwer für ihre kleinen Flügel wäre", fuhr er fort. „Das hatten sie ausgerechnet, und konnten es sich am Anfang gar nicht erklären."

„Wann war denn das?", fragte Peter. „Vor über 90 Jahren!", kam die schnelle Antwort. „Damals gab es nämlich noch keine Kameras, die den schnellen Flügelschlag einer Hummel filmen konnten, damit wir die Bewegungen dann verlangsamt angucken können."

„Heute können wir das, *und die Wissenschaftler haben festgestellt, dass die Hummel 200- bis 300-mal in der Sekunde mit ihren Flügeln schlägt, und was noch viel wichtiger ist, dass ihre Flügel keine steifen ,Bretter' sind, sondern ganz flexible, bewegliche Flächen.* Hier male ich es Euch einmal auf." [3]

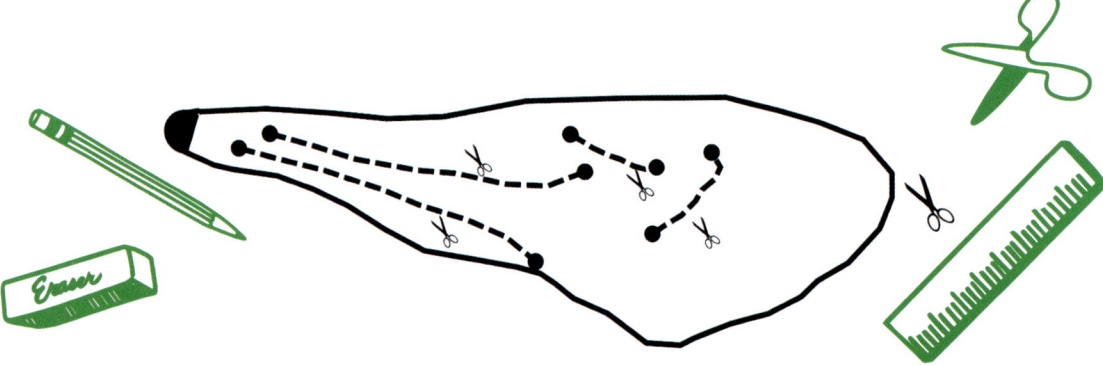

Alines Papa zeichnete zweimal einen stark vergrößerten Hummelflügel auf ein Stück dünne Pappe. „Schneidet diese Flügel aus und schneidet bei dem einen Flügel vorsichtig die Pappe bei der gestrichelten Linie durch. Wenn Ihr jetzt diese Flügel schnell hin und her bewegt, merkt Ihr, dass dies eigentlich nur bei dem Flügel gut geht, bei dem Ihr die gestrichelten Linien durchgeschnitten habt. Der Flügel ist weicher, er kann sich sogar verformen, so dass er die Hummel bei jedem Flügelschlag, ob nach vorne oder nach hinten, anheben kann. Die Wirkung des Hummelflügels wird damit so stark verbessert, dass sie das am höchsten fliegende Insekt ist, das man bisher kennt. Sogar bis auf 5.600 Meter Höhe am Mount Everest!"

„Erst vor rund 10 Jahren, 2012, wurde in der Mitte der Flügel ein kleines Gelenk entdeckt, das wie der Flügel aus einem sehr beweglichen Stoff besteht [2]. Damit lässt sich der Flügel abknicken und ganz schnell vor- und zurückbewegen. Probiert es einfach einmal mit Euren ‚Hummelflügeln', ich bin sicher, Ihr merkt sofort den Unterschied!"

Während Aline und Peter wie vorgeschlagen die „Hummelflügel" bastelten, ging er in die Küche und holte sich aus dem Kühlschrank eine Getränkedose. Er setzte sich aufatmend zu den beiden, öffnete die Dose, die zischend eine kleine Nebelwolke ausstieß, und wollte sich zufrieden und müde in seinen „Wochenend-Gartenstuhl" zurücklehnen.

Zu früh gefreut, denn während Aline und Peter abwechselnd mit den gebastelten Pappflügeln hin und her wedelten, dabei feststellten, dass Alines Papa den Flügelschlag richtig beschrieben hatte, beobachtete Peter die kleine Nebelfahne beim Öffnen der Getränkedose. [4]

„Warum raucht denn die Dose beim Öffnen?", war seine prompte Frage, und das Nachmittagsschläfchen musste erst einmal wieder warten.

„Die raucht nicht, das ist Nebel, der beim Herausströmen der Luft aus der Dose entsteht!" „Warum?" und dieses zweite Warum bedeutete ganz deutlich: "Lieber Papa, das reicht nicht, auch wenn Du Alines Papa bist, und wir Dir fast alles glauben!"

„Endlich einmal eine Frage, bei der das Experimentieren so richtig Spaß macht – besonders an einem heißen Sommertag, wenn man hinterher nicht mehr arbeiten oder Autofahren muss", sagte er und holte aus dem Kühlschrank noch zwei Dosen Cola. „Guckt euch einmal die Dosen an und sagt mir was drin ist"

„Cola!" - „Da fehlt noch was?" – „Ach ja, Kohlensäure, na und?"

„Genau, für die Frage nach der Nebelfahne ist die Kohlensäure und das Wasser in den Getränken ganz wichtig. Es ist nämlich so, dass in der Dose Wasser und oben drüber das Gas der Kohlensäure ist. Das merkt Ihr schon daran, wenn Ihr die Dose schüttelt, bei einer Glasflasche könnt Ihr es auch direkt sehen. Und das ist jetzt besonders wichtig, in dem Gas über dem Wasser befindet sich auch gasförmiges Wasser – nur das sieht man nicht!"

„Wenn Ihr jetzt den Verschluss schnell öffnet oder schnell die Lasche zieht, dann zischt diese Luft mit dem gasförmigen Wasser ganz schnell aus der Dose oder

Flasche, dehnt sich dabei aus und wird dabei ein bisschen kälter. Man nennt diese Luft mit dem gasförmigen Wasser, das man gar nicht sieht, auch feuchte Luft. *Wenn sich aber diese feuchte Luft zu sehr abkühlt, dann kondensiert das gasförmige Wasser in der Luft, das heißt, es entstehen ganz kleine Wassertropfen, die so klein sind, dass sie in der Luft schweben: Nebel!"* Er trinkt einen Schluck und setzt die Dose ab: „Und weil es in der Luft so warm ist, verschwindet der Nebel gleich wieder. Außerdem haben wir deshalb so viel Durst!"

„Schon – aber das vergeht sehr schnell. Man sieht es ja kaum!"

„Also da brauche ich ein großes leeres Gurkenglas, einen Latexhandschuh, etwas Wasser und Streichhölzer!"

Wenn man solche Helfer wie Aline oder Peter hat, oder noch wichtiger, Alines Mama und Peters Oma, die heimlich am Küchenfenster zuhörten, dann ist das gar kein Problem. Der Papa bekam sein leeres Gurkenglas, befeuchtete den Innenraum mit etwas Wasser, zündete Streichhölzer an, warf diese in das Glas und zog den elastischen Handschuh, als die Streichhölzer verlöscht waren, schnell luftdicht über das Gurkenglas und wartete etwas bis der Qualm innendrin sich gelegt hatte. Danach zog er schnell den Handschuh heraus, und innen wurde es ganz kurz nebelig.

Auf der linken Seite hängen die Finger des Handschuhs in das Gurkenglas, auf der rechten Seite durch das Herausziehen des Handschuhs entsteht im Gurkenglas Unterdruck und Nebel.

„Seht Ihr, es geht!", verkündete er stolz.

Peter und Aline waren stark beeindruckt, nur Aline nörgelte: "Das ist trotzdem noch sehr kurz!" Darauf hatte Alines Papa nur gewartet, denn er erzählte immer so gern von seinen Bergtouren und wie hoch er gekommen ist. [5]

Gipfel des Mount Everest 8.848 Meter hoch (von Süden und von Westen)

„Seht Ihr die Wolkenfahne hinter dem Berg? Diese Wolkenfahne entsteht, wenn die Luft mit hoher Geschwindigkeit auf den Berg prallt, sich hinter dem Hindernis ausdehnt und noch mehr abkühlt. Der Wind kann dabei über 200 km/h schnell sein. Die Menschen haben übrigens früher gedacht, das seien Rauchwolken von einem Vulkan." Alines Papa sah sich verträumt die Bilder an: „Außerdem ist es da oben sehr kalt, und es ist ziemlich anstrengend zu Fuß dahin zu kommen, um solche Bilder zu machen!"

Da er das schon öfters erzählt hatte, staunten Aline und Peter mehr über die Bilder; auch sein längst vergangener Muskelkater konnte sie nicht mehr beeindrucken. Er hatte es schon zu oft erzählt, und außerdem waren es seine Beine und seine Muskeln!

Jetzt gab es erst einmal die frisch gebackenen Kuchenstückchen, und für die Oma und die Mama Kaffee. „Junge, noch etwas Sahne in den Kaffee. Ich bin doch keine alte Frau!" Omas Vorwurf galt natürlich dem Papa von Aline, der wieder einmal zu sparsam mit der Sahne war, zumindest ihrer Meinung nach.

Der ließ es sich nicht zweimal sagen und ließ aus ungefähr 20 Zentimeter Höhe Sahne in den Kaffee tropfen; es schien fast so, als hätte er darauf gewartet. Denn *als der Tropfen senkrecht von oben auf den Kaffee traf, sprang mitten aus dem Kaffee ein Tropfen zurück in die Höhe, eher er wieder zurückfiel.*

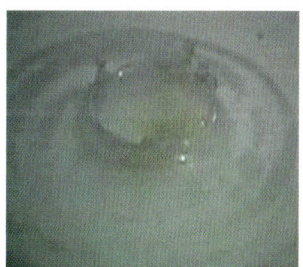 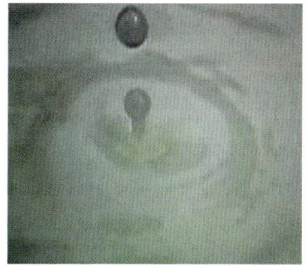 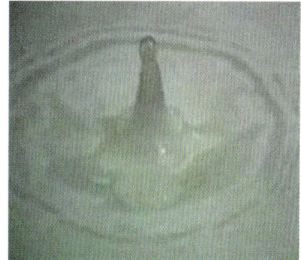

„Wow, Papa wie machst Du denn das? Das gibt ja eine Delle mit Rand und in der Mitte spritzt es nach dem Einschlag richtig hoch!" „Ja, und die Tropfen fallen zurück und machen weitere Ringe am Rand!"

Das war Peter, der das gleich noch einmal probieren wollte, aber mit den Worten: „Das ist mein Kaffee!" von der Oma daran gehindert wurde.

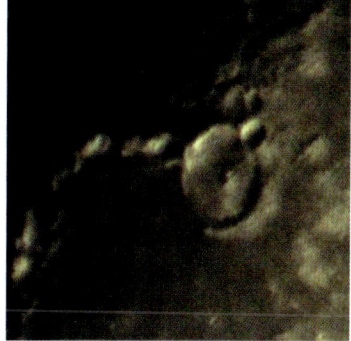

„Keine Sorge!", grinste der Papa von Aline. „Heute ist doch so schönes Wetter, wir können am Abend endlich einmal mein neues Teleskop ausprobieren. Und mit etwas Glück sehen wir heute Abend ‚Omas Kaffee mit Sahnetropfeneinschlag' direkt auf dem Mond." [6]

„Toll", sagte Peter, „endlich! Aber wie funktioniert das hier bei Omas Kaffee?"

„Also wenn der Tropfen auf das Wasser prallt, werden Wasserteilchen nach unten gedrückt und als Wasserring kreisförmig nach außen verschoben. Und die Oberflächenspannung, die auch die Tropfen zusammenhält, speichert im Wasser wie eine Feder die Einschlagsenergie und schleudert den Wassertropfen wieder zurück."

„Das passiert auch, wenn ein Meteorit auf die feste Oberfläche von Erde oder Mond trifft. Nur dass das Gestein, auch wenn es beim Einschlag flüssig geworden ist, schnell erstarrt und dann festbleibt. Auch der ‚zurückspringende' Tropfen bleibt erhalten, und das auf dem Mond für Tausende von Jahren, weil der Mond keine Atmosphäre und damit keinen Wind und keinen Regen hat, die diese Einschlagsreste beseitigen würden. Der ‚Pickel' in der Mitte heißt übrigens Zentralberg."

„Wenn wir Glück mit dem Wetter haben, können wir diesen Krater von meiner Aufnahme vielleicht direkt sehen – es ist übrigens der Krater ‚Gassendi' mit einem Durchmesser von 110 km, einem 1.860 Meter hohen Kraterring und einem nur 1.220 Meter hohen Zentralberg." „Woher wollen das denn die Astronomen wissen, die waren doch gar nicht oben!" Das war Peter. Der Papa von Aline erwiderte: „An der Länge vom Schatten." [7].

„Und was machen wir in der Zwischenzeit?" „Tee trinken und warten!", meinte die Oma, die Mama aber sagte: „Ich hab' da noch was für euch."

Und stellte eine Wasserflasche mit einer kleinen Glasfigur auf den Tisch. Mit „euch" waren natürlich Papa, Aline und Peter gemeint. „Und WIR Frauen" – damit meinte sie sich und Peters Oma – „genießen erst einmal in Ruhe unseren Kaffee, ehe er kalt wird. Außerdem möchte ich noch ein Stück Kuchen!"

Alines Papa grinste: „Ich habe den beiden Damen versprochen, dass ich Euch beide heute Nachmittag übernehmen würde; außerdem ist das ein ganz tolles Spielzeug", und drückte auf den roten Flaschenverschluss.

Die kleine Glasfigur – sie sah aus wie ein kleines Teufelchen – sank nach unten und stieg wieder auf, je nachdem wie fest er drückte. Sogar bis auf den Boden der Flasche konnte der kleine „Flaschenteufel" tauchen oder einfach mitten in der Flasche schweben, und - das war das Tollste - er begann sich auf einmal um sich selbst zu drehen. Und das alles, ohne dass jemand das Teufelchen berührte!

„Na, wie wäre es mit einer Erklärung?"

Peter sah Aline an, Aline wiederum Peter, beide zuckten mit den Schultern. „Papa, hol doch einmal die Figur aus der Flasche!" Ganz vorsichtig holte der Papa, nachdem er die Gummikappe von der Flasche entfernt hatte, die kleine Glasfigur aus der Flasche. Die Figur war hohl, aus Glas geblasen und sehr leicht. „Vorsicht, aber auch leicht zerbrechlich!" Und um seinen Unterkörper ringelte sich der Schwanz, und der hatte an seinem Ende ein Loch.

„Und jetzt"

Da war Aline schneller als Peter: „Am Anfang schwimmt das leere Flaschenteufelchen auf dem Wasser, und wenn die Kappe oben auf die Flasche kommt, schwimmt es noch immer oben. Aber wenn Du jetzt oben draufdrückst, drückst Du das Wasser durch das Loch in das Innere der Glasfigur, da sich die Luft innen zusammendrücken lässt. Und das Teufelchen geht unter!"

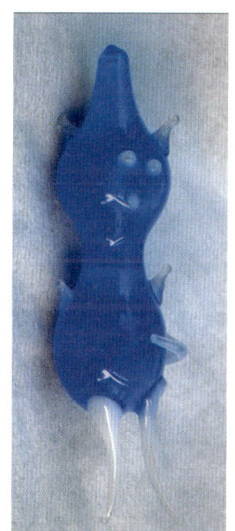

Stolz drückte der Papa seine kluge Tochter. „Und warum dreht sich das Teufelchen?"

Da sah sich Peter die Figur noch einmal ganz genau an. „Also, wenn das, was das Lenchen gesagt hat, richtig ist, dann weiß ich dazu auch die Erklärung. Das Wasser strömt beim Abtauchen von allen Seiten in das Loch beim Schwanz, beim Auftauchen spritzt es aber in eine einzige Richtung; und das dreht dann das Teufelchen!"

„Lass das Teufelchen doch noch einmal tanzen!"

Das Teufelchen kam noch einmal ganz vorsichtig in die Flasche, die Flasche wurde wieder ganz aufgefüllt und die Kappe wieder aufgesetzt. Als das Teufelchen jetzt wieder abtauchte und mitten in der Flasche zu tanzen begann, da beobachteten die beiden ihren Papa ganz genau und Peter merkte es als Erster: „Du tust ja mit dem Finger immer hoch und runter wippen, und immer dann dreht sich die kleine Glasfigur!"

„Ertappt", grinste ihr Papa. „Durch das Wippen halte ich die Figur ungefähr auf gleicher Höhe und das Wasser strömt am Schwanz immer wieder ein und aus. Beim Ausströmen aber halt nur in eine Richtung!"

Das mussten jetzt natürlich beide selbst probieren, Peter, der etwas mehr Kraft als Aline hatte, konnte sogar so fest die Gummikappe herunterdrücken, dass er das Teufelchen auf den Flaschenboden legen konnte.

Natürlich mussten die beiden das Flaschenteufelchen den beiden „Kaffee-Tanten" vorführen, wobei Peter erklärte, dass sich die Luft im Teufelchen zusammendrücken lässt, das Wasser aber nicht, und dass der Papa gesagt hätte, dass U-Boote genauso tauchen und dass die Fische eine Schwimmblase hätten, damit sie so ihren Auftrieb kontrollieren könnten, damit sie ohne Anstrengung immer in der richtigen Wassertiefe bleiben könnten. „Bionik hat der Papa dazu gesagt, und wir sollten doch einfach einmal unsere Biologie-Lehrerin fragen".

„So, und bevor wir jetzt endlich unseren Mittagsschlaf halten – denn wir wollen uns doch heute Nacht noch Mondkrater mit dem Teleskop ansehen – habe ich noch ein letztes Experiment für euch."

„Ich breche von 3 Streichhölzern die Zündkuppen ab, lege alle drei in die Glasflasche anstatt des Teufelchens und ich bringe es fertig, dass eine Streichholzkuppe ganz unten, eine in der Mitte und die dritte noch oben ist!"

„Geht nicht!" „Wetten, dass?"
„Ganz ohne Zauberei?"

Alines Papa brach von drei ungebrauchten Streichhölzern die Kuppen ab und legte sie oben auf das Wasser der eigentlich „überfüllten" Wasserflasche. Alle drei schwammen oben. Dann presste er mit seinem Daumen oben am Flaschenhals so fest auf das Wasser, dass etwas überlief, der Daumen in den Flaschenhals eindrang und die Streichholzkuppen ganz von allein nach unten sanken.

Dann „spielte" er etwas mit dem Daumen, bis zwei Streichhölzer wieder nach oben kamen, und passte dann ganz genau auf, bis eine Streichholzkuppe genau in der Mitte der Flasche schwebte, eine noch ganz unten war und die dritte Streichholzkuppe wieder ganz nach oben war.

„So, jetzt habe ich mir meinen Mittagsschlaf wirklich redlich verdient!" „Aber erst, wenn Du uns sagst, wie das geht!"

„Peter, was siehst Du denn, wenn die drei Kuppen oben schwimmen?"

„Also die Zündschicht, das abgebrochene Holz – ?"

„Und was noch, seht genau hin?"

Aline bemerkte es zuerst: „Ganz kleine Gasbläschen am Holz und an der Zündschicht."

Und Peter ging dann ein Licht auf: „Eigentlich sind die ungenutzten Streichholzkuppen schwerer als Wasser und würden sofort untergehen. Die Luftbläschen halten die Kuppen aber oben wie eine Schwimmweste."

„Und," das war natürlich Aline: „wenn Du das Wasser mit dem Daumen in die Flasche presst, werden die Bläschen zusammengedrückt wie die Luft im Bauch von unserem Flaschenteufelchen, und die Streichholzkuppe geht unter!"

„Mama, Oma, guckt euch das mal an!"

„Papa, kann ich so auch einen Wasserball zum Ertrinken bringen?" „Natürlich; aber so viel Kraft habt Ihr beide nicht und so tief könnt Ihr auch den Ball gar nicht ins Wasser drücken."

„Peter und ich zusammen?" „Auch nicht, aber probiert es ruhig. Viel Spaß dabei!"

Am Abend ging dann der Mond auf – aber das ist eine andere Geschichte!

Quellen:

Zeichnung: Olivia Fehler (8 Jahre)

Erdhummel: Manuel Fehler (der Papa, älter)

[1] BruKiSA 2018: „Was wäre, wenn die Hummel wüsste, dass sie nicht fliegen kann?"

[2] BruKiSA 2013: „Wo ist am Vogel der Propeller?",

Inhalt: Strömungsmechanik, Fliegen

[3] Wikipedia, Hummel, Hummel-Paradoxon

[4] BruKiSA 2012: „Liebling, mach den Kühlschrank auf, mich friert!"

Inhalt: Wärmelehre, Phasenübergänge

[5] BruKiSA 2010: „Der Sturm im Wasserglas"

Inhalt: Wetterphänomene

[6] BruKiSA 2015: „Es war einmal …"

Inhalt: Alter der Erde, Fossilien

[7] BruKiSA 2015: „1 – 2 – 3 im Sauseschritt, es läuft die Zeit …"

Inhalt: Zeitmessung, Sonnenuhr

[8] BruKiSA 2019 „Die Ente wird nicht zu Wasser gelassen!"

Inhalt: Schwimmen und Tauchen

AUTORINNEN, AUTOREN

Prof. Dr. Dieter Fehler, Diplom-Physiker

Ehem. Leiter des Studiengangs Mechatronik an der Dualen Hochschule Karlsruhe.
Seminarleiter und Dozent beim VDI - Wissensforum, Autor beim Springer-verlag Heidelberg, Verfasser von populärwissenschaftlichen Rundfunk-sendungen. Seit über 20 Jahren Vorlesungen für Kinder und Schüler, auch für die ganz Kleinen in Kindertagesstätten und für die Großen bei seinen jährlichen Vorlesungen für Kinder und Eltern.

Botschaften aus der Vergangenheit –
Schätze aus dem Stadtarchiv erkunden

Tamara Frey

Was ist denn ein Archiv und wofür braucht man es

Wen fragt ihr, wenn ihr erfahren wollt, wie die Welt und das Leben früher so war, bevor ihr geboren wurdet? Wahrscheinlich eure Eltern und Großeltern, vielleicht haben einige von euch sogar noch Urgroßeltern. Doch selbst wenn die schon

> Archive – das sind doch staubige Räume im Keller mit noch staubigeren Akten, oder?
> Mitunter können die Akten[1] schon ganz schön staubig sein, wenn sie bei uns im Stadtarchiv Bruchsal ankommen. Doch dass unsere Magazinräume auch Schatzkammern sein können, die uns Aufschluss für das Leben in der Vergangenheit geben, davon konnten sich die Teilnehmer und Teilnehmerinnen der zwei Sommerakademieangebote „Botschaften aus der Vergangenheit – Schätze aus dem Stadtarchiv erkunden" überzeugen. Während wir uns bei den Veranstaltungen mit Hilfe einer Mischung aus Vorwissen erfragen, Erkläranteilen und dem gemeinsamen „Show & Tell" ausgeteilter Archivalien[2] den Weg in die Vergangenheit der Stadtgeschichte und in das Arbeitsleben in Archiven bahnten, bedient sich dieser Aufsatz zum Verständnis nur der Textform.
>
> 1 Akte = hier sammeln die Behörden alle Schriftstücke zu einem bestimmten Thema, die während der Erfüllung ihrer Dienstaufgaben dazu entstehen, z.B. „Holzverkauf", „Lehrerwohnungen", „Bürgermeisterwahl" oder „Die Versicherung der Rindviehbestände".
> 2 Archivale = Sammelbegriff, für die Unterlagen, die im Archiv liegen, egal ob es eine Akte, ein Foto oder ein Brief ist. Der Plural heißt „Archivalien".

100 Jahre alt wären, würden sie euch nur vom letzten Jahrhundert, dem 20., erzählen können; also von allem, was davor war, zum Beispiel vom Silvesterabend der Jahrhundertwende 1899/1900 oder geschweige denn wie Kolumbus 1492 in Amerika angekommen ist, könnte niemand mehr erzählen. Vielleicht habt ihr daheim auch schon Briefe gesehen, die von Verwandten stammten, die

bereits gestorben sind. Denn das geschriebene Wort bleibt so lange erhalten, wie es das Papier oder die Datei gibt, auf oder in der es steht. Und je besser man sich um diese sogenannten Trägermaterialen kümmert, umso länger bleiben sie erhalten. Und das ist genau die Aufgabe von Archiven. Jedes Archiv hat dabei einen speziellen Aufgabenbereich und der Aufgabenbereich des Stadtarchivs Bruchsal ist es, die geschichtliche Überlieferung von Bruchsal und den dazugehörigen Gemeinden Büchenau, Heidelsheim, Helmsheim, Untergrombach und Obergrombach zu sichern und zu erhalten. Dazu gehören in erster Linie die Akten der Stadtverwaltung, denn dort wird festgehalten, was für die Stadt und das Leben ihrer Bürger wichtig ist. So wird im Standesamt festgehalten, wenn Kinder geboren werden, im Amt für Bildung und Sport gibt es Akten zur Schulkindbetreuung und zu den einzelnen Sportvereinen, beim Ordnungsamt Akten über die Jahrmärkte und beim Baubetriebshof über den Schneeräumdienst. Jetzt könnt ihr euch vorstellen, wie viel Geschriebenes da jedes Jahr zusammenkommt! Das Archiv kann natürlich nicht alles erhalten, so viel Platz hat ja keiner und sonst wäre irgendwann die ganze Welt ja nur noch ein Archiv voll alter Dokumente. Deshalb wählen die Mitarbeiter im Archiv, die Archivare und Archivarinnen aus, was aufgehoben werden soll, sie „bewerten" die Akten und überlegen dabei, was für die Menschen später einmal wichtig und interessant werden könnte und das archivieren sie dann. Zu den Akten der Stadtverwaltung kommen dann auch die ein oder anderen privaten Unterlagen wie Nachlässe von ehemaligen Bürgermeistern, Gemeinderätinnen, Vereinsvorständen oder Künstlern und Künstlerinnen aus der Stadt. Und manchmal geben auch einfach Bürger alte Fotos oder Briefe von ihren Vorfahren ab, die sie auf dem Speicher gefunden haben.

All diese Dinge liegen nun im Archiv und wer sich dafür interessiert, darf sie anschauen, lesen und auch abfotografieren. Mit nach Hause nehmen wie die Bücher in der Stadtbibliothek darf man sie aber nicht. Alles im Archiv ist ein Unikat, das heißt, es kommt nur ein einziges Mal auf der Welt vor. Man kann Akten und Briefe ja nicht einfach nachkaufen wie ein Buch aus der Bibliothek. Deshalb wäre die Gefahr, dass es bei einem Transport kaputt oder verloren geht, zu groß.

Was passiert mit den Akten im Archiv

Was machen die Archivarinnen und Archivare mit den Akten, die zu ihnen kommen? Anstatt einer langweiligen Erklärung *lassen wir doch eine Akte selbst erzählen:*

Staubig war ich schon ein bisschen, als ich ins Archiv kam, das muss ich zugeben. Aber was soll man machen, wenn man jahrzehntelang auf dem Speicher liegt? Da ging es mir noch verhältnismäßig gut, aus anderen Gemeinden weiß ich, dass die Akten weniger geschützt unter undichten Dächern auch mal als Nest für Vögel oder als Notfutter für hungrige Mäuse dienen mussten, in einem kalten Winter nach dem Krieg verheizt wurden, um die Menschen warm zu halten, oder einfach im Sommer der Hitze und im Winter der nasskalten Witterung ausgesetzt waren. So ein Aktenleben im Ruhestand kann schon ganz anstrengend sein. 100 Jahre alt war ich schon, als ich dann ins Stadtarchiv

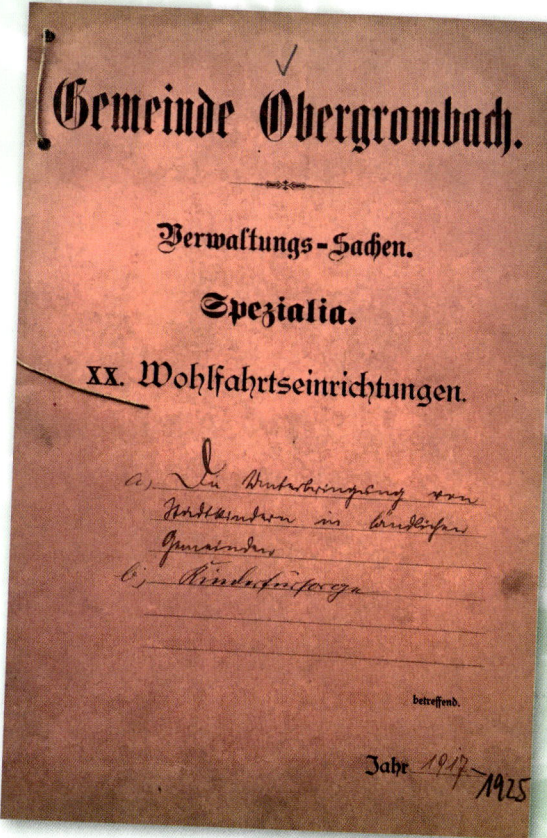

kam. Mein roter Einband war schon ganz schön verblichen und jetzt mehr ein schweinchenhaftes Altrosa, aber eigentlich gefällt mir das ganz gut so. Man hatte beschlossen, dass mehr Platz benötigt wird und dass ich und meine Aktengeschwister deswegen raus aus dem Amt, in dem wir damals entstanden sind, und rein ins Stadtarchiv kommen sollten. Das war mir ganz recht, denn ich wusste, dass man sich dort gut um mich kümmern würde. Archive sind extra dafür da, alte Akten aufzunehmen und sich gut um sie zu kümmern. Das erste, was sie im Archiv mit mir taten, war dann auch eine wohltuende Reinigungsaktion. Dafür nehmen die Archivare und Archivarinnen kleine feine Schwämme, die ein wenig gummiartig sind und bürsten von innen nach außen über unsere Deckel und Seitenränder. Das kitzelt ein bisschen, aber ich habe mich danach sofort besser gefühlt – viel sauberer und vom Staub befreit. Das ist wichtig, nicht nur wegen der Sauberkeit für die Menschen, die mich durchsehen wollen, sondern auch weil sich im Staub gerne kleine Tierchen einnisten, die dann an unserem Papier nagen und das mögen wir gar nicht. Danach wurde ich begutachtet und man hat gelesen, was denn da auf meinem Deckel steht. Da ich schon 100 Jahre alt war, hatte ich etwas Sorge, ob man meinen Titel entziffern können würde, denn ihr müsst wissen, dass die Menschen damals, als ich entstanden bin, die Buchstaben noch anders geschrieben haben als heute. Aber zum Glück haben die Leute, die im Archiv arbeiten, eine ganz spezielle Ausbildung und haben auch gelernt die alten Schriften zu lesen. Mein Titel „Die Unterbringung von Stadtkindern in ländlichen Gemeinden" wurde dann in eine Computerdatei abgetippt, genauso wie mein Geburtsjahr und das Jahr, in dem zum letzten Mal jemand ein neues Blatt zu mir geheftet hat. Jetzt fühlte ich mich mächtig stolz, denn dass ich „verzeichnet" worden bin, bedeutet, ich bin jetzt für immer im „Findbuch" des Archivs drin und wenn jemand etwas über die Unterbringung von Kindern bei Bauernfamilien während des Krieges, als es in der Stadt weniger zu essen gab als auf dem Land, wissen will, dann kann er mich dort finden und aus mir etwas darüber erfahren. Ein Problem gab es aber noch, denn zum Ende meiner Laufzeit hat doch tatsächlich jemand mit einem Tacker etwas an eines meiner Papiere geheftet. Diese Nadel hat schon vor einiger Zeit angefangen, mich zu kratzen, weil sie durch die Witterung auf dem Speicher und die verstrichene Zeit angefangen hat zu rosten. Aber zum Glück haben die Archivare und Archivarinnen auch dafür eine Lösung: sie haben mir die rostige Nadel einfach gezogen. Das hat gar nicht wehgetan, weil sie dafür eine besondere Zange haben, die extra so gemacht ist, dass sie dabei wenig von meinem Papier beschädigt. So rundum glücklich wurde ich dann gut einpackt. Zunächst in ein schönes weißes Umschlagpapier, das säurefrei ist und mich auch nach vielen vielen Jahren nicht angreifen wird und mich vor neuem Staub schützt. Auf dieses Umschlagblatt wurde dann auch meine Signatur geschrieben. Diese Signatur besteht aus einem Buchstabenkürzel für den Bestand, zu dem ich gehöre, und einer fortlaufenden Nummer und sie gehört allein mir, keine andere Akte hat sie. Meine Signatur lautet übrigens OGR1 Nr. 397 und unter der kann mich jeder Nutzer bestellen und die Archivarinnen und Archivare finden mich schnell wieder in den vielen Regalen mit den vielen tausend Akten, die sie betreuen. Und dann kam ich mit einigen meiner Aktengeschwister in einen Karton. Der Karton schützt uns besonders gut. So können keine Tierchen an uns nagen, kein Staub uns bedecken, keine Sonne kann meinen Aktendeckel weiter ausbleichen und wenn es einmal einen Rohrbruch gibt, schützt er uns sogar einige Zeit vor Wasser, denn das mögen wir gar nicht. Alle Akten sind extrem wasserscheue Geschöpfe! Und sollte es einmal ein Erdbeben geben und mein Karton aus dem Regal fallen, schützt er mich auch vor dem Aufprall, so ähnlich wie ein Sturzhelm euch schützt. So, das ist meine Geschichte, wie ich im Stadtarchiv angekommen bin, gereinigt wurde, verzeichnet, entmetallisiert und verpackt. Das alles nennt man „erschlossen." Und wenn ein Nutzer mich mal braucht, dann bin ich da, um ihm zu zeigen, was alles auf den vielen Seiten zwischen meinen Aktendeckeln geschrieben steht. Und weil man sich hier so gut um mich kümmert, werde ich noch eine lange Zeit da sein.

Schätze aus dem Stadtarchiv – Beispiele aus den Beständen

Was kann man noch im Stadtarchiv Bruchsal so alles finden? Gehen wir doch gemeinsam auf einen Streifzug durch unsere Bestände.

Das erste Archivale, das wir uns anschauen wollen, ist ein Foto vom Sommertagszug. Einiges darauf erkennen wir wieder: das Schlosstor mit Torhaus und auch die

Heckenanlagen im Ehrenhof, ebenso die geschmückten Sommertagstecken mit der Brezel und dem Ei obendrauf. Alles das gibt es doch heute noch, nicht wahr? Na gut, das Foto ist in schwarz-weiß, das deutet darauf hin, dass es ein altes Foto sein könnte, aber auch heute lassen sich manche Leute gerne Fotos in schwarz-weiß ausdrucken, weil sie es schick finden. Ist das Foto nun alt oder neu? Die Kleidung der Personen auf dem Foto

gibt den entscheidenden Hinweis: Alle Mädchen und Frauen tragen Kleider und deren Schnitt ist heute ganz und gar nicht mehr in Mode. Wenn wir also nicht davon ausgehen, dass die Menschen sich verkleidet haben, dann können wir entscheiden, dass das ein altes Foto ist. Und das ist es auch: Es stammt aus dem Jahr 1924 und zeigt damit einen Sommertagszug, der fast 100 Jahre zurückliegt. Die Mode hat sich geändert – doch vieles andere ist gleichgeblieben.

Schauen wir uns nun das nächste Archivale an.

Jahrg.: 189 8/99		IV. Klasse.	
Zeit vom 13. September 1898 bis 24. Dezember 1898.			
Lehrgegenstände.	**Leistungen.**	**Lehrgegenstände.**	**Leistungen.**
Religion.	gut	Naturgeschichte.	gut
Deutsch { Prosa	gut-sehr gut	Naturlehre.	
{ Poesie Aufsatz	sehr gut ?	Geschichte.	sehr gut
Litteratur.		Schreiben.	
Französisch.	ziml. gut	Zeichnen.	gut
Englisch.	ziml. gut	Buchführung.	
Rechnen.	gut	Turnen.	gut – gut
Geometrie.	gut	Gesang.	gut
Geographie.	gut	Weibl. Arbeiten.	gut – sehr gut
Math. Geogr.			
Fleiss: gut – sehr gut.			
Betragen: gut.			
Lokation: Ist unter 24 Schülerinnen die 8te.			
Bemerkungen:			
BRUCHSAL, den 23 ten September 1898.			
Klassenvorstand:		Rector:	
Gesehen den 23. ten Dezember 1898.			

Auch das kennen wir irgendwoher, nicht wahr? In der Schule bekommt man es zwei Mal im Jahr: ein Zeugnis. Die Jahreszahl 1898 zeigt uns, dass es noch im 19. Jahrhundert ausgestellt wurde. Klasse IV hieß übrigens nicht, dass die Besitzerin erst 10 oder 11 Jahre alt war, ab der weiterführenden Schule wurde neu gezählt. Welche Fächer hatte die Jugendliche, der es gehörte? Eine gute Schülerin scheint sie gewesen zu sein, die Bewertungen reichen von „sehr gut" bis „ziemlich gut". Und weiter unten wurde sogar mitgeteilt, wie sie im Klassenschnitt steht: Sie war die Achtbeste in ihrer Klasse mit 24 Schülerinnen. Woher wir wissen, dass es nur Mädchen in der Klasse gab? Das Zeugnis stammt von der Mozartschule, das war eine reine Mädchenschule und sie stand in etwa dort, wo heute der Friedrichsplatz ist. Von der Schülerin ist nicht nur das Zeugnisbuch überliefert, auch zwei ihrer Aufsatzhefte haben den Weg ins Archiv gefunden.

Aus dieser Schule stammt auch das nächste Archivale:

Es ist ein Programmblatt zu einer Schlussfeier. Sie fand in der städtischen Turnhalle statt und die

Schülerinnen führten Gedichte, Lieder und kleine Theaterstücke auf. Hinter den Namen der Schülerinnen steht die Klassenstufe, die sie besucht haben. Besonders schön gestaltet ist der Rahmen. Leider hat irgendwann einmal ein Besitzer nicht ganz aufgepasst und ein Riss ist entstanden. Deshalb müssen wir nun besonders vorsichtig mit dem Blatt sein. Die Druckerei, die den Programmzettel gedruckt hat, stammt übrigens auch aus Bruchsal. Oskar Katz steht unten rechts. Dort wurde auch die Lesefibel gedruckt, aus der wir später noch die alte Schrift lernen werden.

Das vierte Archivale ist ein Blatt aus einer Akte. Sie stammt aus Heidelsheim und es geht darin um Schulvisitationen. Das heißt, dass nachgeschaut wurde, ob die Schule in gutem Zustand war. Und weil man bei der Visitation 1930 festgestellt hat, dass die Bänke veraltet sind, hat das Schulamt von verschiedenen Firmen Angebote für neue Schulbänke eingeholt. Auch damals haben die Firmen schon Werbeprospekte gedruckt. Dies Bänke auf dem Bild sehen trotzdem noch ganz schön altmodisch aus: die Tische waren mit den Lehnen der Vorderbänke verbunden. In den Tischen selbst gab es kleine Öffnungen, dort konnte man, je nach Alter der Schüler, entweder seine Schreibtafel einklemmen oder Tinte und Federhalter

Modell L
mit festem Tisch und festem Sitz, Bücherbrett seitlich geschlossen.
Bei dieser Bauart können Bänke verschiedener Größe unmittelbar miteinander gekuppelt werden, eine besondere Rückenlehne ist nur für die letzte Bank der Reihe erforderlich.

platzieren. Das und der Hinweis, dass bei diesen Modellen Bänke verschiedener Größe miteinander verbunden werden konnten, weist darauf hin, dass damals Schüler und Schülerinnen verschiedener Altersgruppen zusammen eine Klasse besucht haben.

Das letzte Archivale, das wir uns hier anschauen wollen ist noch einmal ein Foto. Aber was ist denn hier passiert? Ist das etwa Venedig? Aber der ehemalige Besitzer hat einen Vermerk darunter geklebt: Bismarckstraße – und ein Datum notiert: 8.5.1931. Also doch Bruchsal? Ja, denn 1931 gab es ein großes Hochwasser in der Stadt, als die Saalbach über ihre Ufer trat.

Aber die Menschen scheinen sich nicht unterkriegen zu lassen: Die Buben bau-
en mit Trittsteinen eine Überquerung und ein Vater nimmt seinen Sohn zu einem
Paddelausflug auf den Wasserstraßen mit. Von diesem Ereignis haben wir übrigens
viele Fotos im Archiv: Damals waren Filme für die Fotokamera noch teuer, doch wenn
etwas so Außergewöhnliches passierte, dann hatten viele den Drang, das auch festzuhalten. Das Foto stammt aus der „Sammlung Habermann", ein Hobbyfotograf,
der neben seiner eigenen großen Sammlung auch noch Fotos von anderen Menschen
sammelte, um zu dokumentieren, wie es vor dem Zweiten Weltkrieg in Bruchsal
ausgesehen hat. Über 3.750 Fotos umfasst seine Sammlung, die alle in einem
Karteikartenschrank im Archivmagazin liegen.

Botschaften aus der Vergangenheit

Unsere Sprache ändert sich über die Jahrhunderte: Neue Wörter kommen hinzu,
zum Beispiel für neue Erfindungen, alte Wörter verschwinden oder kommen aus
der Mode. Doch nicht nur der Wortschatz ist im Wandel. Auch geschrieben haben
die Menschen früher anders als heute. In Deutschland war lange Zeit die sogenannte
„Kurrentschrift" die vorherrschende Schreibschrift und die „Fraktur" die Druckschrift.
Anhand einer Fibel aus Bruchsal, mit der Kinder um die Jahrhundertwende das Lesen
und Schreiben gelernt haben, wollen wir es uns auch beibringen.

   Denn nur so lassen sich viele der ganz alten Archivalien im Archiv entziffern. Anbei
findet ihr eine Aufstellung des Kurrent-ABC, das aus der Fibel zusammengestellt ist,
und einige Wörter, an denen ihr das Lesen üben könnt.

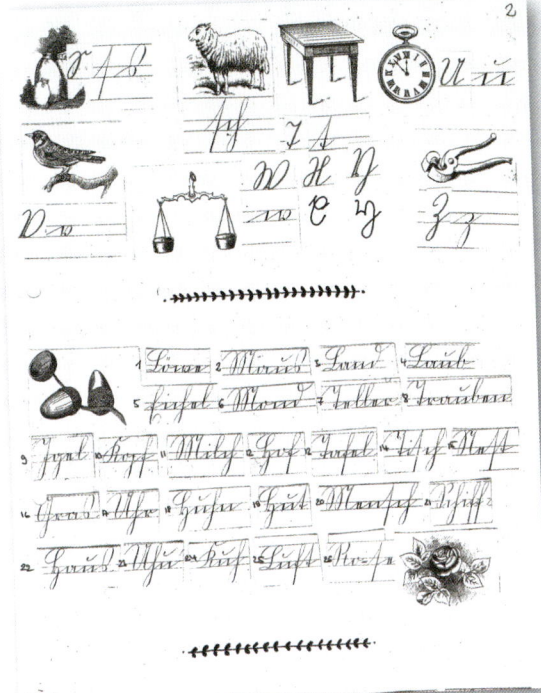

Und wenn Ihr alles entziffert habt — dann probiert doch auch mal Eure Namen in der alten Schrift zu schreiben.

AUTORINNEN, AUTOREN

Dr. Tamara Frey, Archivarin

Studierte an der Universität Mannheim Geschichte. Auf die Promotion an der Universität Göttingen folgte das Referendariat für den höheren Archivdienst. Seit 2019 ist sie Mitarbeiterin im Stadtarchiv Bruchsal, wo sie einstmals auch ihr erstes Archivpraktikum absolviert hatte.

Mein Roboter lernt tanzen

Cosima Schmauch und Helga Gabler

Der Biologiesaal im Rathaus ist hergerichtet: Auf fünf Tischen stehen jeweils ein Lego-Baukasten und ein Notebook. Zwei Mädchen sollen an einem Tisch arbeiten. Sie werden im Laufe des Vormittags ihre eigenen Robotermädchen zusammenbauen und programmieren. Schon treffen die ersten ein. Sie werden von einem Elternteil gebracht und sind noch etwas schüchtern.

Unsere Roberta steht vorne und die Eltern zeigen Lust, selbst am Kurs teilzunehmen. Sie müssen leider gehen. Die Jüngste, Johanna (Name geändert), ist 10, die Älteste, Mia, ist 14 Jahre alt.

Dann geht's los. Es werden Paare gebildet. Zufälligerweise sitzen Johanna und Mia nebeneinander. Wir sind gespannt, wie das klappt.

Zuerst stellen sich die beiden Dozentinnen Cosima Schmauch und Helga Gabler vor und versprechen, dass es ein kurzweiliger Vormittag wird.

Helga zeigt, was Roberta kann:

Sie fährt durch den Raum und dreht um, sobald sie einem Hindernis nahekommt. Wie funktioniert das? Kann sie das Hindernis sehen? Das erklären wir später.

Dann tippt Helga auf Robertas Tasten und nun fährt sie bis zum Hindernis und hangelt sich an diesem entlang,

bis sie sich wieder von ihm befreit hat. Und schon fährt sie weiter.

Jetzt dürfen alle erst einmal ihre eigene Roberta bauen und ihr einen Namen geben. Johanna und Mia nennen ihre Berta. Sie hat 2 Motoren und 3 Räder. Mia erklärt Johanna, welcher Motor welches Rad bewegt und Johanna erklärt Mia, wie das kleine Rad hinten funktioniert.

Leider bewegt sich Berta nicht. Dafür muss sie programmiert werden.

Die Mädchen setzen sich an das Notebook und starten das Programm, mit dem sie Berta programmieren werden.

Am unteren Rand sieht man einige graphische Elemente. Sie stellen **Programmieranweisungen** dar und dienen dazu den Ablauf zu definieren. Anweisungen können Roboter dazu bringen, aktiv zu werden (Aktion). Man nennt sie **Blöcke**.

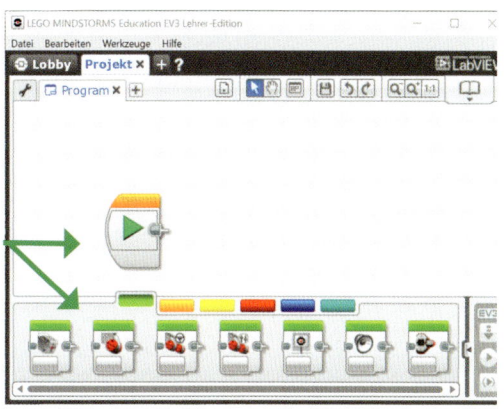

Als erstes soll Berta nun einen Meter vorwärtsfahren. Dazu braucht man einen Bewegungsblock, mit dem der Motor gedreht wird. Am besten ist ein Block, der zwei Motoren hat und damit auch beide Räder gleichzeitig dreht. Johanna hat ihn entdeckt und auf der Programmierschiene an den Startblock angehängt. Mia macht ein paar Einstellungen:

Richtung: vorwärts
Leistung: schnell (75 %)
Dauer: ?

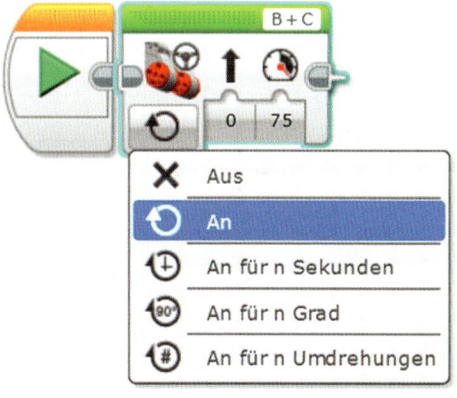

Nun müssen die beiden rechnen. Sie messen den Umfang eines Rads (18 cm) und teilen 100 cm durch 18 cm. So erhalten sie die Anzahl der Radumdrehungen. Sie stellen 5,6 ein.

Das Programm ist fertig und muss nun mithilfe des **Controllers** auf den „**Stein**", das Gehirn von Berta, übertragen werden.

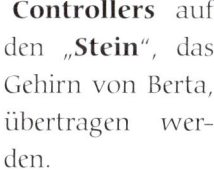

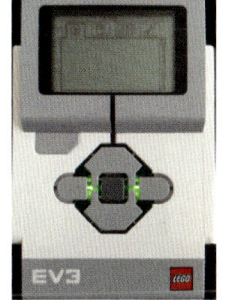

Mit den Tasten auf dem Stein kann man es dann starten.

Tatsächlich funktioniert es,
Berta fährt genau einen Meter vorwärts.

Berta soll mehr können, z. B. eine Kurve fahren. Deshalb programmieren Johanna und Mia die zweite Aufgabe: **ein Quadrat fahren**.

Das ist schnell gemacht: geradeaus fahren, Kurve fahren, geradeaus fahren, Kurve fahren, geradeaus fahren, Kurve fahren, geradeaus fahren, Kurve fahren, geradeaus fahren.

Aber: die Kurve ist zu eng, es sollen 90 Grad sein.

Schließlich haben sie es geschafft. Sie müssen es jedoch an 4 Stellen korrigieren.

Geht das nicht besser?

Doch und zwar mit einer Schleife. Eine Schleife ist ein so genanntes „Programmierkonstrukt", mit dem man Anweisungen wiederholt ausführen kann. Die Schleife unten enthält einen Bewegungsblock zum geradeaus Fahren und einen zum Kurve Fahren. Sie wird drei Mal durchlaufen. Dann fährt Berta noch einmal geradeaus.

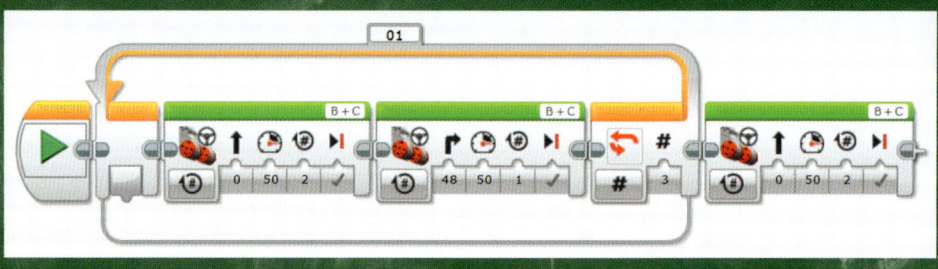

Johanna und Mia lernen, dass Berta auch rückwärtsfahren kann, und können jetzt die dritte Aufgabe in Angriff nehmen: Berta soll tanzen. Erst diskutieren sie, welchen Tanz, aber dann beschließen sie, einen neuen zu erfinden. Sie zeichnen die Schritte auf: kleiner Schritt nach rechts, wieder zurück, kleiner Schritt nach links, wieder zurück, großer Schritt nach vorne, drehen um die eigene Achse, usw. Sie programmieren den Tanz mit Motorblöcken, die sie hintereinander setzen.

Die folgenden Erläuterungen finden sich wörtlich oder in ähnlicher Formulierung in dem sehr lehrreichen Buch „Roberta Grundlagen – Roberta-Reihe Band 1" (Quelle auf Seite 43).

Ursprung des Wortes Roboter

Das Wort „Roboter" verwendete 1920 der tschechische Autor Karel Capek in seinem sozialutopischen Drama „R.U.R. (Rossums's Universal Robots)" als Bezeichnung für einen künstlichen Menschen, eine Puppe, die Bewegungen scheinbar selbstständig ausführt, z.B. aufgrund drahtlos übermittelter Befehle.

Roboter-Gesetze

Der amerikanische Wissenschaftler und Schriftsteller Isaac Asimov stellte 1942 in seiner Novelle „Runaround" folgende drei Gesetze auf:
Ein Roboter darf keine Menschen verletzen oder durch Unterlassen die Verletzung eines Menschen zulassen. -> Sicherheit
Ein Roboter muss den Anweisungen von Menschen gehorchen, außer sie stehen in Konflikt mit 1 -> Verlässlichkeit
Ein Roboter muss seine eigene Existenz schützen, außer diese steht im Konflikt zu 1 oder 2 -> Verfügbarkeit

Woraus besteht ein Roboter?

Ein Roboter besteht aus
einer Steuerung („Gehirn"):
ein Prozessor, der den Körper steuert, und die dazu notwendige Software; bei mobilen Robotern wird oft ein eingebauter Laptop oder ein eingebettetes System verwendet und über einen „Controller" mit den Sensoren und Aktoren verbunden;
einer Gestalt („Körper"):
mechanische Konstruktion einer Basisplattform (Gestell/ Chassis) mit Teilen, die den Roboter beweglich machen; dementsprechend sind viele Fachgebiete beteiligt: Mechanik, Elektrik, Elektronik, Softwaretechnik/Informatik (Mechatronik);
Sensoren („Sinnesorgane"):
z.B. Berührungssensoren oder Kameras, die dem Roboter erlauben, Informationen aus der Umgebung oder vom eigenen Zustand aufzunehmen;
Aktoren („Muskeln"):
z.B. Motoren, Lampen, Werkzeuge oder einem Greifarm, die der Roboter aktivieren kann;
einer Energiequelle („Lebenskraft"):
die z.B. alle elektrischen Komponenten mit Strom versorgt.

Aufgaben für einen Roboter

Aufgabengebiete für Roboter sind vielfältig. Sehr erfolgreich ist der Einsatz von Robotern bei der Bewältigung von monotonen, höchst präzisen und gefährlichen Aufgaben. Manche Arbeiten könnten ohne den Einsatz von Spezialrobotern gar nicht durchgeführt werden (z.B. Herstellung von Computerchips).

Arbeiten in Industriebetrieben
Beispiele: Sägen, Reinigen, Transportieren, Lackieren, Schrauben, Umgang mit und Entsorgung von gefährlichen Produkten

Erkundungen
Beispiele: Mars-Sonden, Kanalroboter, Erforschung von Vulkanen, Vermessung von schwierigem Terrain

Service und Dienstleistung
Beispiele: Museumsführer, Raumpflege, Fensterputzer, Rasenmäher

Pflege und Versorgung
Beispiele: Dosieren von Medikamenten, Stütze bei Fortbewegung, elementare Gesundheitswerte messen (Blutdruck, Fieber), Hilfe holen

Rettung
Beispiele: Aufspüren von Verschütteten, Arbeiten in gefährlichen Umgebungen (Radioaktivität, Giftgas, Rauch, Sprengstoffe, extreme Hitze, extreme Kälte), Zugang zu schwer erreichbaren Zielen (Höhlen, verseuchte Umgebung)

Ausbildung und Unterhaltung
Beispiele: Humanoide Roboter zur Simulation menschlicher Bewegung, Roboter-Hunde zur gefahrlosen Vermittlung von Hunde-Eigenschaften, Skorpion-Roboter zum Studium mehrbeinigen Gehens

Jetzt geht es noch darum, ein Musikstück auszuwählen, zu dem Berta tanzt. Mia entdeckt einzelne Töne und möchte ein Musikstück komponieren. Doch das dauert zu lang und sie entscheiden sich für den Block mit Namen „Salsa".

Damit es nicht ganz so einfach wird, sollen die Robertas beim Tanzen die Augen verdrehen. Johanna und Mia wissen, dass sie einen Anzeigeblock dafür brauchen und für diesen gibt es Bilder, z. B. Augen, die nach rechts oder nach links schauen. Zum Augenverdrehen, setzt man zwei Anzeigeblöcke hintereinander und steckt sie in eine unendliche Schleife. Aber irgendetwas stimmt nicht, die Augen scheinen zu stehen. Wir wissen warum: der Wechsel zwischen rechts und links Schauen geht viel zu schnell. *Zur Lösung bauen die Beiden zwischen die Anzeigeblöcke Warteblöcke.* Jetzt wechseln die Augen schön langsam, was sehr lustig aussieht. Diese Schleife muss nun noch auf eine parallele Programmschiene zu den Tanzblöcken gelegt werden und schon ist die Aufgabe gelöst.

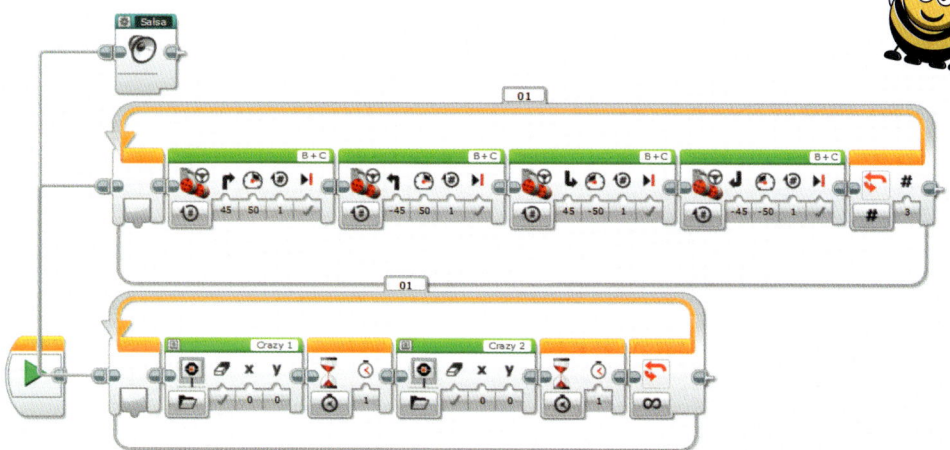

Damit die Robertas ihren Tanz bei den nächsten Aufgaben wiederverwenden können, werden nun die Tanzschritte in einem eigenen Block zusammengefasst. Die Mädchen überlegen sich einen Namen für ihren Tanz und fassen darunter die Programmschritte zusammen.

Damit der Tanz einfach wiedergefunden werden kann, können sie noch ein Symbol dafür vergeben.

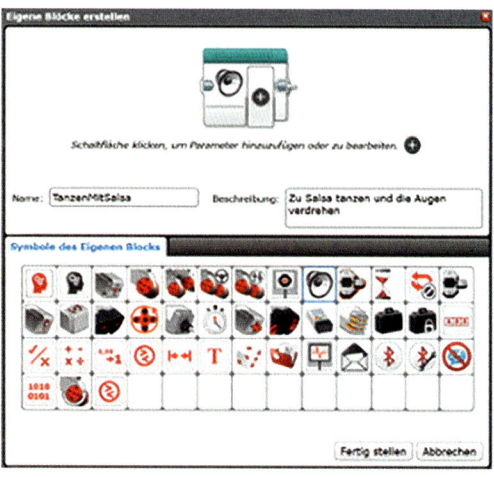

37

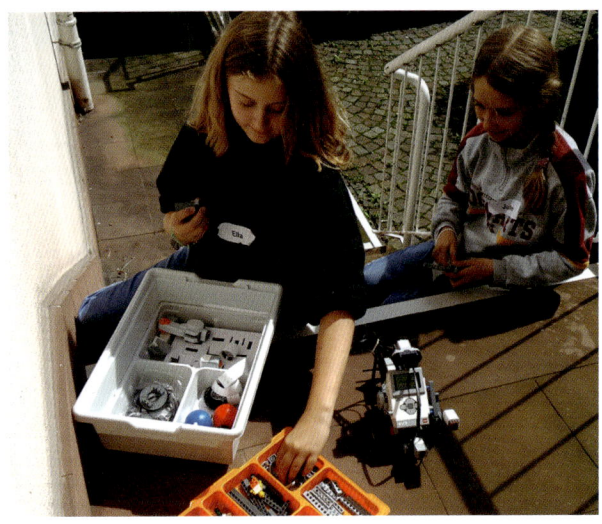

Inzwischen haben auch die anderen Paare ihre Robertas zum Tanzen gebracht und den Lehrerinnen gezeigt. Es ist ein richtiger Wettbewerb und wir staunen über die guten Einfälle.

Jetzt muss es aber weitergehen, außer tanzen können die Robertas noch nichts. Es warten noch große Aufgaben auf die Programmiererinnen: die Robertas sollen hören, sehen und spüren können.

Zum Hören, Sehen und Spüren braucht man Ohren, Augen und eine „empfindliche Stelle". Dafür gibt es in unseren Baukästen sogenannte Sensoren: den Geräuschsensor, den Licht- und den Ultraschallsensor und zum Spüren den Berührungssensor.

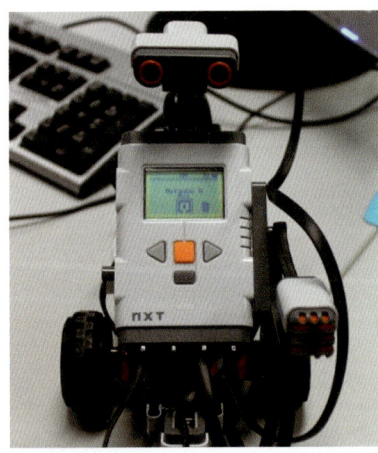

Jetzt heißt es, Halterungen für die Sensoren bauen, an Berta befestigen und jeden Sensor mit einem Kabel zum richtigen Eingang in den Stein führen.

Mia erklärt Johanna, wie die Sensoren funktionieren:

Für jeden Sensor gibt es einen Programmierblock, bei dem man Werte festlegen kann.

Mit einem Geräuschsensor erfasst man die

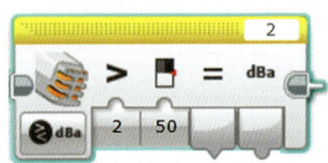

Lautstärke. Liegt sie über einem bestimmten Wert, hier 50, programmiert man eine Reaktion.

Mit einem Licht-/Farbsensor wird die Helligkeit oder eine Farbe erfasst. Er hat auch eine Lampe, so dass Hell-/Dunkel-

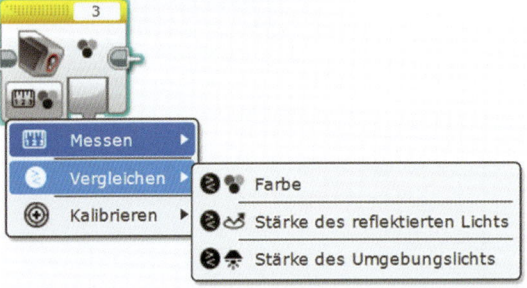

Unterschiede besser zu „sehen" sind. Roberta kann mit dem Lichtsensorblock so eine schwarze Linie erkennen.

Der Ultraschallsensor misst den Abstand zu einem Hindernis. Wird ein festgelegter Wert erreicht, kann Roberta reagieren.

Der Berührungssensor hat einen kleinen Knopf. Dieser kann gedrückt und gehalten werden, er kann losgelassen werden und er kann angestoßen werden.

Die Mädchen erhalten folgende Aufgabe: Roberta steht traurig da und fängt freudig an zu tanzen, wenn die Tanzlehrerin in die Hände klatscht.

Zuerst müssen sie überlegen, welchen Sensor sie abfragen müssen.

Es ist der Geräuschsensor, da Klatschen ein Geräusch erzeugt. Aber wie sollen sie das programmieren? Sie wissen nicht, wann die Tanzlehrerin klatscht. Zum Glück gibt es für alle Sensoren Warteblöcke. Wenn man sie verwendet, passiert nichts, bis das Ereignis, z. B. ein lautes Geräusch, eintritt. Anschließend werden die darauffolgenden Blöcke durchlaufen.

Für ein trauriges Gesicht nehmen sie einen Anzeigeblock mit einem traurigen Smiley. Auch der Tanzblock kommt zum Einsatz.

Und schon machen sie sich an die nächste Aufgabe:

Eure Roberta wartet auf einen Tanzpartner und macht solange ein trauriges Gesicht, bis einer vor ihr steht, dann lacht sie (zeigt ein lachendes Smiley), sagt „Hallo" und fängt an zu tanzen.

Johanna kennt schon die Lösung:

Ein Ultraschallsensor stellt fest, ob der Tanzpartner vor Berta steht. Sie diktiert Mia, welche Blöcke diese verwenden soll.

Ein Anzeigeblock mit traurigem Smiley, der Ultraschallwarteblock mit Abstand kleiner 20 cm, ein Anzeigeblock mit freudigem Smiley, ein Klangblock mit „Hallo"-Ausgabe und dann der Tanzblock.

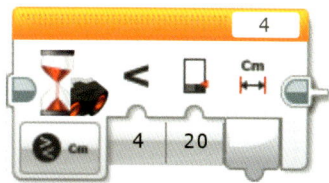

Bei der nächsten Aufgabe kommt endlich die Tanzfläche ins Spiel

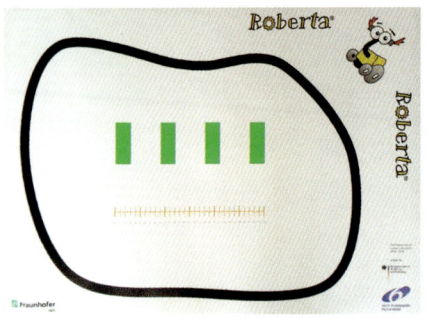

Eure Roberta soll auf der Tanzfläche fahren, und immer, wenn sie an den Rand der Tanzfläche (schwarz umrandetes Feld) kommt, einen Ton abspielen, umdrehen und zurückfahren.

Es ist klar: hier ist der Lichtsensor gefragt. Er ist auf den Boden gerichtet, den er beleuchtet. Berta fährt also ganz langsam und nimmt die Helligkeit auf. Ist diese niedrig, so hat sie den schwarzen Rand erreicht, sonst fährt sie weiter. Dafür gibt es doch ein „Programmkonstrukt": die Verzweigung.

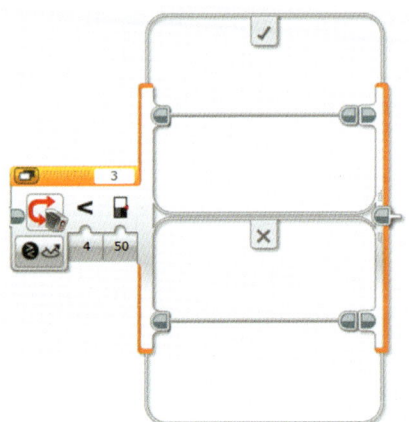

Im oberen Strang programmiert man, was passieren soll, wenn Berta eine helle Farbe sieht, sie soll weiterfahren. Im unteren Strang hat sie eine dunkle Farbe gesehen, den Rand, soll anhalten, einen Ton abspielen und umdrehen.

Damit sie dies nicht nur einmal tut, müssen die Mädchen eine Schleife darum herumlegen.

Johanna fragt Helga, warum kann Berta nicht auf der Tanzfläche tanzen, ohne den Rand zu überfahren? Sie überlegen zusammen, dass dies sehr kompliziert wird, da Berta bei jedem Tanzschritt prüfen muss, ob sie den Rand erreicht hat. Um das zu programmieren, haben sie an diesem Vormittag keine Zeit mehr.

In der letzten Aufgabe sollen alle Künste von Berta in eine kleine „Performance" zusammengefasst werden. Die Aufgabe lautet: *Eure Roberta wartet außerhalb der Tanzfläche auf einen Tanzpartner und macht solange ein trauriges Gesicht, bis einer vor ihr steht. Dann lacht sie und sagt „Hello". Anschließend fährt sie über die schwarze Linie auf die Tanzfläche und fängt an zu tanzen. Dabei spielt sie ein Musikstück.*

Johanna und Mia sind inzwischen so gut im Programmieren, dass sie wissen, wie sie die kleinen Programme aus den vorigen Aufgaben zu einer Lösung dieser Abschlussaufgabe zusammensetzen müssen.

Und so sieht es aus.

Zum Schluss sind die Mädchen auf die Robertas der anderen gespannt und freuen sich auf die Vorführung.

Mia kommt auf die Idee, dass alle Robertas gemeinsam auf der Tanzfläche tanzen könnten. Erstaunlicherweise gibt es keine Kollisionen, so als ob sie beim Tanzen Hindernisse erkennen können.

Die Mädchen hätten ihren Robertas gerne noch weitere Künste beigebracht. Für einen Tanzauftritt schlagen sie vor, dass alle Robertas hintereinander auf die Tanzfläche fahren. Dabei müssen sie versuchen, den Abstand zur Vorgängerin konstant zu halten. Dafür brauchen sie ein weiteres Programmierkonzept, das der Variablen. In einer Variablen können sie ihre Geschwindigkeit speichern und diesen Wert verändern. Verringert sich der Abstand unter den Idealwert, so wird die Geschwindigkeit reduziert. Vergrößert sich der Abstand, weil die Vorgängerin schneller fährt, so muss die Geschwindigkeit erhöht werden. Die Geschwindigkeitsvariable steuert die Leistung der Motoren.

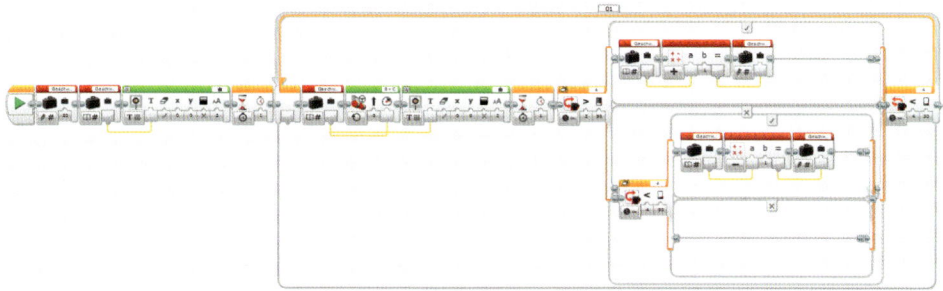

Das Programm ist etwas komplexer und deshalb entscheiden alle, die Aufgabe in einem Folgekurs zu lösen.

Zum Ende des Kurses werden die Robertas wieder auseinandergebaut und die Kästen aufgeräumt.

Johanna ist traurig, dass sie Berta nicht mit nach Hause nehmen kann.

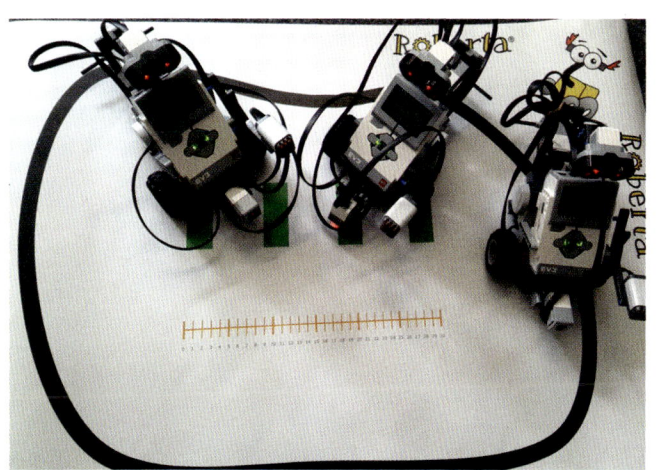

Roberta® (https://roberta-home.de) nutzt die Faszination von Robotern, um Schülerinnen und Schülern Naturwissenschaften, Technik und Informatik spannend und praxisnah zu vermitteln und bietet so eine spielerische Herangehensweise an die Informatik. Dies gilt für alle Altersgruppen und jede Vorbildung. Bereits zehnjährige Kinder können mit Hilfe von didaktisch und technisch angepassten Konzepten innerhalb eines Tages Grundkenntnisse der Konstruktion und Programmierung von Robotern erwerben. Der Bau und die Verwendung von Robotern vereint in idealer Weise viele Elemente technischen Wissens, die für ein Verständnis technologischer Probleme bis hin zu philosophischen Fragen – wie nach Intelligenz und Autonomie – hilfreich sind.

Die Entwicklung von Robotern erfordert einen vollständigen Systementwicklungsprozess, der vom Entwurf über Konstruktion und die Programmierung bis zum Test reicht und viele Disziplinen erfordert, da Hardware, Software, Elektronik, Elektrik und Mechanik zusammenpassen müssen. Das didaktische Roberta®-Konzept mit umfangreichen Lehr- und Lernmaterialien wurde vom Fraunhofer-Institut für Intelligente Analyse- und Informationssysteme (IAIS) (https://www.iais.fraunhofer.de/) mit finanzieller Förderung des Bundesministeriums für Bildung und Forschung (BMBF) entwickelt.

Wesentliche Merkmale von Roberta®-Kursen sind.:

- eine gendergerechte Gestaltung.
- Kursinhalte, die insbesondere Mädchen ansprechen.
- Gendersensitivität der Roberta-Teacher, um ein naturwissenschaftlich-technisches Interesse beider Geschlechter zu fördern.
- Roberta®-Kurse wenden sich an Mädchen und Jungen (ab 10 Jahre).
- An Roberta®-Kursen sollen mindestens 50% Mädchen teilnehmen.
- Roberta®-Teacher sind sensibel für die eigenen geschlechtsspezifischen Verhaltensweisen.
- Roberta®-Teacher gehen auf unterschiedliche Lernweisen von Mädchen und Jungen ein.
- Die Aufgaben sind in Themenstellungen eingebunden, die für Mädchen und Jungen interessant sind.

In unseren Roberta-Kursen werden LEGO-Mindstorm-Baukästen verwendet. Diese ermöglichen einen einfachen Zugang zur Entwicklung kleiner, handlicher Roboter und bieten so eine breite Palette von Anwendungen.
Die Programmierung mit der grafischen Umgebung erfordert keine Vorkenntnisse.

Quelle:
„Roberta Grundlagen – Roberta-Reihe Band 1"
Ausgabe: Februar 2010
Copyright: © 2004-2010 by Fraunhofer-Institut Intelligente Analyse- und Informationssysteme (IAIS)
Projektgruppe: Ansgar Bredenfeld, Thorsten Leimbach, Gabriele Theidig, Sebastian Trella, Thomas Breuer
Warenzeichen: Roberta® ist ein eingetragenes Warenzeichen der Fraunhofer-Gesellschaft e.V., LEGO(R) und Mindstorms(TM) sind eingetragene Warenzeichen der Firma LEGO Group
ISBN: 978-3-8167-7806-6

AUTORINNEN, AUTOREN

Prof'in Dr. Cosima Schmauch, Informatikerin

Sie bietet trotz Ruhestand mit Begeisterung Lego-roboter-Kurse für Mädchen an. Als Informatikerin hat sie sowohl in der Industrie als auch an der Hochschule Karlsruhe die Erfahrung gemacht, dass sich viel zu wenig Frauen für diesen Beruf interessieren. Mit tanzenden Robertas versucht sie, mehr Mädchen und junge Frauen für Technik und Informatik zu gewinnen.

Helga Gabler, Diplom-Informatikerin

Sie war nach ihrem Studium der Informatik in der Forschung tätig und arbeitet seit ihrer Familienpause (Tochter, Sohn) im Rechenzentrum der Hochschule Karlsruhe. Im Umfeld ihrer Kinder (beide Ingenieure) hat sie die Erfahrung gemacht, dass Schülerinnen selten Berufe in MINT-Fächern wählen. Um daran mitzuwirken, dies zu ändern, bietet sie Lego-Roboterkurse für Schülerinnen an.

Als Astronaut den Kraichgau erforschen

Inga Beck

Immer höher und höher

 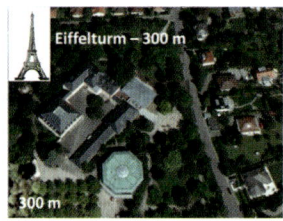

 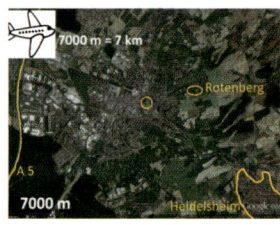

 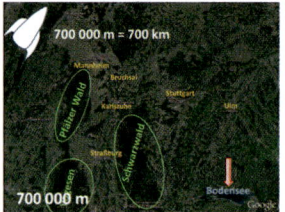

Bestimmt hast Du Dir auch schon mal gewünscht, einfach so fliegen zu können. Die Arme auszubreiten und schwupps hebst Du ab und fliegst immer höher und höher. Bis zu den Wipfeln der allerhöchsten Bäume und vielleicht sogar noch höher! So hoch wie der Eifelturm in Paris? Das wäre dann circa 300 m hoch! Wenn Du noch höher fliegst, dann wirst Du Dich irgendwann mit den Piloten der Flugzeuge absprechen müssen, nicht dass Ihr Euch in die Quere kommt. Diese fliegen nämlich in über 7 km Höhe – also 7.000 m. Da wird es aber für Dich dann schon ziemlich kalt und unangenehm werden. Die Luft wird dünn, und das Atmen wird schwer. Allerdings wirst Du einen tollen Ausblick von da oben haben und bemerken, dass man einen wunderbaren Überblick über eine große Region bekommt.

Astronauten fliegen in ihren Raketen noch viel höher! Vielleicht weißt Du ja, dass ein paar schon auf dem Mond waren. Der ist fast 400.000 km von der Erde entfernt. Von hier aus erkennt man allerdings auf der Erde nichts mehr: Man sieht sie nur noch als große blau-grüne Kugel.

Für die Wissenschaftler ist es aber oft interessant noch erkennen zu können, was es auf der Erde gibt. Und so werden immer wieder Satelliten mit speziellen Kameras in das Weltall geschossen, die dann in einem Abstand von ungefähr 700 km unseren

Planeten beobachten und fotografieren. Man spricht dabei von „Fernerkundung" – man erkundet etwas von der Ferne aus; ohne es zu berühren!

Der Kraichgau von oben

Sieht man sich den Kraichgau von oben an, bemerkt man, dass es hier viele, viele Felder und Äcker gibt.

Viel mehr als in anderen Regionen in Deutschland. Das ist deshalb so, weil hier der Boden besonders fruchtbar ist. Das heißt, dass hier Getreide und andere Nutzpflanzen besonders gut wachsen können. *Den Boden, den man im Kraichgau findet, nennt man Löss.* Löss ist eine Schicht aus sehr feinen Körnchen, die durch den Wind aus dem Boden weggeblasen worden sind und sich dann an einer anderen Stelle angereichert haben. Wenn der Wind etwas transportiert, nennt man es „äolischen Transport". Im Kraichgau ist die Schicht mit diesen feinen Körnchen 30 Meter hoch!

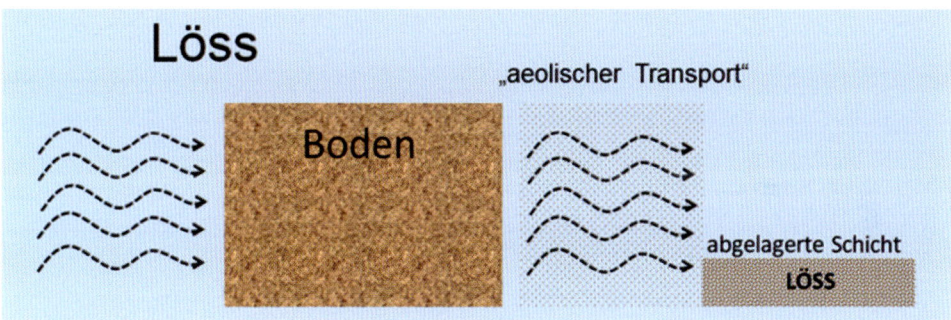

Was diese Körnchen im Kraichgau besonders fruchtbar macht, ist ihr Ursprung: Die meisten stammen nämlich aus Vulkangestein. Und *Vulkangestein besitzt viele wichtige Mineralstoffe, die für das Wachstum von Pflanzen gut sind.* Die Vulkane, aus denen das Gestein stammt, sind aber nicht mehr aktiv. Vielleicht kennst Du den Steinsberg? Er ist ein erloschener Vulkan, der schon über 55 Millionen Jahre nicht mehr ausgebrochen ist und auf dem heute die Burg Steinsberg steht.

Im Übrigen ist ein „Löss-Korn" gerade mal 0,01–0,5 mm groß, also ungefähr so groß wie ein Sandkorn, dass Du vielleicht vom Strand kennst.

Warum genau im Kraichgau?

Warum ist es nun aber so, dass genau hier diese feinen Körnchen vom Wind hertransportiert werden und dann abgelagert werden? Dazu müssen wir uns das Gelände des Kraichgaus etwas genauer ansehen. Wissenschaftlich sagt man zu dem Gelände auch Relief:

Das Relief beschreibt, wo es Berge oder Hügel gibt, Täler oder einfach eine flache Ebene. Auch das kann man mit Hilfe der Bilder aus den Kameras in den Satelliten sehen. Und dann erkennt man, dass der Kraichgau in einer Mulde liegt.

In einer Mulde zwischen dem Pfälzerwald und dem Schwarzwald. Wenn nun der Wind von Westen nach Osten weht – was er bei uns in Deutschland meistens tut – dann kommt er also vom Pfälzerwald und bläst dort die ganzen feinen Körnchen raus. Dann kommt er aber an ein großes Hindernis, den Schwarzwald. Hier schafft er es dann nicht mehr so einfach die Körnchen mitzutragen, und daher fallen sie zu Boden. Das Ergebnis ist die dicke Lössschicht in der Mulde im Kraichgau! Gut für die Landwirtschaft also, dass es den Schwarzwald gibt. Wer weiß, wo sich sonst der gute Boden befinden würde?

Nun ist es natürlich noch spannend zu wissen, woher eigentlich diese Mulde kommt. Dazu müssen wir nun nicht hoch in die Luft fliegen, sondern viele, viele Jahrmillionen zurück. Ungefähr 65 Millionen Jahre. Wir befinden uns dann im Zeitalter des sogenannten Tertiär. Die Dinosaurier waren damals schon ausgestorben und die uns bekannten Tiere begannen erst langsam sich zu entwickeln. Zu

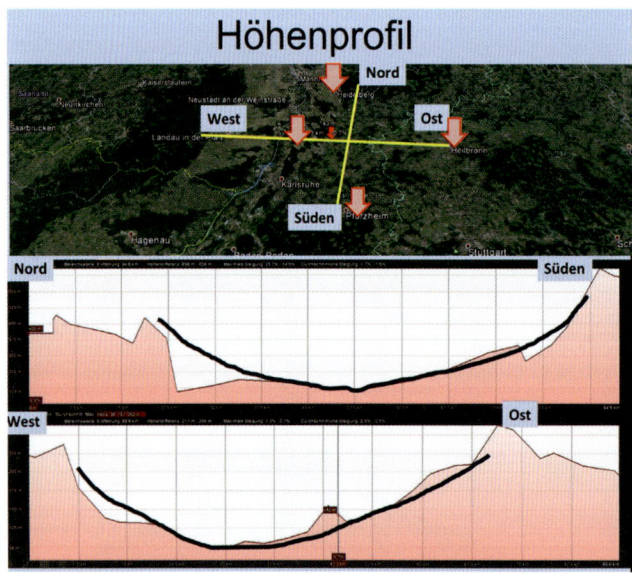

dieser Zeit senkte sich der Oberrheingraben ab, und der Schwarzwald wurde herausgehoben. Und so entstand die Mulde, in der sich nun der Kraichgau befindet.

Nun hast Du ja schon einiges erfahren. Warum es im Kraichgau so viele Felder gibt, warum der Boden so fruchtbar ist, und was hier vor vielen Millionen Jahren so stattgefunden hat.

Nun fragst Du Dich vielleicht, wozu die Fernerkundung aber noch so gut sein kann? Die Antwort findest Du in der Infobox!

Infobox: Was sieht man denn sonst noch so?

Mit Hilfe der Satelliten kann man übrigens noch vieles mehr auf unserer Erde entdecken. Mit den Bildern der Kameras kann man zum Beispiel sehr gut beobachten, wie sich die Fläche des Meereises in den Polarregionen verändert, oder wo und wie stark die großen Gletscher auf der Erde wegen der Klimaerwärmung tauen. Sehr gut kann man damit auch erkennen, wo große Waldbrände sind und dann schnell entscheiden, wie man diese am besten löschen kann. Ihr seht also: Mit dem Blick aus dem All sieht man sehr schnell viel mehr. So kann man auch oft schnell helfen!

AUTORINNEN, AUTOREN

Dr. Inga Beck, Geologin

Sie studierte physische Geographie an der Ludwig-Maximilians-Universität in München und promovierte im Bereich arktischer Permafrost. Während ihrer anschließenden Zeit als Postdoktorantin beim Alfred-Wegener-Institut des Helmholtz-Zentrums für Polar- und Meeresforschung in Potsdam sowie an der Ruprecht-Karls-Universität Heidelberg absolvierte sie außerdem ein Fernstudium zum Fachjournalismus und erlangte ein Umweltpädagogikzertifikat. Seit 2016 ist sie für die Öffentlichkeitsarbeit an der Umweltforschungsstation Schneefernerhaus GmbH auf der Zugspitze tätig, wo sie neben der Kommunikation neuster wissenschaftlicher Erkenntnisse einen Schwerpunkt auf Umweltbildung und Wissenstransfer gelegt hat. Inga Beck ist Mitglied in zahlreichen Gremien und derzeit Vize-Präsidentin der internationalen Organisation ‚Polar Educators International'. Sie lebt heute mit ihren drei Kindern in Oberbayern.

Was wäre, wenn die Großen wüssten, dass wir Kleinen Großen helfen könnten?

Jürgen Wacker
Barbara Bartsch (Illustrationen)

Die barmherzigen Kinder

Es war einmal ein Mensch, der schwer beladen zum Bahnhof kam. Zwei Kinder sahen, wie der alte Mensch sich abmühte, sein Gepäck zum Bahnsteig zu bringen. Die Kinder bemerkten, wie ein anderer, jüngerer Mensch dem Älteren die Tasche entriss und zum Bahnhofsausgang hin wegrannte. Als der Dieb mit der geraubten Tasche unter dem Arm ihnen auf der Treppe entgegenkam, stellte ihm ein Kind ein Bein, so dass der Dieb stolperte und schreiend und fluchend die Treppe hinunterfiel. Das andere Kind schnappte die auf der Treppe liegende Tasche, um sie dem alten Menschen auf dem Bahnsteig zu bringen.

Einige andere Erwachsene standen unbeteiligt, auf den nächsten Zug wartend, am Bahnsteig und beachteten den am Boden liegenden Alten nicht. Beide Kinder sahen den Alten und eilten zu ihm, um ihm zu helfen:

Was ist Hilfe?

1. Hilfe holen
2. Stabile Seitenlage
3. Beine hochlegen
4. Verband anlegen

Als die Erwachsenen auf dem Bahnsteig die beiden Kinder bei dem ohnmächtigen Alten bemerkten, trat einer hinzu und alarmierte mit seinem Handy den Rettungswagen. Bis zum Eintreffen des Notarztes und des Sanitäters blieben die beiden Kinder bei dem ohnmächtigen Alten.

Braucht man immer eine spezielle Ausbildung um Hilfe zu leisten?
NEIN, man benötigt keine spezielle Ausbildung dazu.
Jeder kann Hilfe leisten!
TRAU Dich!
Keiner ist zu klein, um Helfer zu sein!

Keiner ist zu klein, um Helfer zu sein!

Vereinfachte Reanimation ohne Beatmung:

PRÜFEN – RUFEN -DRÜCKEN

Prüfen

1. Prüfe das Bewusstsein

Keine Reaktion?
HILFE rufen!

Rufen

Notruf
112 anrufen

Zusammenfassung

Als die Sanitäter und der Arzt auf dem Bahnsteig eintrafen, schlug der alte Mensch wieder die Augen auf und blickte dankbar zu den Kindern auf. Der Notarzt lobte die Kinder und legte den am Boden liegenden Menschen auf eine Trage. Als sie den Senior zum Bahnhof hinaustrugen, setzten sich die Kinder auf eine Bank zwischen den Bahnsteigen.

Ein Erwachsener kam zu ihnen und sagte:

„Das habt Ihr großartig gemacht! Ihr seid wirkliche, barmherzige Samariter! Wie heißt Ihr eigentlich? Alle haben Angst vor Corona, aber Ihr habt trotzdem dem armen, überfallenen und beraubten Menschen geholfen. **Was wisst Ihr den über Corona?**", fragte der Erwachsene die beiden Kinder.

Diese fingen an, mit ihren eigenen Worten dem Erwachsenen Corona zu erklären:

„Ich bin Karl und ich bin Karla!", antworteten die beiden Kinder selbstbewusst.

„Zurzeit erkranken viele Menschen auf der ganzen Welt an einem sogenannten Corona-Virus. Mit genauem Namen heißt das Virus SARS-CoV-2. Es löst die Krankheit Corona-19 aus. Angefangen hat die Erkrankung im Dezember 2019 in Wuhan in China.

Wer sich mit dem Corona-Virus ansteckt, kann zuerst Halskratzen oder hin und wieder auch Schnupfen, dann trockenen Husten und Fieber bekommen, selten haben Erkrankte auch Durchfall. Manche Menschen leiden aber auch unter

Atemproblemen oder bekommen eine Lungenentzündung. Kinder werden weniger krank, aber wir tragen sicherheitshalber auch Masken."

Unser Lehrer sagt: „Coronaviren sind winzig klein, hunderte Millionen von ihnen passen auf einen Stecknadelkopf. Für uns sind sie also quasi unsichtbar. Hustet, niest oder spricht eine erkrankte Person, verteilt sie die Viren in der Luft – und wer danebensteht und sie einatmet, kann sich anstecken."
„Die Viren können aber auch über die Hände weitergegeben werden: Putzt sich ein Coronapatient etwa die Nase und greift danach an einen Türgriff, bleiben dort unter Umständen Viren kleben. Macht nun ein anderer die Türe auf, hat er die Krankheitserreger an der Hand. Jetzt muss er sich nur noch unbedacht die Augen reiben oder ein paar Pommes mit den Fingern essen – und schwupps ist er unter Umständen angesteckt. Bis die Krankheit wirklich ausbricht, kann es zwei Wochen dauern. Das Fiese: Auch in der Zeit, in der sich eine Person noch nicht so richtig krank fühlt, kann sie aber schon ansteckend sein. Wir sind froh, dass wir bei dem Verletzten keine Mund-zu-Mund-Beatmung machen mussten. Außerdem hat er uns nicht angehustet. Gut, dass wir unsere Masken trugen."

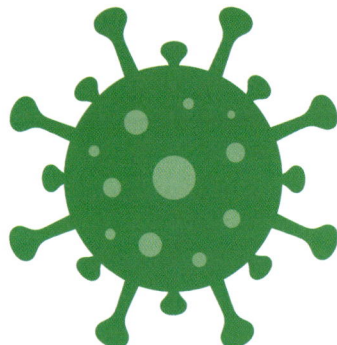

Der Erwachsene fragte die Kinder, was sie jetzt zu tun beabsichtigen. „Wir lassen uns jetzt von unseren Eltern einen Schnelltest auf COVID-19 machen und hoffen, dass endlich die Schule wieder anfängt!"

„Dann habt Ihr sicherlich Eurem Lehrer und den anderen Schülern viel zu erzählen", meinte der Erwachsene.

Sie verabschiedeten sich mit einer gegenseitigen Unterarm–Ellenbogen-Berührung.

„Wenn nur mehr Erwachsene gegen Corona das täten, was die beiden Kinder wissen und beherzigen, hätten wir die Seuche schon längst besiegt", murmelte der Erwachsene vor sich hin, als er den Bahnhof verließ.

AUTORINNEN, AUTOREN

Prof. Dr. med. Jürgen Wacker, Chefarzt

Er leitete von 1999 – 2021 als Chefarzt die Frauen-klinik Bruchsal. Zwischen 1986 und 1988 war er Entwicklungshelfer in Dori/Burkina Faso. Er ist Mitglied des Stadtrats und des Kreistags und engagiert sich in vielfältiger Weise ehrenamtlich.
Zurzeit plant er mit weiteren Engagierten den Bau einer Maternité (Entbin-dungsstation) in Ouagadougou, der Hauptstadt von Burkina Faso (Afrika).

Hartmut Schönherr

Was ist das, Energie?

Heute geht es um Energie! Genauer, um „erneuerbare Energien". Aber was ist eigentlich „Energie"? Ihr habt bestimmt schon Leute sagen hören „Ich hab' heut gar keine Energie" oder: „Ich sprühe vor Energie!" Was bedeutet das? Nun, ein bisschen ist es wie bei einer Lampe. Wenn sie ausgeschaltet ist: Energie weg, dunkel. Wenn sie eingeschaltet ist: Energie da, hell.

Überlegt euch einmal, was euch hilft, wenn Ihr „keine Energie" mehr habt. Hinlegen, schlafen? Etwas essen? Nach dem Schlafen haben wir vielleicht ein bisschen mehr Energie, aber oft vor allem: Hunger. Dann hilft *Essen – und das hat direkt etwas mit der Energie zu tun*, um die es heute geht. Denn Essen liefert Kalorien. Und Kalorien sind das, was unser Körper zum Leben braucht. So wie ein Ofen Holz, Kohle, Gas oder Öl braucht, um Wärme zu erzeugen, so verbraucht unser Körper Kalorien.

Jede Körperzelle ist ein kleines Kraftwerk, ein kleines Feuer, das uns die Energie gibt, uns zu bewegen, zu denken, zu fühlen – und das uns warmhält, auch im Winter. Genau genommen sind es die Mitochondrien in den Körperzellen, die als Kraftwerke funktionieren – aber so weit in die Details müssen wir hier nicht gehen. Für das Feuer im Körper brauchen wir zwei Dinge, einen Brennstoff, nämlich das Essen, und

Sauerstoff. Das mit dem Sauerstoff kennt Ihr ja von Kerzen. Die gehen aus, wenn Ihr einen Topf darüberstülpt. Weil die Kerzen den Sauerstoff unter dem Topf schnell verbrannt haben - und dann erstickt die Flamme. Uns geht es ähnlich, deswegen müssen wir nicht nur essen, sondern auch atmen, damit unsere Kraftwerke im Körper arbeiten können!

Lebensmittel sind also Energielieferanten. Energie beim Essen wird in Joule gemessen oder in Kalorien. Die beiden Werte geben an, wieviel Energie im Körper frei wird bei der Verbrennung. Eine Tafel Schokolade hat ungefähr 550 Kilokalorien (beim Essen sagt man meistens nur „Kalorien", meint aber Kilokalorien - kcal). Ein Kind zwischen 10 und 12 Jahren braucht ungefähr 2.000 Kilokalorien am Tag. Rein energiemäßig könnten einige von Euch also von 4 Tafeln Schokolade am Tag leben. Aber da fehlt dann natürlich einiges, Mineralstoffe und Vitamine z.B., die in Gemüse, Salat, Obst oder Müsli sind. Und den meisten Menschen wäre schon am ersten Tag schrecklich schlecht, wenn sie sich nur von Schokolade ernähren müssten.

Ein Pferd braucht 24.000 Kilokalorien am Tag, soviel wie 12 Kinder.

Seine Kalorien bekommt ein Pferd alleine aus Gras, wenn sonst nichts da ist. Hafer mag es aber auch, und Äpfel!

Was denkt Ihr, wovon bekommt Ihr am meisten Energie, von einem Stück Würfelzucker, einem Teelöffel Öl oder einem Apfelschnitz?

Ein Stück Würfelzucker wiegt 2,5 Gramm und hat 10 Kilokalorien, ein Teelöffel Öl wiegt auch ungefähr 2,5 Gramm und hat 22 Kilokalorien. Der Schnitz Apfel (1/8) wiegt 25 Gramm, hat aber nur 13 Kilokalorien. Wenn Ihr also 2.000 kcal am Tag braucht, müsstet Ihr 500 Gramm Zucker essen, ein ganzes Pfundpaket! Ihr könntet es stattdessen auch mit 227 ml Öl probieren oder mit 3.846 Gramm Äpfeln. Also mal ehrlich, was würdet Ihr lieber nehmen, das Öl, den Zucker, oder die 3,8 Kilogramm Äpfel?

Energie hat also etwas mit Feuer zu tun. Und manche Wissenschaftler sagen, erst mit dem Feuer sei der Mensch zum Menschen geworden, dann erst habe er sich entwickeln können, sich wärmen, sich besser ernähren, sich schützen vor wilden Tieren.

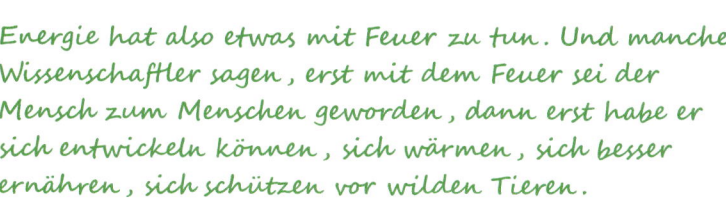

Die Griechen der Antike glaubten, dass der Titan Prometheus den Menschen das Feuer gebracht habe. Titanen, das waren Wesen zwischen den Menschen und den Göttern. Aber der mächtigste der Götter, Zeus, wollte nicht, dass die Menschen das Feuer bekommen. Und deshalb hat er Prometheus bestraft. Aber das Feuer hatten die Menschen nun schon – und bis heute ist es uns geblieben.

Wo kommt der Strom her?

Seit ungefähr hundert Jahren ist die wichtigste Energie für uns Menschen (abgesehen von den Lebensmitteln, vom Essen) nicht mehr das Feuer, sondern der Strom, die Elektrizität. Feuer spielt immer noch eine große Rolle, auch an Stellen, wo man nicht gleich daran denkt, etwa in Autos, die bisher noch überwiegend mit „Verbrennungsmotoren" laufen, nicht mit Elektromotoren – aber ohne Elektrizität würden die Autos sofort stehen bleiben. Und sie hätten keine Beleuchtung.

Zuhause kommt der Strom aus der Steckdose. Aber wisst Ihr auch, wie der Strom zu den Steckdosen kommt? Richtig, dafür gibt es Kraftwerke, Stromkraftwerke, die erzeugen den Strom. Und wie? Nun, mit Feuer – aber nicht unbedingt. Die Kraftwerke, die mit Feuer arbeiten, verbrennen überwiegend Kohle (Kohlekraftwerke) oder Erdgas (Gaskraftwerke).

Was sie verbrennen, sind fossile Brennstoffe. „Fossil", das heißt, man muss sie ausgraben. Das lateinische Wort „fossilis" bedeutet „ausgegraben". Ein dritter wichtiger fossiler Brennstoff ist Uran. Der wird nicht wirklich verbrannt, wie Holz, Kohle oder Gas, sondern atomar „gespalten". Dabei entsteht eine Wärme, die viel heißer ist als die in Kohle- oder Gaskraftwerken. Uran wird in Atomkraftwerken gespalten.

Aber wie wird aus der Verbrennungswärme (oder der Spaltungswärme im Atomkraftwerk) dann Strom?

Das ist bei allen drei Kraftwerkstypen (Kohle, Gas, Atom) gleich: Die Wärme bringt Wasser zum Kochen und der Wasserdampf treibt dann Turbinen an, die Strom erzeugen.

Kohlekraftwerke erzeugten 2019 in Deutschland 29,1% des verbrauchten Stroms, Erdgaskraftwerke 10,5%, Atomkraftwerke 13,8%. Der Verbrauch der Kraftwerke für den eigenen Betrieb ist dabei abgezogen, deshalb sagt man auch „Nettostromerzeugung".

Dampfmaschine

Nun haben Kohle, Erdgas und Uran (und auch Erdöl für die Autos und die chemische Industrie) ein gemeinsames Problem: Das sind endliche Materialien, endliche Ressourcen, es gibt nur einen bestimmten Vorrat davon auf der Erde – ist der verbraucht, wird's kalt und dunkel. Aber schon vorher gibt es Probleme, nämlich wenn die Vorräte knapp werden oder eine Nation die Vorräte einer anderen für sich haben möchte, ohne zu bezahlen. Dann kann das zu Kriegen führen, oder dazu, dass nur noch die ganz reichen Nationen sich Erdgas, Kohle oder Uran leisten können. Vor allem um Erdöl wurden schon oft Kriege geführt.

Bei Kohle und Erdgas (wie auch bei Erdöl) kommt noch dazu, dass die Verbrennung die Umwelt belastet.

Durch giftige Abgase, die aufwendige Filter erforderlich machen und trotzdem noch in geringen Mengen in die Umwelt kommen, und durch CO_2, Kohlendioxid, das bei allen Verbrennungen entsteht und das Klima auf unserem Planeten beeinflusst. Von der Klimaerwärmung durch CO_2 habt Ihr bestimmt schon gehört. Wenn wir fossile Energieträger verbrennen, kommt CO_2 in die Luft, das vor vielen Millionen Jahren von den Pflanzen und Kleinstlebewesen aus der dama-

ligen Luft aufgenommen und gebunden wurde. Gebunden bis heute, um mit der Verbrennung von Kohle, Erdgas und Erdöl in großen Mengen in die heutige Luft wieder abgegeben zu werden. Weshalb der CO_2-Gehalt in unserer Atmosphäre ansteigt.

Es gibt also viele Gründe, den Verbrauch von fossilen Energieträgern einzuschränken.

Uran hat dazu noch ganz andere Probleme: Es kann für den Bau von Atomwaffen verwendet werden und Atomkraftwerke sind extrem gefährlich, wenn es zu Unfällen kommt. Außerdem bleibt der atomare Abfall über Jahrtausende radioaktiv und muss aufwendig beseitigt und überwacht werden. Deshalb hat Deutschland nach dem Atomunfall von Fukushima schon 2011 den Ausstieg aus der Atomenergie bis 2022 beschlossen.

Nun erzeugen wir Feuer und Wärme aber nicht nur aus Kohle, Gas und Uran, sondern zum Beispiel auch aus Holz, das doch immer wieder nachwachsen kann im Wald. Holzkraftwerke nur zur Stromerzeugung gibt es in Deutschland noch nicht, dafür ist bei uns Holz zu wertvoll. Und der Transport ist auch sehr aufwendig für relativ wenig Energie, verglichen mit Erdöl oder Kohle. Es gibt aber kleine Holzkraftwerke, die Wärme und Strom erzeugen, zum Beispiel für einen Wohnblock oder eine Wohnsiedlung.

Holz heißt in der Fachsprache der Energiewirtschaft auch „Biomasse" – weil es biologisch entsteht. Bei uns meistens mit Unterstützung von Förstern. Es gibt aber auch andere Biomasse, die man verbrennen kann. Torf aus Mooren wurde lange als Brennmaterial verwendet. Um das Jahr 1900 herum wurden in Norddeutschland Torfkraftwerke gebaut, die aus der Verbrennung von Torf Strom erzeugten. Und wir können Biomasse nicht nur direkt verbrennen, sondern auch indirekt, indem wir aus den Pflanzen Biogas erzeugen.

Biogas entsteht auch in Sümpfen oder in Seen aus dem Pflanzenmaterial, das dort zerfällt, verrottet.

Deswegen wird Biogas manchmal Sumpfgas genannt. Es besteht zu einem großen Teil aus Methan, das gut brennt. Und damit sind wir schon mitten drin bei den erneuerbaren Energien, die auch für die Stromerzeugung dienen können.

Erneuerbare Energien I: Biogas

Bei der Verbrennung zur Stromerzeugung haben wir gelernt, dass dabei die fossilen Energieträger die Hauptrolle spielen. Fossile Energieträger, das sind Materialien aus dem Erdinneren, die die Energie sozusagen mit sich tragen: Erdöl (das wird in Stromkraftwerken selten verwendet), Erdgas, Steinkohle, Braunkohle, Uran (für Atomkraftwerke).

Wir haben aber auch schon einen erneuerbaren Energieträger kennengelernt, der Strom erzeugen kann, die Biomasse. Wir könnten auch Grünzeug sagen, obwohl Stroh nicht mehr grün ist und Holz auch nur bei ganz jungen Bäumchen. Das „Grünzeug" ist auch für uns Menschen zur Ernährung ein wichtiger Energieträger, nicht vergessen! Alles, was wir essen, kommt von Pflanzen. Sogar Fleisch und Wurst und Milch und Eier! Denn was essen die Hühner, die die Eier legen? Gras und Würmer. Was essen die Würmer? Pflanzenreste.

   Kühe haben in ihren Mägen eine richtige kleine Biogasanlage. Dort wird das Gras von der Wiese vergoren. Das dabei entstehende Methan wird von den Kühen aber nicht verbraucht, sondern an die Umwelt abgegeben, durch Pupsen und Aufstoßen. Mit dem Methan, das die Kühe in ihren Mägen produzieren und an die Umwelt abgeben, könnte eine Menge Strom erzeugt werden. Die 12,5 Millionen Kühe in Deutschland produzieren so viel Methan, dass es für 2.539 Biogasanlagen mit 500 kW Leistung reichen würde. Das entspricht einer installierten Gesamtleistung von 0,13 Gigawatt. Dummerweise lässt sich das Methan aus den Kuhmägen aber sehr schlecht auffangen.

   Biogas, das in technischen Anlagen z.B. aus Gülle oder Mais produziert wird, besteht zu 40-75% aus brennbarem Methan, der Rest ist überwiegend Kohlendioxid (25-55%). Biogasanlagen sind daher auch gewaltige CO_2-Schleudern – allerdings wird nur CO_2 freigesetzt, das zuvor von den Pflanzen aus der Luft gebunden wurde. Das nennt man „CO_2-neutral". Und natürlich wird auch bei der Methanverbrennung CO_2 frei, allerdings wiederum CO_2-neutral. CO_2-neutral heißt bei Biogas, wie auch bei der Holzverbrennung, dass das freiwerdende CO_2 in einem relativ kurzen Zeitraum gebunden wurde bzw. wieder gebunden wird. Bei Holz können das auch mehrere Jahrzehnte sein!

   Biomasse trägt immerhin mit 8,6% zu unserer Stromversorgung bei. Am meisten durch „Biogasanlagen", die von Landwirten bei ihrem Hof betrieben werden. 2019 hatte die Zahl der Biogasanlagen in Deutschland einen Höhepunkt erreicht. Es gab etwa 9.500 Anlagen mit insgesamt 5 Gigawatt installierter Leistung. Danach ging die Zahl der Anlagen leicht zurück. Die ersten Biogasanlagen in Deutschland haben Stallmist und Schweinegülle verarbeitet. Ihr könnt Euch vorstellen, dass die Nachbarn da nicht immer begeistert waren, wegen des Geruchs. Auch die neuen Anlagen, die meistens mit Mais arbeiten, können unangenehm riechen, wenn mal was schief geht. Und leider geht öfter was schief. Das ist zwar längst nicht so schlimm wie bei Atomkraftwerken, aber

Biogasanlage Langental

wenn Biogasanlagengülle in Bäche oder Flüsse läuft, sterben viele Wasserlebewesen. Im Jahr 2017 gab es in Deutschland 217 Zwischenfälle in Biogasanlagen, bei denen insgesamt 10 Millionen Liter Gülle (der flüssige Abfall, der bei der Vergärung entsteht) unkontrolliert in die Umwelt flossen, was vor allem für Bäche sehr schlimm sein kann.

Biomasse kann auch zur Herstellung von Biosprit, als Benzinersatz, verwendet werden. Mancher Landwirt macht sich seinen Sprit für den Traktor daher selber, aus Raps zum Beispiel. Ob das gut ist, dazu gibt es unterschiedliche Meinungen. Manche Leute sagen, dass es doch Hunger auf der Welt gibt und dass Menschen diese Pflanzen eigentlich auch essen könnten – oder zumindest das, was statt der Energie-Biomasse („Energie-Pflanzen") auf den Äckern wachsen könnte. Außerdem werden für den Anbau von Energie-Pflanzen in vielen Ländern ökologisch wertvolle und für die dort lebenden Tiere und Menschen wichtige Urwälder gerodet. Deshalb meinen einige Politiker, Biomasse zur Energiegewinnung einzusetzen, sei keine gute Lösung. Was meint Ihr?

Man kann auch Biogasanlagen bauen, die mit Lebensmittelabfällen, mit Stroh oder anderen biologischen Abfällen, sogar Karton oder Papier, „gefüttert" werden. Die Entwicklung solcher Anlagen ist aber nicht gut vorangekommen. Die Anlagen brauchen bisher immer noch zusätzlich Mais oder andere hochwertige Energiepflanzen, um so zu arbeiten, dass es sich für den Bauern lohnt. Denn der Bau der Anlagen ist teuer. Das kennen wir schon von den auf Hochleistung hin gezüchteten Kühen und Pferden – die brauchen auch Kraftfutter. Gras alleine reicht ihnen nicht mehr aus, um die Leistung zu bringen, die ihre Besitzer, die Bauern und Pferdehalter, erreichen wollen.

Sehr aufwendig bei den Biogasanlagen, die mit Abfällen arbeiten, ist das Einsammeln und das Transportieren des Materials. Die Gülle von diesen Anlagen, der flüssige Rest nach der Vergärung, wird auf Äcker gebracht und da muss man auch gut aufpassen, dass keine giftigen Stoffe aus dem verwendeten Abfall mit auf den Acker kommen.

Doch es gibt auch ganz andere natürliche Energiequellen für Stromkraftwerke, die nicht aus dem Boden gegraben werden müssen, keine Fläche verbrauchen, keine Transportwege benötigen und keine Abfälle produzieren. Eine davon ist sogar unerschöpflich, jedenfalls nach menschlichen Maßstäben: die Sonne!

Erneuerbare Energien II: Natürlich vorhandene Wärme nutzen

Sonne wärmt, das wissen wir alle. Und aus dem Freibad, aus dem Urlaub am Strand wissen wir sogar, dass die Sonne richtig brennen kann. Wenn wir nicht aufpassen, kommt es dabei zu einem Sonnenbrand auf der Haut. Am heißesten wird die Sonne, wenn wir in die Äquatornähe kommen. Und dort wären Solarkraftwerke natürlich am effektivsten. Wenn 15.000 Quadratkilometer in der Sahara mit Sonnenkollektoren bestückt würden, könnte das theoretisch ausreichen, die ganze Welt mit Strom zu versorgen. Die Fläche ist nicht sonderlich groß, wenn wir bedenken, dass Deutschland eine Fläche von etwa 358.000 Quadratkilometer hat. Allerdings ist die Rechnung nur theoretisch – denn 1. nimmt der Strombedarf immer weiter zu, 2. müsste der Strom aus der Sahara dann noch dorthin kommen, wo er benötigt wird, und 3. gibt es in den Ländern, die für den Anlagenbau und die ersten Teile der Transporttrassen zuständig wären, teilweise politisch instabile Verhältnisse.

Es gab dennoch ein solches Projekt, nicht für die ganze Welt, aber zumindest für Europa, mit einer Stromproduktion in der Sahara, die doppelt so hoch sein sollte wie der Verbrauch in Deutschland. „Desertec" hieß das Projekt. Siemens, EON und die Deutsche Bank waren beteiligt. Doch 2014 zerstritten sich die europäischen Partner. Die Interessen waren zu unterschiedlich und es war auch unklar, wer den Strom überhaupt möchte. Frankreich hatte viel Strom aus Atomkraftwerken und Deutschland wollte mit inländisch erzeugtem Solarstrom und Windkraft die Energiewende voranbringen. Die Ideen von Desertec wurden inzwischen von kleineren regionalen Projekten auf dem afrikanischen Kontinent umgesetzt. Vor allem Marokko und Ägypten nutzen Solarstrom aus der Wüste und wollen das weiter ausbauen.

Würden alle Dächer in Deutschland mit Solarkollektoren bestückt, könnte der Strombedarf in Deutschland gedeckt werden – allerdings auch wieder nur theoretisch. Denn praktisch scheint die Sonne eben nicht immer, wenn gerade Strom benötigt wird. Stromspeicherung ist daher ein großes Thema für die Zukunft der erneuerbaren Energien. Aber damit beschäftigen wir uns hier nicht.

Solaranlage Justus-Knecht-Gymnasium

Solaranlagen werden inzwischen nicht mehr nur auf Dächern installiert. Es gibt auch Solarparks, in denen auf offener Fläche viele Sonnenkollektoren nebeneinander aufgestellt sind. Sie heißen auch „Photovoltaik-Freiflächenanlagen". Die Stadtwerke Bruchsal haben eine solche Anlage im Gewann „Seelach" westlich der Autobahn in der Nähe des Wasserwerkes gebaut.

Die Sonnenenergie kommt von oben, von außerhalb unseres Planeten Erde. Aber es gibt auch eine Wärmequelle im Inneren unseres Planeten – denn dort laufen ähnliche Prozesse ab wie auf der Sonne, nur in weit kleinerem Maßstab. Das Erdinnere ist daher etwa so heiß wie die Oberfläche der Sonne, 6.000 Grad. In einer Tiefe von etwa einem Kilometer finden wir auf unserem Planeten fast überall eine Temperatur von 35–40 Grad.

Geothermie, so heißt die Wärmeenergie, die aus dem Erdinneren kommt.

Besonders dramatisch lernen wir diese Energie bei Vulkanausbrüchen kennen – die es in Deutschland allerdings schon lange nicht mehr gibt. Der letzte Vulkanausbruch in Deutschland (das damals noch nicht so hieß) geschah vor 13.000 Jahren, in der Eifel. Heute befindet sich dort der Laacher See.

Geothermische Energie können wir schon ab einer Tiefe von ungefähr 10 Metern nutzen. Wir sprechen dann von „oberflächennaher Geothermie". Die kann bis 400 Meter hinabreichen, wo etwa 25 Grad erreicht werden können. Was die „oberflächennahe Geothermie" an Energie aus dem Erdboden holt, ist aber nicht warm genug, um damit ein Kraftwerk zu betreiben. Diese Energie wird daher meist für Heizungen verwendet.

Oberflächennahe Geothermie arbeitet mit einer Technik, die die Temperatur aus dem Erdinnern so weit erhöht, dass sie zur Heizung ausreicht. Dazu werden „Wärmepumpen" eingesetzt. Wärmepumpen können auch mit Luft arbei-

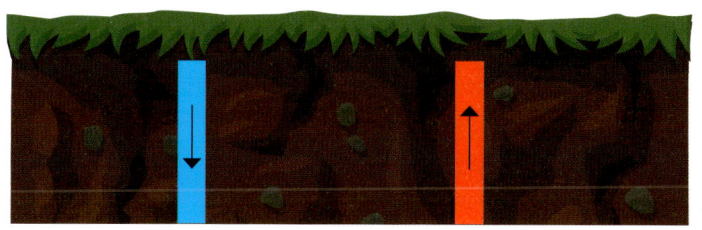

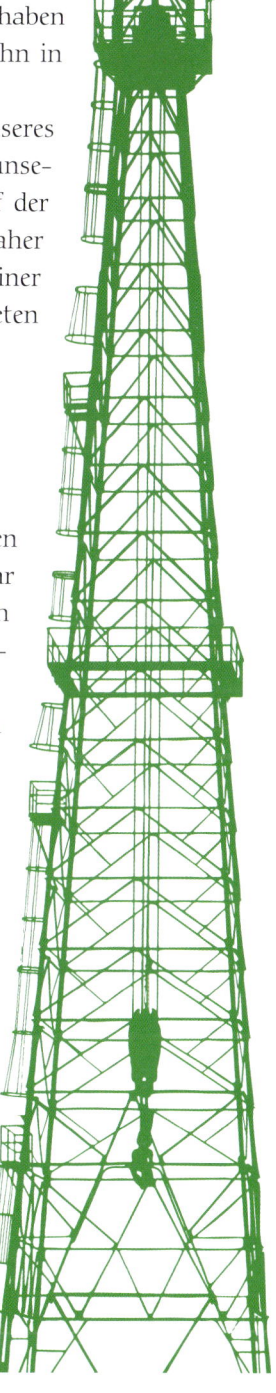

Geothermie Bruchsal

ten und zum Beispiel die Luft auf der Südseite eines Gebäudes dafür nutzen, das Warmwasser im Haus zum Duschen aufzubereiten. Dabei wird die Luft auf der Südseite dann heruntergekühlt – sie gibt ihre Wärme über die Wärmepumpe und Wärmetauscher an das Duschwasser ab.

Wärmepumpen haben ein Problem für die Umwelt: ihr hoher Stromverbrauch! Allerdings verbraucht die Warmwasserbereitung durch eine Wärmepumpe nur etwa ein Viertel des Stromes, den die Erwärmung des Duschwassers direkt durch Strom verbrauchen würde.

Tiefe Geothermie arbeitet entweder direkt mit heißem Wasser, das aus dem Untergrund kommt. Dann heißen die Anlagen „hydrothermale Systeme". Das heiße Wasser aus dem Untergrund kann auch Spaß machen und gut sein für die Gesundheit, nämlich in Thermalbädern wie in Baden-Baden oder in Bad Schönborn.

Bei „petrothermalen Systemen" muss eine Flüssigkeit in die Tiefe geleitet werden, wo sie sich am heißen Gestein erwärmt, um dann wieder hochgepumpt zu werden.

Das wird auch als „Hot-Dry-Rock-Verfahren" bezeichnet – der Fels (engl. „rock") ist eben heiß („hot") und trocken („dry"). Und wenn wir schon bei Fremdsprachen sind: „Hydrothermal" kommt von zwei griechischen Wörtern, „hydor" bedeutet „Wasser" und „therme" bedeutet „Wärme". Und „petra" (in „petrothermale Systeme") ist das griechische Wort für „Felsen" (das kennt Ihr ja aus der Bibel: „Du bist Petrus und auf diesen Felsen werde ich meine Kirche bauen").

Bei der Tiefengeothermie wird die Flüssigkeit stärker erhitzt und die Wärme wird zur Heizung oder zur Stromerzeugung verwendet. Auf der ganzen Welt gibt es bislang erst 526 Geothermie-Kraftwerke zur Stromerzeugung. Sie stehen vor allem in den USA, Indonesien, Kenia und auf den Philippinen.

In Deutschland gibt es neun Geothermiekraftwerke. Das kleinste davon steht in Bruchsal und wurde zu Forschungszwecken gebaut. Es hat nur 0,55 MW (Megawatt) installierte elektrische Leistung, könnte damit aber immerhin 1.200 Haushalte mit Strom versorgen. Seine installierte Wärmeleistung liegt bei 5,5 MW, sie wird zur Heizung des Bereitschaftspolizei-Standortes Bruchsal genutzt.

Erneuerbare Energien III: Bewegungsenergie nutzen

Dass auch aus Bewegung Strom gewonnen werden kann, kennt Ihr alle vom Fahrradfahren. Euer Fahrraddynamo produziert immerhin soviel Strom, dass es für Eure Beleuchtung in der Nacht ausreicht! Bei Tag könntet Ihr Eure Dynamoenergie in einen Speicher laden, aber das lohnt sich nicht. Kleine Speicher sind schon in manchen Fahrradbeleuchtungen oder in Tachos eingebaut. Die Speicher reichen leider nicht sehr lange, Ihr könnt damit gerade mal so viel Energie aufbewahren, um an der Ampel noch Licht zu haben, obwohl der Dynamo nicht mehr läuft. Diese Speicher heißen Kondensatoren.

Anders sieht es aus, wenn mehrere Fahrräder zusammengeschaltet werden – wie in einem Fitnesscenter, wo mehrere Leute auf Heimtrainern sitzen und sich abstrampeln. Deshalb sind einige Fitnesscenter schon auf die Idee gekommen, die Bewegungsenergie ihrer Kunden zur Stromproduktion zu nutzen. Das ist kein Witz! In Berlin gibt es solch ein Fitness-Center schon, es heißt „Green Gym". Auch in Bristol, einer Stadt in England, gibt es das, im „Cadbury House". Eine Stadt kann man damit aber nicht mit Strom versorgen, auch nicht eine kleine Stadt.

Das geht mit Windrädern durchaus.

10 moderne Windräder könnten schon den ganzen Strombedarf von Bruchsal decken.

Allerdings nur, wenn man den Strom in windreichen Zeiten speichern könnte für die Zeiten, in denen kein Wind weht.

Nach Holz ist Wind die älteste vom Menschen genutzte Energiequelle – zum Beispiel in Segelbooten oder in Windmühlen. Die ersten Windmühlen wurden vermutlich vor 1.500 Jahren im persisch-arabischen Raum gebaut, zum Mahlen von Getreide. Kennt Ihr den Don Quichotte, den „Ritter von der traurigen Gestalt"? Das ist ein Held, den der spanische Schriftsteller Miguel de Cervantes im Jahr 1605 erfunden hat. Eine seiner „Heldentaten" bestand darin, gegen Windräder zu kämpfen, die er für Riesen hielt. Damals gab es in Spanien unzählige Windmühlen,

Don Quichotte
(Quelle: Wikimedia Commons)

die vor allem zum Mahlen von Getreide dienten. In Holland wurden die berühmten Windmühlen vor allem als Wasserpumpen, zur Trockenhaltung der Deichlandschaft genutzt. Die ersten entstanden im 15. Jahrhundert.

Es ist daher ein bisschen seltsam, wenn die Windenergie „neue" Energie genannt wird. Damit meint man eben die Nutzung zur Stromerzeugung, die ist relativ neu. Auch wenn das erste Windrad zur Stromerzeugung schon 1891 in Dänemark gebaut wurde und danach einige weitere in den USA. Bis dann Kohle, Erdöl und Erdgas immer billiger wurden und niemand mehr die Windräder zur Stromerzeugung benutzen wollte.

Windenergie ist eigentlich eine bequem zu nutzende Energie. Die Anlagen waren lange Zeit auch billiger als Solaranlagen oder gar die teuren Biogasanlagen. Doch seit 2019 ist Solarstrom am billigsten zu erzeugen. Dabei kommt es aber immer auch auf den Standort an. Offshore-Windanlagen im Meer sind teurer als

Anlagen „onshore", auf dem Festland. Aber Anlagen auf dem Festland sind politisch oft sehr umstritten, da viele Menschen inzwischen Windkraftanlagen als unschön empfinden oder sich durch die Geräusche belästigt fühlen. Je nach Standort können Windkraftanlagen auch Vögel töten, die in die Rotoren fliegen.

Auch die Bewegung des Wassers kann Strom produzieren.

Das Wasser in Flüssen, Seen und Meeren bewegt sich naturgemäß aus drei Gründen: Erdschwerkraft, Erdrotation und Mondanziehung. Die Erdschwerkraft führt dazu, dass die Flüsse abwärts fließen. Erdrotation und Mondanziehung schaffen die Gezeiten. 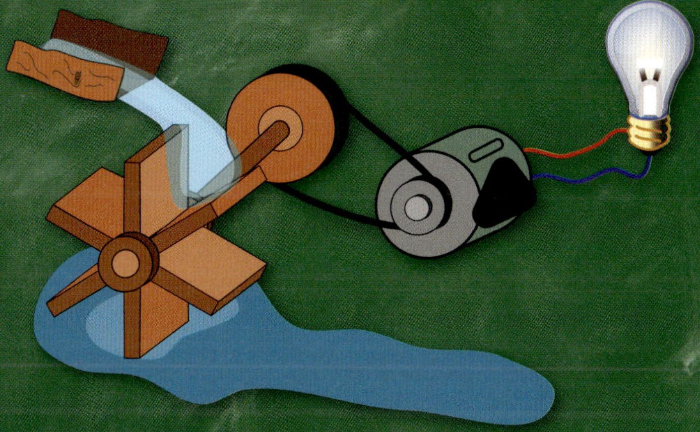
Flusskraftwerke sind schon lange bekannt, die lassen sich auch recht einfach bauen durch ein Wasserrad mit angeschlossenem Dynamo. Das geht im Kleinen mit dem eigenen Fahrrad und im Großen mit den Kraftwerken, von denen Ihr bestimmt schon einmal eines gesehen habt.

Wassermühle in Weingarten am Walzbach

Flusskraftwerke gibt es schon sehr lange. Die Wasserkraft wurde dazu benutzt, Sägewerke zu betreiben, Korn zu mahlen oder Ölmühlen zu betreiben. In Bruchsal-Heidelsheim gibt es eine „Mühlgasse" am Saalbach und in Bruchsal-Untergrombach eine „Mühlstraße" an der Grombach. So finden sich in vielen Orten noch Erinnerungen an die frühere Nutzung der Wasserkraft. Das erste Wasserkraftwerk zur Stromerzeugung wurde 1880 in England gebaut, nachdem Werner Siemens 1866 den elektrodynamischen Generator erfunden hatte. Über 80% des Wasserkraftstroms werden in Deutschland in Bayern und Baden-Württemberg erzeugt, da es hier ein großes Gefälle für die Flüsse von den hohen Bergen in die Täler gibt. Die wichtigsten Flüsse für die Stromerzeugung sind Inn, Rhein, Donau und Isar.

Flusskraftwerke schneiden oft den Fischen und anderen Wasserbewohnern den Weg ab. Daher werden zu den Anlagen Fischtreppen gebaut, auf denen Wasser um das Kraftwerk mit seinen Turbinen herum fließt und als Wanderweg von den Fischen genutzt werden kann.

Gezeitenkraftwerke gibt es in Europa bereits an der französischen und an der englischen Küste. Durch sie fließt das Wasser bei Ebbe und Flut in entgegengesetzte Richtungen. Gezeitenkraftwerke sind ökologisch sehr umstritten, da sie vor allem in Flussmündungen gebaut werden und dort zum Beispiel Wanderwege für Fische blockieren.

Wie Ihr gesehen habt, gibt es viele Möglichkeiten, Strom mit erneuerbaren Energieträgern zu erzeugen. Wir haben also die Wahl, diejenigen Möglichkeiten zu nutzen, die in unserer Region gut zugänglich und für Menschen wie Umwelt gut verträglich sind.

AUTORINNEN, AUTOREN

Dr. Hartmut Schönherr, Dozent

Er wurde am 7. November 1952 im Landkreis Karlsruhe geboren. Aufgewachsen ist er in Karlsruhe. Studiert hat er mehrere kulturwissenschaftliche Fächer in Freiburg, Köln und Tübingen. Nach dem Magisterexamen arbeitete er als Journalist und in der Lehrerfortbildung. 1992 promovierte er in Tübingen über Naturphilosophie und arbeitete danach an verschiedenen Hochschulen im Ausland, zeitweise für den Deutschen Akademischen Austauschdienst. Zuletzt hat er am KIT in Karlsruhe unter anderem zum Nachhaltigkeitsthema unterrichtet. Er betreibt mehrere Websites zu naturkundlichen, literaturwissenschaftlichen und naturphilosophischen Themen. Seit 2009 ist er Stadtrat in Bruchsal.

Ein Festkleid für den Reichstag

Wie Christo & Jeanne-Claude den Reichstag in Berlin
für 14 Tage vor aller Augen verhüllt haben

Hartmut Ayrle

Vielleicht hast Du schon mal ein Bild von dem riesigen silbernen Stoffkleid mit den blauen Seilen drum herum gesehen, das im Jahr 1995 in Berlin aufgetaucht war. Das Künstler-Ehepaar Christo und Jeanne-Claude Javacheff aus New York hatte schon viele Kunstwerke geschaffen, indem sie vertraute Orte in der Stadt oder der Landschaft durch riesige Stoffbahnen dem direkten Blick entzogen und damit die Phantasie der Menschen in Gang setzten. Wenn Du im Internet nach „Christo und Jeanne-Claude" suchst, findest Du viele Bilder von verhüllten Brücken, Bäumen, verhüllten Tälern oder Zäunen aus Stoff, die im Meer verschwinden.

1995 hatten sie das Reichstagsgebäude in Berlin vor den Augen der staunenden Menschen mit Stoff verkleidet und es als das Kunstwerk "Verhüllter Reichstag – Projekt für Berlin" der Öffentlichkeit übergeben. 14 Tage lang staunten die Berliner und die ganze Welt über die riesige Stoff-Skulptur.

Es war ein Kunstwerk, das man nur vor Ort in Berlin erleben konnte, und das „niemand kaufen und besitzen kann", wie Jeanne-Claude sagte.

Viele Menschen kamen aus aller Welt angereist, um den friedlichen Riesen zu sehen, 14 Tage lang saßen Menschen in kleinen Gruppen auf dem Rasen vor dem Reichstag und bestaunten das Werk, von morgens bis in die Nacht. Immer sah es ein wenig anders aus, die Farbe des Himmels spiegelte sich in dem aluminiumfarbenen Stoff, der über den Reichstag gelegt worden war. Am Ende wurde es wieder abgebaut und die Bestandteile in die Rohstoffkreisläufe der Industrie zurückgeführt. Nur die Bilder und die Erinnerungen der Menschen sind von dem Projekt dauerhaft geblieben.

Dieses Werk war nicht nur ein echtes Großereignis für Berlin im Jahr 1995, sondern es war auch eine ganz außergewöhnliche und herausfordernde Bauaufgabe. Das Bauplanungsbüro IPL kennt sich beim Bauen mit Textilien aus und hat die Umsetzung des künstlerischen Entwurfs von Christo entwickelt; dabei waren Hartmut Ayrle als Architekt und technischer Projektleiter und Jörg Tritthard als leitender Ingenieur für die Textiltechnik.

Dieser Bericht will Dir davon erzählen, wie wir die Riesenskulptur gebaut haben.

Warum wollten Christo und Jeanne-Claude gerade das Reichstagsgebäude in Berlin verhüllen?

Dazu muss man wissen, dass Berlin seit dem Zweiten Weltkrieg eine zweigeteilte Stadt war, und dass das Reichstagsgebäude mit seiner Ostseite genau auf der Grenze zwischen der Bundesrepublik und der inzwischen untergegangenen Deutschen Demokratischen Republik lag. Es war also ein Gebäude, das zugleich in zwei unterschiedlichen Staaten lag. Und diese beiden Staaten mochten sich nicht und versuchten in einer harten Konkurrenz, den besseren deutschen Staat nach dem Zweiten Weltkrieg aufzubauen: die westliche marktwirtschaftliche Bundesrepublik oder die östliche sozialistische Republik.

Christo begann bereits 1971 mit Überlegungen und Skizzen über die Möglichkeit, den Reichstag zu verhüllen. Er wollte den Konflikt zwischen Ost und West an einem öffentlichen Gebäude sichtbar machen. Aber es war in der damaligen getrennten Stadt einfach nicht möglich.

Erst nach der Wiedervereinigung der beiden deutschen Staaten 1989 bekam er die Erlaubnis, seine Idee der Verhüllung des Reichstages tatsächlich in die Wirklichkeit umzusetzen.

(Quelle: www.entwicklung-regierungsviertel-berlin.de/galerie)

Wie die Planung der Verhüllung angelaufen ist

Das Reichstagsgebäude gehört dem Deutschen Bundestag, und der hatte nach einer spannenden Diskussion im Februar 1994 beschlossen, den beiden Künstlern die Realisierung ihres Kunstwerks an dem staatlichen Gebäude zu erlauben. Ziel war es, ein vorübergehendes, „temporäres" Kunstwerk zu erstellen. Auftraggeber und alleinige Finanziers waren die Künstler Christo & Jeanne-Claude selbst. Sie hatten das nötige Geld durch den Verkauf von Gemälden eingenommen, auf denen Christo den zukünftigen verhüllten Reichstag darstellte. Schon im Januar 1994 hatten wir uns vom Ingenieurbüro IPL erstmals bei Christo und Jeanne-Claude in New-York gemeldet, um unsere Mithilfe für die Planung der Reichstagsverhüllung anzubieten. Im Mai 1994 erhielten wir den Auftrag, und die Planungsarbeit konnte beginnen. Die Vorgabe war, das Reichstagsgebäude im Juni 1995 zu verhüllen.

Verbindliche Orientierung für uns waren die Gemälde Christos, auf denen er das verhüllte Gebäude mit erstaunlicher Klarheit mit den immer gleichen Details darstellt.

Die Künstler hatten sich bereits auf ein bestimmtes Gewebe festgelegt, das wasserdurchlässig sein sollte und daher aus Kunststoff war. Dieses Gewebe musste nun auf seine Tauglichkeit untersucht werden. Es war außerdem klar, dass der Stoff mit dicken blauen Seilen am Gebäude befestigt werden sollte. Und die Reihe großer Steinfiguren, die am Dachrand und an den Türmen des Reichstags stehen, mussten mit einer Art Käfig überbaut werden, um sie vor der Berührung durch den Stoff zu schützen. Der hätte Teile der Figuren abbrechen können. Das Reichstagsgebäude ist ungefähr 100 m lang und 130 m breit und 23 m hoch, die vier Türme an den Ecken sind 32 m hoch. Insgesamt ist die gesamte Oberfläche des Gebäudes, also die Wände und die Dachflächen zusammen, ungefähr 35.000 m² groß.

Die Außenwände sind aus Buntsandstein, und wir durften keine Löcher da hineinbohren, weil es unter Denkmalschutz steht. Zum Glück konnten wir auf dem Dach Befestigungsrohre anschrauben, um die Stoffbahnen daran festmachen zu können.

Wir legten los, indem wir einen Versuch machten: Der Stoff sollte in viele Stoffbahnen aufgeteilt werden, die man herstellen und am Gebäude montieren könnte. *Niemand hätte Stoffbahnen von 100 m Länge handhaben können.* Bis zum Juli 1994 ließen wir einen ersten Prototyp der Stoffbahnen mit allen wichtigen Details anfertigen. In einer Testinstallation an einem Hochhaus in Konstanz wurde die Stoffbahn erstmals probeweise an dem Gebäude angebracht. Unterschiedliche Arten die Stoffbahn am Haus anzubringen wurden ausprobiert. Dort wählten Christo und Jeanne-Claude das technisch beste und eleganteste Vorgehen für die Montage der Stoffbahnen am Gebäude aus:

Die Stoffbahnen sollten aufgerollt auf das Dach des Reichstags gelegt werden, dort befestigt und dann von Kletterern an Seilen an den Außenwänden heruntergelassen werden.

Das Bezirksamt Tiergarten von Berlin führte das Baugenehmigungsverfahren durch, denn das Kunstwerk war von der Stadtverwaltung als ein reguläres Bauvorhaben eingestuft worden. Wir stellten den Bauantrag im Herbst 1994, übersetzten Christos Gemälde in Bauantragzeichnungen und Baubeschreibungen und holten die notwendigen Nachweise für Denkmalschutz, Standsicherheit („Statik"), Brandschutz und Arbeitssicherheit ein. Auch der Schutz gefährdeter Tierarten war ein Thema, denn wir mussten einen Turmfalken, der in einem der Ecktürme wohnte, in ein anderes Quartier bringen. Die Zuschnitte der Stoffbahnen und die Pläne, wie die Stoffbahnen zu falten waren, hat Jörg Tritthardt aufgestellt.

Nachdem die Konstruktionsdetails an den Stoffbahnen festgelegt waren und die geeignete Montagemethode bestimmt war, mussten wir festlegen, wie die Stoffhülle insgesamt an dem Gebäude zu befestigen war.

Unser Ziel war es dabei einerseits, das Verhüllungsgewebe laut Christo "frei im Wind fließen zu lassen", es aber doch so festzuhalten, dass der Wind es nicht wegreißen konnte.

Oder um mit einem anderen Bild zu sprechen: Wir mussten ein Segel über eine Fläche von ca. 35.000 m^2 bauen, das sich im Wind bewegt, aber in einem Sturm nicht wegfliegt.

Ein Wind-Experte ermittelte, wie stark der Wind an den Stoffbahnen ziehen oder drücken würde, und seine Annahmen wurden in einem Windkanal überprüft. Bei Winddruck sollte sich der Stoff an das Bauwerk anlegen können und die darunterliegenden Konturen zeigen; das würde das Gebäude sicher aushalten.

Der schwierige Fall war also, wenn der Wind den Stoff vom Gebäude wegsaugte („Windsog"). Die Werte hierfür schwankten zwischen ca. 50 kg Windsog je einem Quadratmeter der Stoffbahnen in der Mitte der Außenwände und 170 kg je Quadratmeter an den Rändern, den Oberkanten der Dächer und um die Türme. Wir mussten nun eine Idee finden, wie diese Windlasten auf den riesigen Stoffflächen festzuhalten waren, und wir mussten das entsprechend der von Christo gezeichneten Stoff- und Seilverläufe auf seinen Gemälden hinbekommen.

Tragwerk –
Wie die riesigen Stoffbahnen an dem Gebäude festgehalten wurden

Wir entschlossen uns, die außen über den Stoff laufenden „Verschnürungsseile" nicht nur als Dekoration zu verwenden, sondern sie tatsächlich als das zu benutzen,

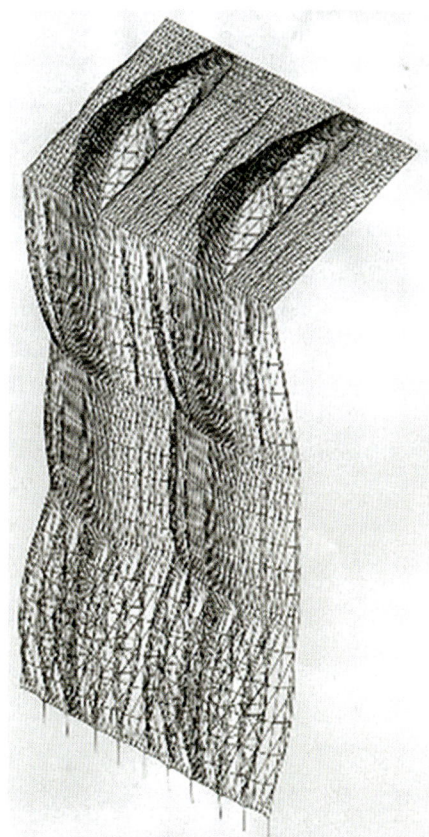

wofür Du sie beim Betrachten halten wirst: als Befestigung des Stoffes am Bauwerk. Die blauen, horizontalen Seile halten also die Stoffbahnen am Gebäude fest und sammeln so den Windsog aus der Gewebefläche. Nun mussten diese Tragseile ungefähr alle 5 m mit Rückhalteseilen durch den Stoff hindurch ans Gebäude "gebunden" werden.

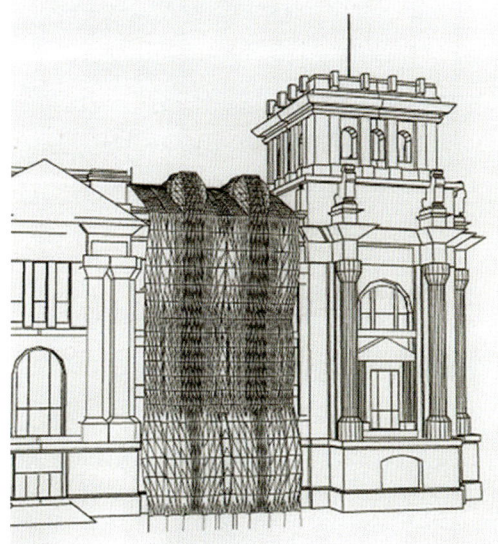

Dazu galt das Versprechen Christos an den Bundestag:

"We don't touch the building !" – Wir berühren das Gebäude nicht!,

womit er im Voraus schon versprochen hatte, was der Denkmalschutz auch forderte: Es durften keine Schrauben und Ankerdübel in die Fassade des Bauwerks gesetzt werden, um irgendetwas daran fest zu machen. Daher überprüften wir zunächst verschiedene Möglichkeiten, an den Säulen und Mauerwerksvorsprüngen der Fassade Festpunkte mit kräftigen Klemmen zu schaffen. Aber bei der Renovierung

des Reichstags in den 1960er Jahren waren rund die Hälfte aller Fassadenflächen neu hergestellt worden, mit unbekannter Material- und Ausführungsqualität. Das Risiko, durch Klemmen die Steintafeln der Außenwände zu zerdrücken, war zu groß. Daher mussten wir ausweichen auf die Möglichkeit, durch die geöffneten Fenster hindurch die Rückhalteseile auf der Innenseite der Außenwände fest zu machen. Da das Gebäude für den anstehenden großen Umbau zum neuen Bundestag sowieso genau parallel zu unserer Planung ausgeräumt wurde, hatten wir eine Lösung für die Befestigung der blauen Seile außen: Sie wurden mit Rückhalteseilen durch die Fenster ins Innere des Hauses verspannt.

Auch im Dachbereich kam uns die zeitgleich anlaufende Planung des Umbaus des Reichstags durch das Büro des Londoner Architekten Sir Norman Foster entgegen. Es war bald klar, dass unmittelbar nach dem Abbau der Verhüllung das gesamte Dach des Gebäudes abgetragen und neu aufgebaut würde. Daher erhielten wir die Erlaubnis, auf dem Dach Ankerbauteile für die senkrechten Seile und für die Stoffhalterung zu montieren. Somit war im November 1994 geklärt, wie die riesige Stofffläche am Reichstagsgebäude befestigt werden konnte - das „Tragwerk" der Verhüllung war klar, und die Ausführung begann.

Ausführung – Ein Stoffkleid in der Größe von 16 Fußballfeldern entsteht

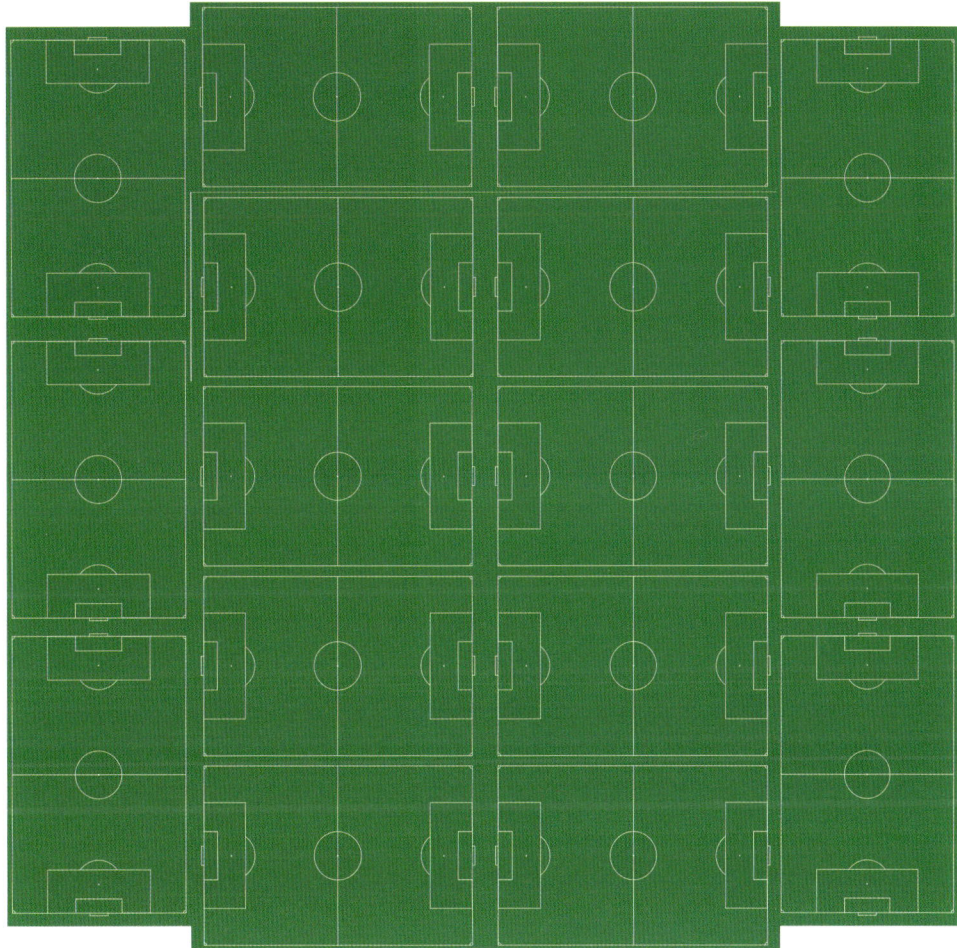

Bis Ende Dezember wurden die Aufträge für die Näharbeiten für das Gewebe vergeben. Die Oberfläche des Reichstags von ca. 35.000 m² sollte von ca. 80.000 m² Stoff, in Falten gelegt, überdeckt werden. Die Gesamtfläche wurde in 70 einzelne Stoffbahnen geteilt, deren Größe von einigen Quadratmetern bis zu Abmessungen von 35 x 45 m reichte. Der Auftrag zur Herstellung der Stoffbahnen ging an zwei ehemalige Zelt-Hersteller in den Neuen Bundesländern, die über viel Erfahrung für technische Näharbeiten bei großen Textilflächen verfügten. Ihnen wurde jeweils eine Textil-Ingenieurin zugeordnet zur Qualitätssicherung. Wir wollten Fehler gleich bei der Herstellung erkennen und nicht erst beim Aufbau in Berlin, wenn alle Berliner zuschauen würden.

Nach intensiver Einarbeitung zwischen uns Planern und den Nähfirmen dauerten die Näharbeiten vom Januar bis zum Mai 1995.

Die Käfige zum Schutz der Steinfiguren wurden bis zum Februar 1995 gezeichnet und berechnet. Dazu nahmen wir die Abmessungen der größten Figur, und entwickelten darum eine Umhüllende aus Stahlrohren. Die Größe der Figuren war bekannt aufgrund der Lasergestützten Vermessung des Reichstagsgebäudes vor seinem Umbau. Diese millimetergenaue Vermessung hatte der Denkmalschutz für den Umbau gefordert, und die Vermessungsergebnisse halfen uns durch das ganze Projekt. Die Stahlarbeiten wurden vergeben an eine Stahlbaufirma aus Zwickau, ebenfalls in den Neuen Bundesländern. Auch dort wurde ein Qualitätskontrolleur zur Seite gestellt, um Fehler frühzeitig abzufangen.

Die Planung der Seile erforderte nochmals besondere Aufmerksamkeit. Nach Christos Willen sollte es ein blaues, einfach gedrehtes Seil aus dem Kunststoff Polypropylen sein, der die Stoffbahnen am Reichstagsgebäude hielt. Die Seile sollten 3,5 cm Durchmesser haben, etwa so dick wie Dein Arm. Das Seil musste laut der Baugenehmigung in Kombination mit dem Gewebe „schwer entflammbar" sein; dazu mussten wir Brandtests bei der Bundesanstalt für Materialprüfung machen lassen, um die Schwerentflammbarkeit nachzuweisen.

Das Seil musste einer maximalen Zug-Belastung von ca. 12 Tonnen standhalten, und zwar auch an allen Knoten und Befestigungspunkten.

Ein solches Seil mitsamt den verschiedenen Anschlussmöglichkeiten musste erst entwickelt werden.

Zum Glück kannte Christo aus früheren Projekten die Seilfabrik Gleistein in Bremen, die eigentlich Taue für die Schifffahrt und Seile für den Baumarkt herstellt. Im März 1995 liefen die allerletzten Tests der Dehnbarkeit und der Reißfestigkeit der Seile. Mit den Erfahrungen über die Dehnbarkeit konnte dann die Ermittlung der exakten Seillängen für die insgesamt 330 Seilstücke anlaufen. Alle blauen Seilstücke hatten zusammen eine Länge von über 10 km.

Montage – Wie haben wir die 70 Stoffbahnen an das Gebäude gebracht?

Für Christo war es unerlässlich, dass die Verhüllung des Gebäudes „von Menschenhand" installiert wird und nicht von harten, kalten Maschinen. Die allmähliche Einkleidung des Reichstags mit den Stoffbahnen sollte annähernd wie ein Theater-Ballett an den Wänden des Gebäudes anzuschauen sein. Kletterer sollten sich an Seilen vom Dach des Gebäudes ablassen und dabei die einzelnen Stoffbahnen Stück für Stück bei ihrer allmählichen Entrollung bis zum Boden begleiten.

Den Auftrag für die Montage der Stoffbahnen und Seile bekam eine extra dafür gegründete Gruppe von Gewerbekletterern aus Ostberlin und den Neuen Bundesländern. Dieser Beruf war damals in Ostdeutschland schon lange bekannt, aber in Westdeutschland wusste niemand, was Gewerbekletterer sind, und sie waren noch nicht als Beruf anerkannt. Wir mussten daher in Zusammenarbeit mit dem Landesamt für Arbeitsschutz eine Sonderregelung finden, um die insgesamt 120 Kletterer auf das Projekt vorzubereiten. Die Sonderregelung bestand dann in mehreren probeweisen Montageübungen

an einem leerstehenden Flugzeughangar nahe Berlin, bei dem alle zum Einsatz kommenden Kletterer und Kletterinnen ihre Tauglichkeit zeigen mussten. Tatsächlich trugen diese strengen Vorbereitungen dazu bei, dass bei Aufbau und Abbau der Verhüllung am Reichstag niemand von den Kletterern zu Schaden kam.

In der Zeit von März bis Juni 1995 wurden alle 70 Stoffbahnen sowie drei Reserve-Stoffbahnen für Notfälle in dem Flugzeughangar nahe Berlin angeliefert und kontrolliert. Die Stoffbahnen wurden präzise auf ihre Lage auf dem Dach und an den Wänden hin gefaltet, gerollt und verpackt. In der Montagewoche, es war der 19. bis 24. Juni., lag dann tatsächlich jede einzelne Stoffbahn an der richtigen Stelle und richtig herum gedreht auf dem Dach und konnte an den Halterohren befestigt werden.

Am 17. Juni 1995 begann der Antransport der Stoffbahnrollen und das Ablegen mit einem Kran auf dem Dach des Reichstags. Die Stoffrollen waren bis zu 18 m lang und bis zu 2 Tonnen schwer. Im Inneren sorgten Teppichrollenkerne aus hartem dickem Karton dafür, dass die Rollen nicht knickten. Am 19.Juni war es soweit: Die ersten Stoffbahnen waren auf dem Dach des Reichstags befestigt und wurden in den zwei Innenhöfen des Gebäudes heruntergelassen. Das war der Probelauf für die Montage, den man von außerhalb des Gebäudes nicht sehen konnte. Wir hatten damit die Chance, die Montage der Stoffbahnen ein paar Mal in der wirklichen Situation zu proben und zu sehen, ob unsere Vorbereitungen richtig gewesen waren. Und tatsächlich: In den Innenhöfen lief bei der Installation alles glatt, und später auch an den Außenwänden. Die Stoffbahnen hatten überall die richtigen Längen, sie entrollten sich wie geplant beim Herunterlassen, und die Anschlusspunkte für die blauen Seile waren alle an den richtigen Stellen.

Daraufhin wurden, immer schneller werdend, Dach und Außenwände mit insgesamt acht Montagemannschaften in täglich vier Schichten mit den Stoffbahnen verhüllt und sofort mit den blauen Seilen verschnürt. Einmal hatten wir doch ein Problem: An den Türmen verhakte sich der Stoff beim Einschnüren mit den blauen

Seilen an den Ecken der Figuren-Käfige; aber das konnten wir am nächsten Tag lösen.

Zum Glück gab es nur sehr wenig Wind in dieser Woche des Aufbaus in Berlin.

Eine Stoffbahn war kurz bevor sie den Boden erreichte wie ein riesiges, frei hängendes Segel, und der Wind konnte unter den Stoff fahren und ihn weit aufblähen.

Wenn ein Mensch versucht hätte, die untere Ecke der Stoffbahn am Boden fest zu halten, hätte der Wind ihn einfach mit hochgezogen. Die Kletterer waren für dieses Problem ganz besonders trainiert. Nur ganz selten mussten sie eine Weile warten, bis eine Windböe wieder abgeklungen

war und die zeitweise sich weit ausbauchende, frei hängende Stoffbahn wieder weiter entrollt werden konnte.

Übergabe – Das Kunstwerk ist vollendet und gehört jetzt allen

Am 24. Juni 1995 war die Verhüllung fertig; alle Stoffbahnen waren an ihrem Platz, jede Bahn war mit der nächsten verbunden, die Seile waren alle in ihrer Position und hielten den Stoff fest, wenn der Wind daran zog. Der Sicherheitszaun rings um das Gebäude wurde unter dem Applaus

der Zuschauer entfernt, die Berliner, die bisher dem Aufbau nur zuschauen konnten, strömten in Scharen an das Gebäude, berührten den Stoff mit seinem mächtigen Faltenwurf, liefen viele Male rings um das verhüllte Gebäude und schauten es aus der Nähe oder von weiter weg an.

In der Folgezeit besuchten ungefähr 3 Millionen Menschen den friedlichen Koloss, der seine Ruhe auf die Menschen übertrug.

Rings um das Gebäude waren Betreuer im Auftrag von Christo und Jeanne-Claude unterwegs, die Infozettel und ganz kleine Musterstückchen des Verhüllungsstoffs verschenkten – dadurch begann niemand, sich Stücke aus dem Stoff schneiden zu wollen. Die Besucher spazierten staunend um das verhüllte Gebäude oder saßen mit etwas Abstand auf dem Boden und genossen den einzigartigen Anblick. Die Berliner zeigten, dass sie friedlich feiern können.

Ein einziger Anschlag auf den verhüllten Reichstag geschah gleich in der ersten Nacht nach der Fertigstellung. Ein Unbekannter schoss mit dem Bogen einen Brandpfeil in die Verhüllung; aber der Anschlag verlief erfolglos – das Material erwies sich tatsächlich als schwer entflammbar. Die wenigen Flammen erloschen von selbst und hinterließen ein Brandloch von knapp einem Quadratmeter, das schnell ausgebessert werden konnte.

Abbau – Ein kurzer Schluss nach 14 Tagen

Nach 14 Tagen öffentlicher Darbietung des Kunstobjekts wurde ab dem 7. Juli bis zum 21. Juli die Verhüllung wieder demontiert.

Die Stoffbahnen wurden nach unten abgelassen. Alle Stahlbauteile wurden abgebaut, abtransportiert und eingeschmolzen. Aller Stoff wurde geschreddert und für

Industriefilz weiterverwendet. Es gab keine Reststücke aus dem Kunstwerk, keine Andenkenstücke, um das Kunstwerk im Kleinen doch noch zu besitzen.

Nur der ganze, verhüllte Reichstag war das Kunstwerk, und nur wer dort hin nach Berlin gereist war, hatte es erlebt, nicht nur gesehen. Wie Jeanne-Claude sagte, bleibt von diesem Kunstwerk, wie bei einem Regenbogen, nur das Bild und die Begeisterung in den Seelen der Menschen.

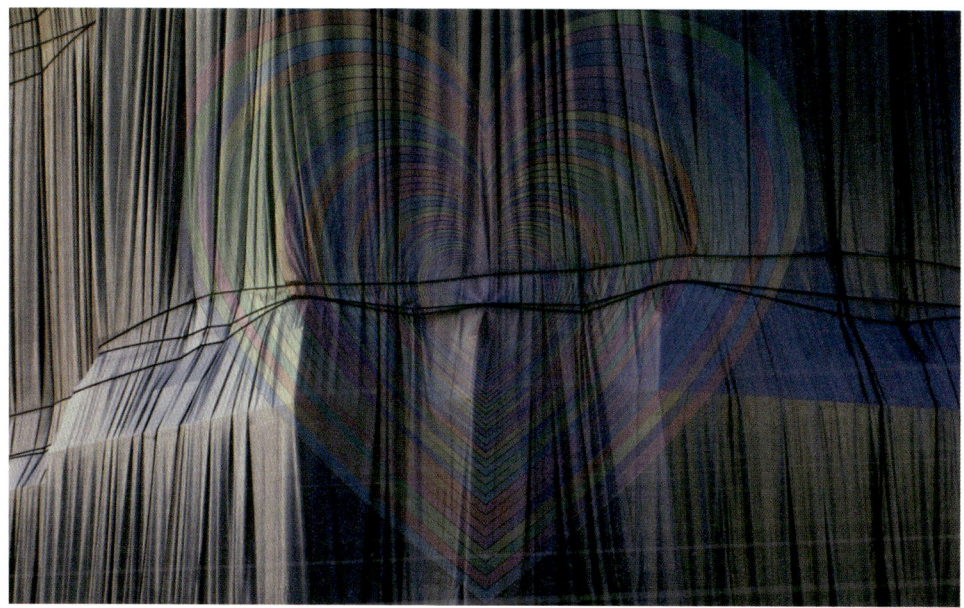

Warum machten Christo und Jeanne-Claude keine dauerhaften Kunstwerke, und was ist heute aus dem verhüllten Reichstag geworden?

Diese Frage wurde natürlich sehr oft gestellt, und Christo erklärte, warum er seine Kunstwerke nur auf Zeit errichtet, so:

„Niemand kann diese Projekte kaufen, niemand sie besitzen, niemand kommerzialisieren, niemand kann Eintritt für ihre Besichtigung verlangen – nicht einmal uns gehören diese Werke. Unser Werk handelt von Freiheit, und Freiheit ist der Feind allen Besitzanspruchs, und Besitz ist gleichbedeutend mit Dauer. Darum kann das Werk nicht dauern."
(das kann man nachlesen bei: Jacob Baal-Teshuva: Christo und Jeanne-Claude. Taschen Verlag, Köln 2001)

Deshalb wurden auch nur die kleinen Stoffmuster verschenkt, und keine Stücke von dem installierten Kunstwerk verkauft, sondern nur die Gemälde davon, um das Geld für die Verwirklichung zusammen zu bekommen.

Christo und Jeanne-Claude haben mit der zeitweisen Verhüllung und Enthüllung der Geschichte des Reichstagsgebäudes eine heitere, fröhliche Episode hinzugefügt, die von der Kraft der Phantasie, des Mutes und der Lebensfreude erzählt. Nach der düsteren Geschichte des Hauses in der Zeit des Nationalsozialismus wurde es durch die Kunstaktion der Verhüllung für eine Zeitlang den Bürgern entzogen, und es konnte danach umgebaut und zu einem würdevollen und zugleich freundlichen Ort für das Parlament unserer Bundesrepublik erneuert werden.

Heute ist das Kunstprojekt „Verhüllter Reichstag Projekt für Berlin" ein fester Bestandteil der Geschichte des neuen Hauses des Bundestages in Berlin. Fotos und Gemälde des Projekts sind überall in der Stadt zu finden. Nicht zuletzt ist es auch in der Bildergalerie zur Geschichte des Reichstagsgebäudes in der Kuppel auf dem Reichstag zu finden, die man besuchen kann. Und seit November 2015 gibt es die „Dokumentations-Ausstellung Verhüllter Reichstag", die von Christo selbst im Reichstagsgebäude eröffnet wurde und die seither für die Öffentlichkeit zugänglich ist.

Und noch ein aktueller Hinweis: Mein damaliger Kollege Jörg Tritthardt hat als Textil-Ingenieur seither noch viele Erfahrungen gesammelt, und er leitet dieses Jahr im September 2021 Christos letztes Werk, die Verhüllung des Arc de Triomphe in Paris. Christo, der letztes Jahr leider starb, hat die Verwirklichung dieses Projekts in seinem Testament festgelegt; so schenkt er der Welt noch nach seinem Tod ein weiteres großes Kunstwerk.

Daten zum verhüllten Reichstag Berlin 1995

Oberfläche Reichstaggebäude: ca. 35.000 m²
Stoffmenge Verhülllung: ca. 100.000 m²
Gewebestoffbahnen: 70 unterschiedliche Zuschnitte
durchschnittliche Größe 37x40 m
Summe der Nähte: 520.000 km
(Konfektionäre: Spreewaldplanen GmbH, Vetschau, Zeltaplan GmbH,
Taucha / Leipzig, Canobbio, Castelnuovo / Italien)
Verschnürung: 15.600 m Polypropylenseil, Ø 35 mm
(Seilhersteller: Fa. Gleistein GmbH, Bremen)
Unterbauten Fassade: 110 Einzelkonstruktionen Stahl
Unterbauten Dach: 270 Ankerpunkte, 40 Käfige, div. Gerüstbauteile
Stahlbaumenge insgesamt.: 235 to
(Stahlbaufirma: Stahlbau Zwickau GmbH, Zwickau)
Luftkissen: 32 Stück, PVC geschweißt
(Hersteller: HeBa Kunststoffe, Emsdetten)
Gewichtskörper am Boden: 477 Stück, 1,5 to/lflm
(Hersteller: EKO Stahl GmbH, Eisenhüttenstadt)
Tragwerksplanung: IPL Ingenieurplanung Leichtbau
verantwortlicher Projektarchitekt: Dr. Hartmut Ayrle
Prüfingenieur: Dr. Wolfgang Stucke, Berlin
Vermessung: Messbildstelle GmbH, Dresden

AUTORINNEN, AUTOREN

Prof. Dr. Hartmut Ayrle, Architekt

(*21.07.1960 in Pforzheim) führt seit 2010 als Stadtbau-
direktor den Fachbereich Stadtentwicklung in Bruchsal.
Unter seiner Mitwirkung entstanden der Masterplan der
BahnStadt Bruchsal, die Mobilitätsprojekte efeuCampus
LastMile-CityLab, Radverkehrskonzept Bruchsal sowie
der Energieleitplan und das Biotop-Vernetzungskonzept der Stadt Bruchsal. Von
2001 – 2010 war er ordentlicher Professor am Fachbereich Architektur der Hochschule Bremen. Beim Kunstprojekt „Wrapped Reichstag for Berlin", einem der
bekanntesten Kunstwerke im öffentlichen Raum von Christo und Jeanne-Claude,
war er von 1994 – 1995 leitender Architekt. Anfang der 1990er Jahre erschloss er
sich als Mitarbeiter eines Expertenbüros für Textiles Bauen die Formensprache
organischer Architektur. Damit wurde er Co-Architekt für die Messebauten von
General Motors in Europa und Asien. Seine Arbeit als Architekt begann er mit
Stadtentwicklungsplanungen in den neuen Bundesländern. Er studierte Architektur und Stadtplanung an der Universität Karlsruhe; dort wurde er auch Lehrbeauftragter der Fakultät für EDV und CAD. In seiner Doktorarbeit konzipierte und
programmierte er ein KI-Expertensystem für die Planung von Datennetzwerken in
Gebäuden. Durch seine Arbeit zieht sich als roter Faden die Nutzung von Computern zur Schaffung einprägsamer Orte.

Papyrus – Papier – PC – Ein Gang durch die Geschichte des Schreibens

Sabine Liebig

Geschichte macht nicht nur die Vergangenheit sichtbar, sondern wirkt in unsere Gegenwart und Zukunft hinein. Deshalb ist es für uns wichtig zu wissen, was in der Vergangenheit geschah.

Wie können wir das erfahren?

Geschichtswissenschaftler*innen, die Historiker*innen[1] genannt werden, gewinnen ihre Erkenntnisse aus Quellen.

Quellen sind Zeugnisse aus der Vergangenheit, die Auskunft darüber geben können, was vor vielen Jahren geschehen ist. Zu den Quellen gehören Schriftquellen wie beispielsweise Akten, Zeitungsartikel, Tagebücher, Briefe und Sachquellen, zum Beispiel Gegenstände, Bilder und Bauwerke/Gebäude, die die Zeit überdauert haben und die die „befragt" werden können.

Die Sachquellen bieten zum Teil viel Raum für Missverständnisse. Ein interessantes Beispiel dafür ist der sogenannte „Keltenkringel", der 1990 für ein Gebäck gehalten wurde. 2019 stellten Forscher*innen durch Untersuchungen fest, dass dieses vermeintliche Gebäck aus Bienenwachs besteht und somit sicherlich nicht gegessen wurde. *Sind schriftliche Quellen dann einfacher zu bearbeiten, weil wir Schrift lesen und verstehen können?* Wie das täuschen kann, zeigen die ägyptischen Hieroglyphen, die lange Zeit niemand entziffern konnte, da es keine Anhaltspunkte zur Entschlüsselung gab. Die Forscher rätselten, bis 1799 ein französischer Soldat in der Stadt (El) Rahshid, deutsch Rosette, einen Stein entdeckte, der heute als *Stein von Rosette* im Britischen Museum in London steht.

Auf diesem Stein sind Texte in drei unterschiedlichen Schriften abgebildet: die Hieroglyphen, die demotische Schrift und die griechische Schrift. Die griechische Schrift konnten die Wissenschaftler*innen lesen und so wurden vom Stein Kopien erstellt und an Gelehrte in ganz Europa verteilt. Der englische Physiker Thomas Young (1773 – 1829) stellte fest, dass die Kartuschen, wohl Königsnamen sind. Erst das Sprachgenie Jean-Francois Champollion (1790 – 1832) löste 1823 das Rätsel über die Namen Ptolomäus und Kleopatra vollständig, denn er hatte erkannt, dass

die Hieroglyphen Buchstaben symbolisierten und nicht ganze Worte wie zunächst angenommen. So gelang es ihm nach und nach und über weitere Königsnamen die Hieroglyphen zu entschlüsseln.[2] Historiker*innen, die die Vergangenheit aufarbeiten, stellen aus der Gegenwart viele Fragen an die Geschichte. Einigen dieser Fragen gehen wir hier nach.

Beispiele der Entschlüsselung der Hieroglyphen durch Champollion

Wozu ist Schrift notwendig?

In schriftlosen Kulturen mussten die Menschen das gesamte Wissen einer Gruppe, alle Informationen und Traditionen mündlich weiter geben und sich auswendig merken. Verließ jemand die Gruppe oder starb, bevor er oder sie das Wissen weitergegeben hatte, war es verloren. Außerdem konnte es sein, dass sich beim Merken und Weitergeben Veränderungen oder Fehler einschlichen und sich so die Informationen wandelten. Die Weitergabe und die Bewahrung von Informationen war deshalb nicht immer einfach und sicher, da sie stark von den Personen und ihrer Merk- sowie Erzählfähigkeit abhing.

Ein weiteres Problem bestand in der Sicherung von Besitz, denn mündliche Nachweise über Eigentum waren unsicher und ungenau. Ein schriftliches Dokument über den Besitz einer Person legte in der Regel exakter alles fest und war einfacher weiterzugeben und zu vererben.

Damit kam es weniger oft zu Streit, weil die Nachweise leichter waren. Dasselbe galt für den Handel, denn schriftliche Dokumente belegten die Abmachungen und waren schwerer zu brechen als mündliche.

Schrift bedeutet also kurz gefasst, dass relativ genaue Botschaften übermittelt werden können, aber die anderen müssen wissen, was die Schriftzeichen bedeuten, um die Botschaft zu verstehen.

Und dieses Verstehen war für die Historiker*innen gar nicht so leicht, weil unzählige verschiedene Schriftarten in der Geschichte der Menschheit existierten und immer noch existieren. Einige Schriften hörten irgendwann auf, andere blieben erhalten und veränderten sich.

Es gibt immer noch Schriften, die bis heute niemand lesen kann. Ein Beispiel ist die Scheibe des Phaistos, die 1980 auf der Insel Kreta entdeckt wurde und im Archäologischen Museum in Iraklio ausgestellt ist.

Diskos des Phaistos im Museum auf Kreta. Die Scheibe besteht aus weichem Ton und die Zeichen wurden spiralförmig auf beide Seiten gestempelt (Foto: Olaf Tausch)

Wie entwickelten sich die Schriften?

Es ist gut möglich, dass mehrere Völker gleichzeitig eine Schrift erfanden. Durch Handel und Reisen verbreiteten sich die Schriften, wurden von anderen übernommen und weiterentwickelt, denn jedes Volk passte die Schrift an seine Bedürfnisse an.

Einig sind sich die Forscher*innen, dass die Vorläufer der Schrift Bilder und Zeichen waren, da diese unabhängig von der Sprache verstanden wurden.

Die zurzeit bekanntesten ältesten Höhlenmalereien sind auf der indonesischen Insel Sulawesi und auf 45.500 Jahre v.d.Z.[3] datiert. Menschen malten die Bilder, um etwas darzustellen und festzuhalten. In Europa gibt es im spanischen Altamira und El Castillo Höhlenmalereien, die ungefähr 40.800 Jahre alt sind, und in Frankreich entdeckten vier Jugendliche eine riesige Höhle (Lascaux) mit Wandzeichnungen von vor ca. 20.000 Jahren.

Irgendwann reichten die Bilder nicht mehr aus, um das, was Menschen mitteilen und aufzeichnen wollten, darzustellen. So entstanden Piktogramme als Vorstufe der Schrift. Piktogramme gibt es heute noch als gleiche Zeichen auf der ganzen Welt, die alle verstehen. Denkt nur an das universelle Zeichen für Toiletten.

Die Entwicklung der Piktogramme fand statt, als sich das Leben der Menschen ca. 9.000 bis 5.000 v.d.Z. änderte. Den ersten Nachweis für Menschen, die sesshaft wurden und kein nomadisches Leben mehr führten, gibt es für ein Gebiet, das in der Wissenschaft der „fruchtbare Halbmond" heißt. Es umfasst das heutige Israel, Syrien, den Libanon, Teile des Iran und Iraks sowie der Türkei.

Der Fachbegriff für diese Sesshaftwerdung wird in der europäischen Fachsprache „Neolithische Revolution" genannt.

Die Menschen zogen also nicht mehr umher, sondern bauten feste Wohnsitze, legten Felder an, zähmten Wildtiere, züchteten Haustiere und blieben an einem Ort. Sie benutzen Ton-Marken zum Zählen und schrieben Zeichen auf Steine und Tontafeln.

Aus den Piktogrammen entwickelten die Sumerer ungefähr 3.400 v.d.Z. im Süden des heutigen Irak die *Keilschrift*, die als älteste Schrift der Welt gilt. Die Schrift breitete sich rasch aus und wurde in Teilen des Iran, der Türkei und Syriens verwendet. Kurz nach der Zeitenwende verschwand sie wieder.

Zusätzlich benutzten viele Völker für Handel, Buchhaltung, Steuern und Rechnungen so genannte Kerbhölzer. Dies waren Holzstücke, die gespalten wurden, so dass klar war, dass nur diese beiden Teile zusammengehören konnten. Die Kerben wurden auf beide Teile gleich geschnitzt und dienten dem Zählen.

Wie entwickelte sich aus der Keilschrift das Alphabet von heute?

Erfunden wurde das Alphabet wohl von den Kanaanitern so um 2000 v.d.Z. mit allerdings 30 Buchstaben. In Kanaan (heutiges Israel) wurde Hebräisch und Phönizisch gesprochen. Durch die Vereinfachung der Bilder zu Zeichen ließ sich Schreiben leichter lernen und es konnte schneller geschrieben werden. Das war wichtig für den Handel und für die Organisation von Staaten.

Durch phönizische Händler gelangten die Zeichen des Alphabets um 900 v.d.Z. zu den Griechen, die wiederum Änderungen vornahmen und auch Vokale (a,e,i,o,u) einbauten. Die Römer lernten so um 200 v.d.Z. die Buchstaben von den Griechen kennen und veränderten sie noch ein wenig.

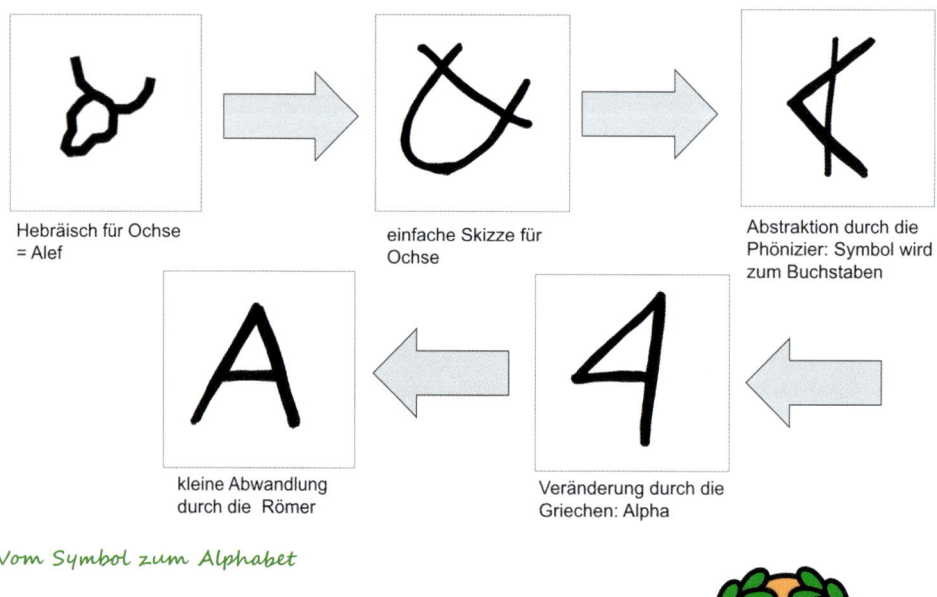

Hebräisch für Ochse
= Alef

einfache Skizze für
Ochse

Abstraktion durch die
Phönizier: Symbol wird
zum Buchstaben

kleine Abwandlung
durch die Römer

Veränderung durch die
Griechen: Alpha

Vom Symbol zum Alphabet

Da die Römer über Jahrhunderte in Europa ein großes Reich aufgebaut hatten, brachten sie in alle Gegenden ihr Alphabet. Deshalb schreiben wir hier in Europa lateinische Buchstaben, während in arabischen Ländern und in Israel andere Buchstaben verwendet werden.

Tet · **Chet** · **Zayin** · **Vav** · **He** · **Dalet** · **Gimel** · **Bet** · **Alef**

Die ersten Buchstaben des hebräisches Alphabets – hier wird von rechts nach links gelesen

[djīm] · [thā'] · [tā'] · [bā'] · [alif]

Die ersten Buchstaben des arabischen Alphabets – hier wird von rechts nach links gelesen

Einige Buchstaben des hebräischen und arabischen Alphabets

Durch den Einfluss des Ostens (die Europäer bezeichneten die arabischen Länder als Osten/Orient), wurden die Buchstaben geschwungener. Diese neue Schrift, die christliche Halbunziale, wurde zur Buchschrift der Spätantike (ungefähr 300 bis 700) und kam mit der Ausbreitung des Christentums in alle Länder Europas, wo sie wieder weiterentwickelt wurde.

Um 1452 erfand Johannes Gutenberg (um 1400–1468) den Buchdruck mit beweglichen Lettern und ab da begann ein neues

Zeitalter, denn Bücher mussten nicht mehr mühsam von Hand abgeschrieben werden, sondern sie wurden nun in größerer Zahl gedruckt. Allerdings waren die ersten gedruckten Bücher sehr sehr teuer, doch im Laufe der Zeit sanken die Herstellungskosten und immer mehr Menschen kauften Bücher. Bis die Buchpreise so günstig waren wie heute, dauerte es noch eine ganze Weile.

Wer schrieb und wozu?

Von 1 Mio. Einwohnern im Alten Ägyptischen Reich (um 2500 v.d.Z.) konnten ca. 10.000 (1% der Bevölkerung) schreiben, und übten den Beruf des Schreibers aus. Das war ein sehr guter Beruf, denn die Schreiber saßen und schrieben, statt harte Arbeit bei den Pyramidenbauten, auf dem Feld oder im Haushalt zu leisten.
Zudem war der Beruf des Schreibers sehr anerkannt, denn wer schreiben konnte, konnte natürlich lesen und galt als gebildet.
In der Hand der Schreiber lagen die Chroniken über die Heldentaten der Könige und Feldherren. Damit überlieferten sie für lange Zeit nur die Geschichte aus Sicht der Herrschenden.

Sie schrieben zudem die Steuern und Abgaben für die Regierenden auf, so dass ihre Verwalter ganz genau wussten, wieviel Geld zur Verfügung stand. Die Schreiber gaben ihr Wissen nur an einige wenige Schüler weiter und das waren meist Jungen aus wohlhabenden Familien.

Mädchen lernten in der Antike kaum Lesen und Schreiben. Obwohl die Römer viel Wert auf Schule und Bildung für ihre wohlhabenden römischen Bürger legten, förderten die Eltern meistens ihre Söhne. Mädchen erhielten höchstens zuhause bei gebildeten Sklaven oder Privatlehrern, zusammen mit ihren Brüdern, Unterricht. Aber der größte Teil der Bevölkerung des Römischen Reiches konnte weder lesen noch schreiben.

Im europäischen Mittelalter (ca. 500 bis 1500) gab es für die Kinder keine Schulpflicht und wer in die Schule wollte, musste Schulgeld zahlen. Nur wenige Familien hatten Geld, ihre Kinder zum Unterricht zu schicken. Der Unterricht damals war nicht besonders abwechslungsreich. Er bestand darin, dass die Lehrer vortrugen oder vorlasen und die Schüler (meist waren es nur Jungen) nur zuhörten, auswendig lernten und Texte kopierten, also abschrieben.

Mönche und Nonnen in den Klöstern gehörten zu denjenigen, die Lesen und Schreiben konnten. Deshalb war es für wissbegierige junge Frauen interessant in ein Kloster einzutreten, um dort Lesen und Schreiben zu erlernen. Bis zur Erfindung des Buchdruckes kopierten sie in ihren Schreibstuben die wichtigsten Bücher.

Natürlich hatten die Adligen und Könige ihre Schreiber, die in ihrem Auftrag alles notierten, was zum Regieren notwendig war.

Zu allen Zeiten lebten Schriftstellerinnen und Schriftsteller, die ihre Gedanken notierten, Gedichte und Geschichten sowie Romane verfassten. Die Mehrheit waren Männer, doch es sind auch Frauen bekannt, die sogar mit der Schriftstellerei Geld für ihren Lebensunterhalt verdienten.

Bis die gesamte Bevölkerung eines Landes Lesen, Schreiben und Rechnen lernen durfte, dauerte es noch einige Zeit. 1717 wurde in Preußen (der größte deutsche Staat) die Schulpflicht für Jungen wie Mädchen im Alter von fünf bis zwölf Jahren eingeführt. Allerdings gab es zu dieser Zeit zu wenige ausgebildete Lehrer, nicht genügend Schulen und die Eltern brauchten, vor allem auf dem Land, ihre Kinder zum Arbeiten. Bis jedes Kind wirklich in die Schule gehen konnte vergingen mehr als hundert Jahre und erst als die Kinderarbeit

gesetzlich abgeschafft wurde, schickten Eltern ihre Kinder regelmäßiger zur Schule.

Die erste Demokratische Verfassung, die Weimarer Verfassung von 1919, schrieb den regelmäßigen Schulbesuch als Pflicht und als Recht für alle Kinder fest.

In unserem Grundgesetz von 1949 ist die Schulpflicht ebenfalls verankert. Leider gibt es heute noch viele Länder, in denen die Kinder keine Möglichkeit haben Schulen zu besuchen.

In den Schulen setzte sich die so genannte Kurrentschrift durch, die die Schüler*innen im 19. und Anfang des 20. Jahrhunderts lernen

Kurrent - Schrift

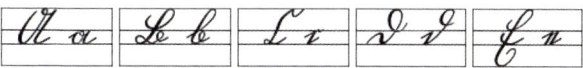

Sütterlin - Schrift

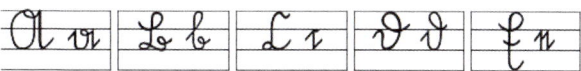

Kurrentschrift und Sütterlinschrift

mussten. Meist wird sie heute fälschlicherweise als Sütterlinschrift bezeichnet, die erst ab den 1920ern als Schulschrift eingeführt wurde. Diese Schrift ist benannt nach dem Pädagogen Ludwig Sütterlin (1865–1917), der sie entwickelt hatte.

*Zum Teil mussten die Schüler*innen zwei Schriften verwenden – die Sütterlinschrift und die lateinische Schrift.*

In den höheren Schulen schrieben die Kinder Sütterlin in Deutsch, für die Fremdsprachen Englisch, Französisch und Latein mussten sie die lateinische Schrift benutzen.

Zum 1. September 1941 verfügten die Nationalsozialisten, dass nur noch die lateinische Schrift in den Schulen verwendet werden durfte.

Worauf wurde geschrieben?

Zunächst wurden Buchstaben in Ton gedrückt, in Stein gemeißelt oder auf Metall, Elfenbein, Glas und Wachs geschrieben. Meistens wurden Tontafeln verwendet, da sie am billigsten waren und bei Fehlern der feuchte Ton einfach wieder glatt gestrichen werden konnte.

Die Ägypter nutzten Papyrus. Der Name bedeutet „paper-aa", was übersetzt heißt „was dem Pharao gehört". Forscher*innen denken, dass Papyrus unter dem königlichen Monopol hergestellt wurde. Aus dem Mark (Inneren) des Papyrusschilfs schnitten die Papyrushersteller schmale Längsstreifen und legten sie senkrecht etwas überlappend aneinander. Durch den Saft der Pflanze entstand eine Art Klebe- und Bindemittel. Quer dazu trugen sie eine zweite Schicht auf und beklopften die Matte mit einem Holzhammer. Danach musste die Matte mehrere Wochen lang unter einem schweren Gewicht lagern, bis sie trocken war. Die einzelnen Blätter wurden zu Rollen zusammengeklebt. Die Schreiber nutzten nur die Seite, auf der die Fasern quer verliefen, weil das die Schreibrichtung und leichter zu beschreiben war.

Aus Papyrus musste man Rollen herstellen, denn durch seine Brüchigkeit war Falten nicht möglich.

Da Papyrus sehr teuer und manchmal knapp war, suchten die Menschen nach anderen Beschreibungsunterlagen.

Papyrusrolle

Eine Möglichkeit war das Pergament. Menschen hatten schon immer auf die Häute von Tieren geschrieben, aber um ca. 300 v.d.Z. entwickelten sie diese Technik weiter, indem sie die Haut enthaarten, spannten, schabten, trockneten und polierten. So entstand eine sehr feine und gut zu beschriftende, kostbare Beschreibungsunterlage.

Um das teure Material zu sparen, wurden die in der Antike und im Mittelalter beschriebenen Pergamente zur Wiederverwendung immer wieder abgeschabt und abgewaschen. Auf diese Weise gingen viele Texte verloren.

Die Griechen und die Römer schrieben im Alltag auf Wachstafeln. Mit einem „Stilus" ritzten sie Zeichen in das Wachs und glätteten Fehler mit dem stumpfen Ende aus.

Weitere Schreibmaterialien waren Metalltafeln, Leinwand, Palmblätter, Birkenrinde oder Holz, doch alle waren grob, rau und schlecht zu beschreiben.

Seit 105 gibt es in China Beschreibungen zur Papierherstellung aus Hanf, anderen Fasern und Seidenabfällen, aber die Chinesen hielten ihr Wissen streng geheim. Papier war viel glatter als alle anderen Beschreibstoffe. Es wird vermutet, dass die Araber das Wissen über die Papierherstellung nach Europa brachten, denn lange bevor in Europa Papier hergestellt wurde, gab es Papiermühlen im heutigen Jemen und in Syrien.

Für das 13. Jahrhundert lassen sich Papiermühlen auf Sizilien und in Spanien nachweisen.

Lumpen waren die Grundlage für die Papierherstellung. Die Papiermacher zerkleinerten die Lumpen zu einem Faserbrei, gaben Wasser dazu und schöpften mit einem Drahtsieb aus dem Brei

Römische Wachstäfelchen mit Stilus (Nachbildung)

einen Bogen Papier in der Größe des Drahtsiebes. Danach pressten und glätteten sie die Bögen. Schreibpapier wurde nachgeleimt, damit die Tinte nicht auf dem Papier verlief.

Durch den Bedarf an Lumpen entstand der Beruf des Lumpensammlers, der umherzog, überall Lumpen einsammelte und sie gegen Bezahlung bei den Papiermühlen ablieferte.

Die Bezahlung war allerdings so schlecht, dass ein einzelner Sammler nicht genug verdiente, um seine Familie zu versorgen. Deshalb war Lumpensammler kein rein männlicher Beruf, denn Frauen und Kinder arbeiteten mit.

Mit zunehmendem Papierverbrauch wurden die Lumpen immer knapper, sehr teuer und Ersatzstoffe mussten her, was nicht so einfach war. Friedrich Gottlob Keller (1816–1895) stellte 1843 die erste Papiermasse aus Holzspänchen her und presste sie. Bis seine Erfindung industriell umgesetzt wurde, dauerte es zwar einige Zeit, aber danach entwickelten sich die Maschinen zur Papierherstellung rasant, wurden immer größer und produzierten immer mehr Papier.

Trotzdem war Papier lange Zeit teuer und in den Schulen schrieben die Jungen und Mädchen auf Tafeln mit einer Art Kreidestift. Der Vorteil war, das Geschriebene wurde abgewischt und die Tafel wiederverwendet. Der Nachteil bestand darin, dass nichts nachgeschaut werden konnte, weil die Texte weg waren.

Womit wurde geschrieben?

Die Schreiber der alten Kulturen ritzten, wie bereits erwähnt, meistens in feuchte Tontafeln. Zum Ritzen oder Drücken benutzten sie einen kantig zugeschnittenen Griffel, ein dreieckiges Rohr oder ein Hölzchen. Auf Papyrus schrieben sie mit einem in Tinte getauchten Pinsel oder mit einer Rohrfeder.

Der Stilus für die Wachstafeln war aus Metall.

Im Grunde änderten sich die Schreibwerkzeuge bis zur Erfindung des Bleistiftes, des Füllfederhalters und des Kugelschreibers nicht. Jahrhunderte lang schrieben die Menschen mit Rohr- oder Vogelfedern und dann mit Stahlfedern.

Feder aus Bambusrohr   Vogelfedern   Metallfedern

Rohr-, Vogel-, Metallfedern

Um die Erfindung des Bleistiftes ranken sich in fast jedem europäischen Land viele Geschichten.

Bei der Ausbeutung der Graphitgruben in England um 1600 in England ergab sich die Möglichkeit, mit dem Graphit zu schreiben, jedoch mit der Nebenwirkung von schmutzigen Fingern.

Das erste Bild eines Bleistifts druckte Konrad Gessner (1516 – 1565), ein Arzt und Naturforscher aus der Schweiz, in seinem Buch 1565 ab.

Er nannte ihn damals Schreibgriffel oder Schreibinstrument. Viele andere entwickelten den Bleistift weiter und verbesserten ihn, bis er in die Massenproduktion der unterschiedlichsten Qualität ging.

Die Stahlfeder, 1748 erstmals erwähnt und ab 1822 in England industriell produziert, trat ihren Siegeszug an, weil die Menschen das lästige Spitzen der Rohr- oder Gänsekielfedern satt hatten. Die Stahlfeder war sehr stabil und zerbrach kaum, so dass Schülerinnen und Schülern sie sehr schätzten. Für die Federn brauchten die Menschen natürlich Federhalter, die so vielfältig waren wie die Federn. Allerdings war der Nachteil, den schon die Gänsekielfedern hatten, mit den Stahlfedern nicht ausgeräumt: alle Federn kleksten, weil die Tinte nicht gleichmäßig floss.

Die Lösung gelang Lewis Edson Waterman (1837 – 1901), der am 12. Februar 1884 sein Patent für einen Füller anmeldete.

Auch hier entwickelten andere die Idee weiter und schufen den Füller, der die Tinte selbst aus dem Fass zog. Je nach Material und Mode veränderte sich das Aussehen des Füllers. Die heute verwendeten Tintenpatronen kamen in den 1960er Jahren dazu.

So alt wie der Füller ist der Kugelschreiber noch nicht. Der Ungar László József Bíró (1899 – 1985) erhielt 1938 das Patent auf seine Erfindung, musste dann aber vor den Nationalsozialisten fliehen.

In Argentinien stellte er ab 1943 die Kugelschreiber her und verkaufte sein Patent an einen englischen Geschäftsmann, der die britische Luftwaffe mit Kugelschreibern belieferte, da die Piloten Schreibgeräte brauchten, die in großer Höhe nicht ausliefen. Auch hier fanden nach 1945 Weiterentwicklungen statt, bis die Kugelschreiber, wie wir sie heute kennen in Serie gingen.

Der Erfindergeist der Menschen blieb nicht bei einfachen Schreibgeräten stecken.

Alle Menschen durften ja nun Lesen und Schreiben lernen, doch was war mit denen, die blind waren? Sie konnten die Schreibgeräte halten, aber nicht sehen, was sie schrieben. Bastler und Ingenieure hatten bereits im 18. und 19. Jahrhundert überlegt, wie sie Blinden zum Schreiben verhelfen könnten und schon 1714 hatte der englische Ingenieur Henry Mill (um 1683–1771) eine Maschine angemeldet, die nie gebaut wurde. Später wurden solche Maschinen dann für Blinde gebaut, aber merkwürdigerweise dachte niemand an den möglichen Nutzen des mechanischen Schreibens für Sehende.

Der Österreicher Peter Mitterhofer (1822–1893) stellte am 18. Dezember 1866 die erste funktionstüchtige Schreibmaschine in seinem Land vor, doch niemand erkannte die Einsatzmöglichkeiten und so erhielten die beiden Amerikaner Christopher Latham Sholes (1819–1890) und Carlos Glidden (1834–1877) im Jahr 1868 das Patent auf die erste brauchbare Schreibmaschine.

Mit der Einführung der Schreibmaschine entstand der Beruf der Sekretärin. Bis dahin arbeiteten Männer als Sekretäre, ein gut bezahlter und angesehener Beruf. Doch nun konnten mit der Schreibmaschine Briefe in hoher Zahl, viel schneller und immer mit derselben Schriftqualität (ab)getippt werden. Große Büros entstanden mit vielen weiblichen Schreibkräften, die fast den ganzen Tag tippten. Diese Sekretärinnen erhielten einen geringen Lohn, denn die Arbeit dieser Frauen wurde, wie immer wenn es um weibliche Arbeit ging, schlecht bezahlt. Ihre Arbeit war eintönig und körperlich enorm anstrengend, weil sie den ganzen Tag in Großraumbüros in engen Reihen sitzen mussten. Zudem machten ihre Maschinen einen unangenehmen Lärm. Um die mechanischen Tasten hinunterzudrücken, brauchten sie viel Kraft in den Fingern und Händen.

1935 brachte die IMB die erste elektrische Schreibmaschine auf den Markt, die sich erst einige Jahrzehnte später in den Büros durchsetzte. Mit den elektrischen Schreibmaschinen ging das Tippen leichter, es kamen im Laufe der Jahre Korrekturbänder und dann noch kleine Speichermöglichkeiten dazu.

Die ersten Computer waren zum Rechnen gedacht, aber als 1982 die IBM den Commodore C64 baute, begann der Siegeszug des PC (Personal Computer).

Danach schritt die Entwicklung immer schneller voran, die Geräte wurden kleiner, leistungsstärker und heute können wir uns ein Leben ohne PC nicht mehr vorstellen. Inzwischen leisten Tablets und Smartphones vieles, was ein PC oder Laptop kann und die Geräte werden immer schneller.

Allerdings benötigen wir weiterhin die Fähigkeit des Lesens und Schreibens, denn ohne beides können wir die digitalen Geräte weder sinnvoll nutzen noch die Informationen, die sie bereitstellen, in anwendbares Wissen umwandeln.

AUTORINNEN, AUTOREN

Prof. Dr. Sabine Liebig, Historikerin

Sie ist seit Oktober 2004 Professorin für Neuere und Neueste Geschichte und lehrt Didaktik an der Pädagogischen Hochschule Karlsruhe. Ihre Forschungs- und Lehrschwerpunkte sind u.a. Geschlechtergeschichte, Migration, 19. und 20. Jahrhundert sowie Jüdische Geschichte.

Anmerkungen

1 In diesem Text wird mit dem Gendersternchen versucht, allen Geschlechtern gerecht zu werden, um niemanden auszugrenzen.

2 Wollt ihr euch den Stein und seine Geschichte genau anschauen, dann geht auf diese Website: https://ausstellungen.deutsche-digitale-bibliothek.de/stein-von-rosette/#s0

3 In diesem Text wird die Abkürzung v.d.Z. (vor der Zeitenwende/Zeitrechnung) verwendet. Diese Abkürzung setzt sich allmählich in der historischen Forschung durch und ersetzt „v. Chr.", denn aus dem weltgeschichtlichen Blickwinkel und anderer Kulturen passt v.d.Z. viel besser.

Wer ist Malala?

Oder: was wir an der Schule haben

Werner Schnatterbeck

Ein Rückblick

Als ich mich am 17. August 2016 mit einer Gruppe von 9- bis 14-Jährigen inner-halb der Bruchsaler Kinder-Sommerakademie traf, war es noch nicht einmal zwei Jahre her, dass eine 17-Jährige den Friedensnobelpreis verliehen bekommen hatte.

Manchmal ist die Schule ganz schön lästig. Morgens früh aufstehen, am Nachmittag erst wieder nach Hause kommen und dann vielleicht auch noch Hausaufgaben machen müssen. Und den ganzen Schultag über wird Aufmerksamkeit erwartet.
Nicht immer leuchtet ein, warum ich mich gerade mit diesem oder jenem beschäftigen muss. Und abmelden, wie im Verein, kann ich mich auch nicht. Ich muss ganz schön lange durchhalten. Mindestens zehn Jahre dauert das Ganze, bevor die Schulpflicht endet. So kann man es sehen. Es gibt aber auch eine andere Sicht:
Die nämlich, dass es Kinder und Jugendliche in vielen Teilen der Welt gibt, die ganz große Opfer bringen würden, um regelmäßig eine Schule besuchen zu dürfen. Von einem solchen jungen Menschen, einem Mädchen namens Malala, handelt diese Vorlesung. Anhand ihres Lebens wird deutlich, welch ein Geschenk es ist, jeden Tag Neues hören und erarbeiten zu dürfen, was stark macht und die Welt besser verstehen lässt.

So jung war bisher noch kein Nobelpreisträger, keine Nobelpreisträgerin gewe-sen. Die Welt merkte auf und lernte eine junge Frau kennen, die eine ganz große Leidenschaft hatte, nämlich jene, mit lauter Stimme für schulische Bildung auf der ganzen Welt einzutreten, insbesondere für Mädchen. Nur wenige Jahre zuvor war auf sie genau wegen dieser Leidenschaft, diesem Anliegen ein Attentat verübt worden. Die Schüsse verletzten sie schwer. Menschen auf der ganzen Welt, Jung und Alt, nahmen voll Mitgefühl und Bewunderung Anteil an diesem Geschehen und waren schließlich erleichtert, dass Malala den feigen Angriff überlebte.

So lautete dann der Titel unserer Veranstaltung:

Den anwesenden Kindern und Jugendlichen war bereits durch den Ankündigungstext vertraut, was sie erwartete. Ziel war vor allem, Malala Yousafzai - ihre Lebensgeschichte und Mission - näher zu bringen. Dass dabei automatisch auch die Überzeugung gefestigt wurde, dass Schule zwar manchmal nervt, aber größer betrachtet, eigentlich ein wunderbares Geschenk ist, war durchaus erwünscht.

So begeistert wir gemeinsam ans Werk gingen – ich wurde von meiner Tochter Hannah (damals Lehramtsstudentin, unmittelbar vor der ersten Dienstprüfung stehend) unterstützt – so bereitwillig und interessiert die Kinder und Jugendlichen sich auch beteiligten, stellte sich am Ende dennoch eine kleine Enttäuschung ein.

Wie kam das

Das Ganze der Reihe nach.

Begonnen hatte der Nachmittag mit einem Gespräch zwischen Tochter und Vater.

Vater: „Du, Hannah, heute sind wir hier, um über die Schule zu sprechen und gemeinsam über sie nachzudenken. Welche Erinnerungen hast Du an deine Schulzeit? War's für Dich eher Stress, Plage, oder hat es auch Spaß gemacht?"

Hannah: „Manchmal war die Schule ganz schön lästig: früh aufstehen, der lange Schulweg, den ganzen Vormittag durchhalten müssen, dann noch Hausaufgaben, die Klassenarbeiten, und nicht immer hat es mich interessiert, was behandelt wurde. Dazu kam, dass ich mich nicht mit allen Lehrerinnen und Lehrern gleich gut verstanden hatte."

Vater: „Ja, dann waren deine 13 Schuljahre eher eine verlorene Zeit?"

Hannah mit Leidenschaft: „Nein, das waren sie ganz und gar nicht. Und warum es viel mehr Positives, Schönes, Wichtiges, Interessantes, Anregendes als Negatives, Anstrengendes und Langweiliges gab, darüber sollten wir heute mit den Kindern ins Gespräch kommen.

Aber im ersten Teil wollen wir einfach über diese beeindruckende junge Person Malala informieren. Es unterstützt uns dabei vor allem ein Buch, das 2013 erschienen ist und das sie zusammen mit Christina Lamb verfasste:

‚Ich bin Malala – Das Mädchen, das die Taliban erschießen wollten, weil es für das Recht auf Bildung kämpft'. Außerdem gibt es einen beeindruckenden Film ‚Malala – ihr Recht auf Bildung. Dokumentarfilm (USA 2015)', der uns vieles illustrieren hilft."

Vater: „Einverstanden, Hannah!"

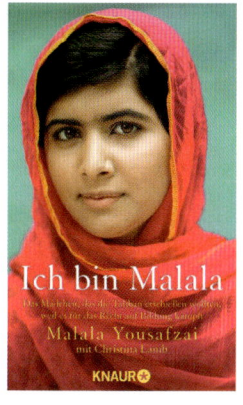

„Ich komme aus einem Land, das um Mitternacht gegründet wurde. Es war kurz nach zwölf Uhr mittags, als ich fast gestorben wäre.

Vor einem Jahr verließ ich mein Zuhause, um in die Schule zu gehen, und kehrte nicht mehr zurück. Ich wurde von einer Taliban-Kugel in den Kopf getroffen und aus Pakistan geflogen, ohne das Bewusstsein wiedererlangt zu haben. Manche Menschen meinen, ich könne nicht mehr zurück in meine Heimat, doch ich glaube tief in meinem Herzen, dass ich zurückkehren werde.

Einem Land entrissen zu werden, das man liebt, ist etwas, das ich meinem ärgsten Feind nicht wünsche.

Jeden Morgen, wenn ich die Augen öffne, sehne ich mich nach dem vertrauten Anblick, nach meinem alten Zimmer mit meinen Sachen, meinen über den Boden verstreuten Kleidern und meinen

Die Taliban sind eine islamische Bewegung, die ihre Religion, den Islam, sehr streng auslegt. Sie wollen die muslimischen Gesetze, die Scharia, durchsetzen. Zur Scharia gehören viele Verhaltensvorschriften: Männer müssen einen Bart tragen, Frauen einen Schleier. Musik, Fernsehen und Sport sind verboten. Die Taliban wollen Mädchenschulen schließen und den Frauen verbieten, zu arbeiten. Wer sich nicht an ihre Regeln hält, dem drohen sie mit Prügelstrafen, Gefängnis oder sogar mit dem Tod. In Afghanistan und in Pakistan gibt es besonders viele Taliban. Sie versuchen dort, Macht über möglichst viele Menschen zu bekommen – auch mit Gewalt.

!!Eilmeldung!!

Nach dem Rückzug der westlichen militärischen und zivilen Kräfte aus Afghanistan übernahmen im August 2021 die Taliban die Macht. In der Folge davon meldete sich Malala deutlich zu Wort. Sie betonte dabei ihre Sorge, dass Mädchen zunehmend von der Schulbildung und Frauen von der Ausübung gesellschaftlich wichtiger Berufe ausgeschlossen werden könnten.

(Mach dich schlau! Was denkst du? Macht was zusammen:
Aktion Schulstunde zur ARD-Themenwoche „Toleranz",
Copyright Rundfunk Berlin-Brandenburg 2016, Seite 1)

Schulpreisen auf dem Regal. Stattdessen lebe ich in einem Land, das, verglichen mit meinem geliebten Pakistan und meinem Heim im Swat-Tal, zeitlich fünf Stunden hinterherhinkt. Andererseits hat meine Heimat Jahrhunderte aufzuholen. Hier, in dem Land, in dem ich jetzt lebe, gibt es jeden Komfort, den man sich nur vor-

Das Swat-Tal ist eine Bergregion in Pakistan. Es war ursprünglich ein Fürstentum, das später zu Pakistan kam, aber Sonderrechte behalten durfte. Aufgrund der schönen Landschaft nannten manche die Gegend auch die Schweiz des Ostens. Allerdings blieb die Gegend von Naturkatastrophen – Erdbeben, Überschwemmungen – nicht verschont. Swat liegt in der Grenzregion zwischen Pakistan und Afghanistan. Malala wurde dort in der Stadt Mingora, ungefähr 160 Kilometer von der Hauptstadt Islamabad entfernt, geboren. Sie verbrachte eine glückliche Kindheit. Seit ungefähr 2005 stieg der Einfluss der Taliban. Anfangs gebärdeten sie sich eher harmlos, dann wurden sie aber immer radikaler, beherrschender und bedrohlicher. Im Jahr 2009 gab es heftige Kämpfe mit Regierungseinheiten, die den über die Jahre gewachsenen Einfluss der Taliban wieder zurückdrängten.

stellen kann. Aus jedem Wasserhahn kommt tatsächlich Wasser.
Man legt einen Schalter um und hat Licht, zu jeder Tages- und
Nachtzeit. Man braucht keine Öllampen mehr. Und niemand muss
Gasflaschen vom Basar holen, damit man auf dem Herd kochen
kann. Hier ist alles supermodern, es gibt sogar fertiges Essen in
Plastikbehältern.

Wenn ich aus dem Fenster schaue, sehe ich Gebäude mit vielen Stockwerken, lange Straßen voller Autos, alle hübsch in der
Reihe, saubere grüne Hecken und Rasenstücke sowie ordentli-
che Bürgersteige, auf denen Leute gehen. Doch kaum schließe ich
die Augen, bin ich zurück in meinem Tal, zumindest für einen
Augenblick. Ich sehe die hohen, schneebedeckten Bergspitzen, wo-
gende grüne Felder und kühle, blaue Flüsse. Und mein Herz lä-
chelt, wenn es die Menschen des Swat erblickt. Mein Geist bringt
mich zurück in die Schule, wo ich wieder mit meinen Freunden
und Lehrern vereint bin. Ich treffe meine beste Freundin Moniba.
Wir sitzen zusammen, plappern und scherzen, als wäre ich nie fort
gewesen.

Dann fällt es mir wieder ein: Ich bin ja in Birmingham,
in England." (Ich bin Malala, S.21 f.)

PEACE

Nach Birmingham war Malala gekommen, um ihre Verletzungen besser auskurieren zu lassen. Das gelang so gut, dass sie bereits an ihrem 16. Geburtstag, am 12. Juli 2013, vor den Vereinten Nationen in New York sprechen konnte.

Dabei sagte Malala unter anderem:

„Ich spreche – nicht für mich,
sondern um denjenigen,
die keine Stimme haben,
Gehör zu verschaffen.

Denjenigen, die für ihre Rechte
gekämpft haben.

Ihr Recht, in Frieden zu leben.

Ihr Recht, mit Würde behandelt zu werden.

Ihr Recht auf Chancengleichheit.

Ihr Recht auf Bildung."

(Ich bin Malala, S. 396)

Zusammenfassend könnte sich uns Malala so vorstellen:

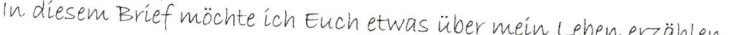

Hallo,

mein Name ist Malala,

heute bin ich 19 Jahre alt.

In diesem Brief möchte ich Euch etwas über mein Leben erzählen.

Ich wurde in einem Dorf in Pakistan geboren. Ich habe mich dafür eingesetzt, dass auch Mädchen zur Schule gehen dürfen – die Taliban möchten das bei mir zuhause verhindern. Immer wieder habe ich im Internet und Fernsehinterviews gesagt, dass auch Mädchen lernen sollen. Das hat die Taliban sehr wütend gemacht. Darum haben sie auf meinem Weg zur Schule im Schulbus auf mich geschossen. Ich wurde schwer verletzt, aber habe überlebt. Heute lebe ich zusammen mit meiner Familie in Birmingham und setze mich weiterhin für das Recht auf Bildung ein.

Euch möchte ich mitgeben, was ich auch bei meiner Rede vor den Vereinten Nationen gesagt habe:

Lasst uns zu unseren Büchern und Stiften greifen. Das sind unsere mächtigsten Waffen. Ein Kind, ein Lehrer, ein Buch und ein Stift können die Welt verändern.

Bildung ist die einzige Lösung. Bildung geht vor!

(Ich bin Malala, S. 401)

Jetzt kennen wir Malala besser und wissen, wie wichtig *ihr* die Schule ist, wie viel wert sie ihr ist. In einem nächsten Schritt geht es darum, zur Sprache zu bringen, was *wir* an der Schule haben. Zu den Kindern sagte ich:

„Das könnt ihr in einen kurzen Brief an Malala packen, indem ihr auch unterbringen solltet, was ihr von ihrem bisherigen Engagement haltet. Wenn gewünscht, können wir versuchen, Malala eure Briefe zukommen zu lassen."

Weiteres zur Lebensgeschichte Malalas:

Sie zwei hat zwei Brüder, Khushal und Atal, zwei bzw. sieben Jahre jünger. Ihr Vater, Ziauddin Yousafzai, besaß und leitete eine Privatschule, die sie selbst besuchte. An ihr fühlte sie sich zu Hause, verbrachte von klein an den ganzen Tag dort und war fasziniert von dem, was die Lehrer zu sagen hatten. Sie liebte Bücher wie ihr Vater. Aus seiner Kindheit berichtet sie: „Für ihn gab es nichts Wichtigeres als Wissen. Er erinnerte sich, dass ihm der Fluss in seinem Dorf ein Rätsel gewesen war und er sich gefragt hatte, woher das Wasser kam und wohin es ging, bis ihm der Wasserkreislauf vom Regen zu den Meeren erklärt wurde...Bildung war für ihn ein großes Geschenk gewesen." (Ich bin Malala, S. 62f.) Dagegen hatte Malalas Mutter bereits im ersten Schulhalbjahr die Schule wieder verlassen. „Erst als sie meinen Vater kennenlernte, fühlte meine Mutter Bedauern." (ebenda) Angeregt sowie unterstützt von ihrem Vater berichtete Malala seit Anfang 2009 in einem Internet-Blog unter einem Pseudonym über die Gewalttaten der Taliban. Als ihre Identität aufgedeckt wurde, brachte es ihr nicht nur Bewunderung ein, sondern sie geriet ins Blickfeld der Taliban. Nach dem Attentat wurde sie für die Mädchen Pakistans zum Vorbild. Malala zeigte sich immer wieder mit Mädchen auf der ganzen Welt solidarisch, für die schulische Bildung gar nicht oder nur unter erschwerten Bedingungen stattfinden kann. Um dem Nachdruck zu verleihen, besuchte sie Kinder zum Beispiel in Kenia und Syrien. Kurz nach dem Attentat wurde in Zusammenarbeit mit der UNESCO der MalalaFund, eine Stiftung gegründet, um über ausreichend Mittel für ihr Anliegen zu verfügen.

Malalas Auftreten vor der Weltöffentlichkeit ist zwar ungewöhnlich, aber ihren Aussagen können wir entnehmen, dass sie sich in vielem von Mädchen ihres Alters nicht unterscheidet. Ihrer Mutter legt sie in den Mund: „Nun, vielleicht ist Malala ein bisschen vernünftiger geworden, aber daheim ist sie noch dasselbe aufsässige Mädchen, das ihr T-Shirt in der einen und ihre Hose in der anderen Ecke herumliegen lässt. Dasselbe schlampige Mädchen, das uns ständig mit ihrem ‚Ich muss noch meine Hausaufgaben machen!' die Ohren volljammert." (Ich bin Malala, S. 20) Dazu passt: „Ich bin mir ziemlich sicher, dass ich auch die erste Nobelpreisträgerin bin, die sich noch mit ihren jüngeren Brüdern streitet."

Es entstanden die folgenden Schreiben, darunter auch das einer an der Veranstaltung interessierten und teilnehmenden Lehrerin.

„Mein Name ist C. Ich bin neun Jahre alt. Ich finde die Schule sehr interessant. Es ist sehr schön dort hingehen zu dürfen. Wir haben heute sehr viel von dir gehört und ich bin genau derselben Meinung wie Du. Alle Kinder, egal ob Mädchen oder Jungen, sollen das Recht haben in die Schule gehen zu dürfen. Bei uns hier in Deutschland darf jeder zur Schule gehen, ich finde das toll. Und ich finde, dass Du sehr mutig bist und bewundere Dich sehr.

Viele liebe Grüße C."

„Meine Schule ist eine tolle Schule. Es gibt viele nette Lehrer, die uns viel beibringen. Wir haben einen großen Pausenhof mit einem tollen Sportplatz und wir haben eine große Aula, in der wir Schulfeste feiern und zu Mittag essen. Ich bin auf einer Ganztagsschule, in der wir jeden Tag außer mittwochs bis um 16:15 Uhr Schule haben. Das ist manchmal sehr anstrengend, trotzdem bin ich froh, auf dieser Schule sein zu dürfen. Ich finde es toll, wie sehr Du Dich für die Bildung von Mädchen einsetzt und dass Du nicht aufgibst und stets weiter kämpfst. Ich wünsche dir, dass Du eines Tages dein Geburtsland besuchen kannst und deinen Freunden und Verwandten dort mit Stolz sagen kannst, was Du schon alles erreicht hast.

Liebe Grüße A.-L."

„Ich gehe in die Ganztagesschule. Weil es eine Ganztagesschule ist, bin ich von 8:00 Uhr bis 16:00 Uhr in der Schule. Es gibt nette Lehrer und Lehrerinnen, aber manche Lehrer oder Lehrerinnen sind nicht immer nett zu unserer Klasse. Ich mag eigentlich alle Lehrer. Aber ich bin froh, dass ich in die Schule gehen darf. Ich finde es sehr mutig, dass Du Dich für andere Menschen einsetzt. Ich freue mich für Dich, dass Du den Friedensnobelpreis bekommen hast.

Viele Grüße deine C."

„Ich war ja sehr überrascht, als ich hörte, dass Du überlebt hast. Du warst ja soooo mutig, so etwas hätte ich mich nie und nimmer in meinem Leben getraut! Dass Du so einen Nobelpreis trägst, ist ja auch sehr erstaunlich. Du bist ein sehr, sehr, sehr besonderes Mädchen. Hier (in Deutschland) dürfen Mädchen und Jungen gemischt zur Schule gehen und ich habe in der Schule immer Einser. Du hattest das bestimmt auch. Ich habe mich sehr gefreut, etwas über Dich zu erfahren.
Liebe Grüße A."

„Mein Name ist K.. Ich bin neun Jahre alt. Ich finde die Schule sehr interessant. Es ist sehr schön, jeden Tag Neues zu lernen und die Welt besser zu verstehen. Wir haben heute sehr viel von dir gehört, von deinem Leben in Birmingham, dem Überfall der Taliban und vielem mehr. Wir wissen, dass Du Dich für sehr viele Mädchen eingesetzt hast, damit sie zur Schule gehen können. Du hast damit vielen Mädchen einen großen Wunsch erfüllt.

Viele Grüße K."

„Liebe Malala,
ich durfte als Kind in eine Schule gehen und das Gymnasium besuchen. Danach wurde ich Lehrerin und habe viele hunderte Mädchen und Jungen unterrichtet und auf ihrem Weg zu jungen Erwachsenen begleiten und unterstützen dürfen. Viele brauchten Mut und Ermunterung, manche Grenzen und Ermahnungen, aber jeder Mensch braucht auf seinem Weg zu seinem eigenen Ich ein gutes Vorbild und verständnisvolle Begleitung. Ich habe mich immer dafür eingesetzt, die Begabungen der Schüler zu fördern und zu entdecken und war begeistert, wenn es manchen Schülern und Schülerinnen so gut gelang wie Ihnen. Das bewundere ich sehr, dass sie nicht Ihren Weg verlassen mussten und dabei solch wertvolle Begleiter fanden.
Ihre dankbare Helga Kupper"

„In meiner Schule gibt es viele Kinder. Von 11 bis 17 Jahren, alle in verschiedenen Klassen. Es gibt fünfte, sechste, siebte, achte, neunte, zehnte, elfte und zwölfte Klassen. Unsere Lehrer sind alle sehr freundlich und verstehen sich gut mit uns. Für uns ist es selbstverständlich in die Schule zu gehen. Meistens ist der lange Schulweg, das frühe Aufstehen, Hausaufgaben oder das Lernen für Klassenarbeiten ziemlich nervig. Aber manchmal denke ich, dass ich froh sein sollte so einen Luxus zu haben in die Schule gehen zu können. Denn dort lernen wir alles, was wir brauchen, um später erfolgreich zu werden. Lesen, Schreiben, Rechnen, später auch noch Physik, Chemie oder Sprache sind alles Fächer, die wir dort lernen. Jeden Tag. Manchmal denke ich auch, was ich denn die ganze Zeit tun sollte, wenn die Schule nicht da wäre. Alle Kinder (insbesondere Mädchen), die nicht zur

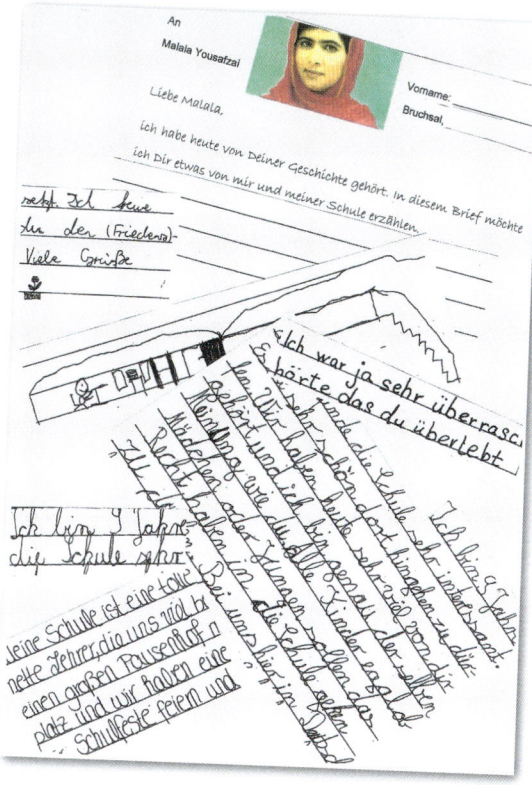

Schule gehen können, später keine Bildung bekommen und nie lesen oder schreiben können, tun mir sehr leid. Ich bewundere Dich sehr. Wie Du Dich für all das eingesetzt hast, was so viele Mädchen nicht bekommen, nämlich Bildung.
Liebe Grüße A."

Mit dieser schönen Bilanz gingen wir auseinander.

Das war doch durchweg erfreulich. Woraus resultierte dann die Enttäuschung

In den nächsten Monaten fand ich eine Realschulklasse in Bruchsal, die ich über diesen Nachmittag an der Kinder-Sommerakademie informieren durfte. Auch diese siebte Klasse war zusammen mit ihrer Lehrerin Rebecca Geörg gepackt von der Persönlichkeit und dem Engagement Malalas und erklärte sich bereit, in den nächsten Unterrichtsstunden die Briefe der Kinder in die englische Sprache zu übersetzen. Ebenfalls übernahmen sie den Versand an Malala. Nachdem keine Adresse gefunden werden konnte, was aus Sicherheitsgründen verständlich war, hatten wir alle große Hoffnung, dass über die englische Botschaft in Berlin die Zustellung an Malala Yousafzai gelingt.

Leider erfolgte rasch die Ernüchterung.

Die Botschaft konnte nicht weiterhelfen und so war die Enttäuschung groß: Die reizenden Briefe der Kinder unseres tollen Nachmittags an der Kinder-Sommerakademie in Bruchsal blieben von Malala ungelesen.

Britische Botschaft Berlin

Albert Schweitzer Realschule
z. Hd. Frau Rebecca Geörg
Schnabel-Henning-Straße 4

76646 Bruchsal

27. Juli 2017

Sehr geehrte Frau Geörg,

Vielen Dank für Ihre Anfrage an die Britische Botschaft Berlin.

Die Britische Botschaft kann keine Korrespondenz weiterleiten. Wir bitten um Verständnis. In diesem Falle können wir leider auch die Anschrift von Malala Yousafzai nicht. Das Einzige, was wir gefunden haben ist diese Webseite http://www.malala-yousafzai.com/p/contact-us.html.

Wir hoffen, dass die Briefe der Kinder Malala Yousafzai erreichen werden.

Mit freundlichen Grüßen,

www.gov.uk/government/world/germany

Albert Schweitzer Realschule
z. H. Rebecca Geörg
Schnabel-Henning-Straße 4
76646 Bruchsal

Britische Botschaft
Wilhelmstraße 70 – 71
10117 Berlin

Betreff: Letters to Malala

Sehr geehrte Damen und Herren,

wir treten mit der Bitte an Sie heran, die beigefügten Briefe an Malala Yousafzai weiterzuleiten.

Die Briefe entstanden im Rahmen einer Vorlesung der „Bruchsaler Kinder Sommer Akademie" mit dem Titel „Wer ist Malala? Oder was wir an der Schule haben" im vergangenen Sommer. Die Vorlesung wurde von Prof. Dr. Werner Schnatterbeck geleitet. Einen Überblick über die Vorlesung gibt der unten abgedruckte Flyer. Aus der Vorlesung erwuchsen 13 reizende Briefe an Malala Yousafzai, die von den 9 – bis 14-jährigen Mädchen und einer Lehrerin verfasst wurden. Es besteht der dringende Wunsch, dass Malala Yousafzai diese Briefe auch erhält.

Da die Briefe in deutscher Sprache verfasst wurden, sprang die Klasse 7d der Albert-Schweitzer-Realschule als Übersetzer ein. Ich selbst bin die Englischlehrerin der Klasse.

Diesem Schreiben liegen nun sowohl die Originaltexte als auch die englischen Übersetzungen bei.

Sehen Sie eine Möglichkeit, diese Schreiben an Malala Yousafzai weiterzuleiten?

Über eine positive Antwort würden wir uns sehr freuen.

Mit freundlichen Grüßen,

Rebecca Geörg

Nachtrag:
Malalas Vater wurde nach der Übersiedlung der Familie nach Großbritannien Attaché für Bildung am pakistanischen Konsulat in Birmingham. Er ist zusammen mit Malala Mitbegründer und Vorstandsmitglied des Malala-Fund, einer Hilfseinrichtung für weltweite und qualitätsvolle schulische Bildung. Es wurde immer wieder Kritik laut, dass Ziauddin Yousafzai seine Tochter instrumentalisiere und vermarkte. Seit 2017 ist Malala Friedensbotschafterin der Vereinten Nationen (UN). Sie ist inzwischen 24 Jahre alt. Im letzten Jahr (2020) hat sie ihr Studium in Philosophie, Politik und Wirtschaft an der Elite-Universität Oxford abgeschlossen.

Literatur/Quellen

Malala Yousafzai mit Christina Lamb, Ich bin Malala, © Verlagsgruppe Droemer Knaur, 2013
München, S. 20, 21f., 62f., 396, 401, „mit freundlicher Genehmigung der Verlagsgruppe Droemer Knaur"

Malala – Ihr Recht auf Bildung. Dokumentarfilm. Davis Guggenheim (USA 2015)

Mach dich schlau! Was denkst du? Macht was zusammen! Aktion Schulstunde zur ARD-Themenwoche „Toleranz" Copyright Rundfunk Berlin-Brandenburg 2016, S. 1

Internet-Recherche: https://de.wikipedia.org/wiki/Malala Yousafzai, S. 5, abgerufen am 14.08.2016

Bildverzeichnis

Bild Tafel, S. 101

https://pixabay.com/de/vectors/grün-tafel-kreide-radiergummi-307835/

Titelseite der Publikation „Ich bin Malala S. 103

© Verlagsgruppe Droemer Knaur, 2013 München,„mit freundlicher Genehmigung der Verlagsgruppe Droemer Knaur"

Pakistan, Swat-Tal S. 104

picture alliance / Bildagentur-online/AGF-Hermes / Bildagenturonline/ AGF-Hermes

Students hold a placard during a rally to condemn the attack on schoolgirl Malala Yousufzai in Peshawar S. 105

picture alliance / REUTERS / FAYAZ AZIZ

Malala UNO-Rede S. 106

picture alliance / dpa / Justin Lane

KINA – Preise für besondere Menschen / Malala mit dem Friedensnobelpreis S. 107, 110

picture alliance / dpa / Cornelius Poppe

AUTORINNEN, AUTOREN

Prof. Dr. Werner Schnatterbeck, Diplom-Pädagoge

Er ist ehemaliger Präsident des Oberschulamtes Karlsruhe. Dem am KIT tätigen Honorarprofessor ist als Erziehungswissenschaftler und Erziehungspraktiker die Wert- und Sinnorientierung in der Schule ein zentrales pädagogisches Anliegen. Geboren 1950 in Bruchsal, ist er dort vielfältig ehrenamtlich tätig, unter anderem als Kuratoriumsvorsitzender der Bildungsstiftung. Als Stadtrat zog er erstmals 1976 ins Kommunalparlament ein. Dort initiierte er zuletzt eine Kommission für Stadtgeschichte. Werner Schnatterbeck ist verheiratet, er hat drei Töchter und einen Sohn.

Wärme aus der Tiefe – Bruchsals heißer Untergrund

Bernhard Potthoff

Warum Geothermie?

Minerale, Gesteine, Vulkane, Erdbeben – nur einige Beispiele aus einer langen Liste von geowissenschaftlichen Themen, die die Kinder faszinieren und zu denen im Rahmen der Bruchsaler Kinder-Sommerakademie mehrere Workshops stattgefunden haben. Hierbei lag der Schwerpunkt auf der Vermittlung der Grundlagen und, im Sinne des experimentellen Lernens, auf dem Verständnis von Phänomenen durch Versuche und praktische Erfahrungen. Es lag also nahe, ein Thema anzubieten, das unterschiedliche geowissenschaftliche Einzeldisziplinen zusammenführt und den Kindern und Jugendlichen einen beispielhaften Einblick in die angewandten Geowissenschaften gewährt. In diesem Sinne wurde das Thema Geothermie aufgegriffen. Neben den geowissenschaftlichen werden auch weitere naturwissenschaftliche bis hin zu gesellschaftlichen Fragestellungen behandelt. Zudem wird das gesteigerte Interesse der Heranwachsenden an der (Mit-) Gestaltung der eigenen Zukunft thematisiert, bei der aktuell der Schutz des Klimas und die Energiewende im Vordergrund stehen.

Der Workshop stellt die Geothermie als Bestandteil der erneuerbaren Energien und als Möglichkeit einer nachhaltigen Energieerzeugung vor.

Hierbei geht es nicht um die Vermittlung von umfangreichem Detailwissen oder dem aktuellen Stand von Wissenschaft und Technik, sondern um den Erwerb von Grundkenntnissen, die durch einfache Versuche veranschaulicht und dadurch verständlich werden. Dies verschafft den Kindern und Jugendlichen einen Zugang zum Thema und ist so ein bedeutender Motivationsimpuls, sich mit der Geothermie nachhaltiger zu befassen.

Mit Bezug auf den Geothermie-Standort Bruchsal wird ein inhaltlicher Schwerpunkt auf die Nutzung der „Tiefen Geothermie" gelegt.

Eine Auswahl an Versuchen wird im Folgenden vorgestellt. Die Lösungen bzw. Erklärungen sind am Ende des Beitrags im Anhang zu finden.

An dieser Stelle geht ein besonderer Dank an das Zentrum für Mediales Lernen am Karlsruher Institut für Technologie (KIT-ZML) und das Landesforschungszentrum Geothermie (LFZG) in Karlsruhe. Zusammen mit der Schülerakademie Karlsruhe e.V. richten beide Institutionen jährlich das „Science Camp Geothermie" aus, das der Autor 2008 mitgegründet hat und seither als wissenschaftlicher Begleiter betreut. In dessen Rahmen wurden einige der hier vorgestellten Experimente altersgerecht (weiter-) entwickelt, die das LFZG mit weiteren Informations- und Demonstrationsmaterialien für Lehrzwecke zur Verfügung stellt.

Geothermie in Bruchsal

Das Geothermiekraftwerk (GKW) Bruchsal (Abb. 1) ist ein Meilenstein in der Nutzung der geothermischen Energie. 2009 ging es als erstes Geothermiekraftwerk in Baden-Württemberg in Betrieb. Dem vorausgegangen war eine Projekt-

Abbildung 1: Das Geothermiekraftwerk in Bruchsal. (Bildquelle EnBW AG)

Versuch 1: Gas im Wasser

Ein Problem bei der Nutzung der Geothermie sind die im Thermalwasser gelösten Minerale und Gase. Gase können sich in unterschiedlicher Menge in Flüssigkeiten lösen. Wichtige Faktoren sind hierbei die Temperatur der Flüssigkeit und besonders der Druck, unter dem die Flüssigkeit steht. Verändert sich einer der Faktoren, gerät das System aus dem Gleichgewicht und das gelöste Gas tritt aus. Ein Beispiel hierfür ist die Kohlensäure im Sprudelwasser. Zur Demonstration ist eine Plastik-Flasche (PET) gut geeignet. Im ruhenden, ungeöffneten Zustand ist die Flasche prall gefüllt. Gasblasen sind nicht zu erkennen. Wird die Flasche geöffnet, kann man ein mehr oder weniger starkes Zischen hören und aus dem Mineralwasser steigen Gasblasen auf.

Habt Ihr eine Erklärung dafür?

entwicklungsphase, die gut 30 Jahre gedauert hatte. Es begann 1979, als bei Trinkwasserbohrungen eines in Bruchsal ansässigen Herstellers von Erfrischungsgetränken heißes Grundwasser angetroffen wurde. Aus diesem „Fund" entstand mit Beteiligung der Europäischen Union, der Bundesrepublik Deutschland, des Landes Baden-Württemberg und der Energie- und Wasserversorgung Bruchsal GmbH (ewb GmbH) ein Gemeinschaftsprojekt zur geothermischen Nutzung des Thermalwasservorkommens. Hierzu wurden in den Jahren 1983 – 1985 weitere Bohrungen niedergebracht, von denen zwei zur Förderung und Rückleitung des Tiefenwassers ausgebaut wurden. Bereits 1987 wurde das Projekt aufgrund von wirtschaftlichen Erwägungen eingestellt. 2001, kurz nach dem Inkrafttreten des Erneuerbare Energien-Gesetzes (EEG), jedoch wieder aufgegriffen. Aber erst nach dem Einstieg der EnBW Energie Baden-Württemberg AG im Jahr 2005 konnte das Geothermieprojekt bis zur Inbetriebnahme des Kraftwerkes realisiert werden.

In der Konzeption liegt der Schwerpunkt seiner Nutzung als Demonstrations- und Forschungsstandort. Dies zeigt sich auch in der installierten Leistung von nur 0,55 MW-elektrisch (Stromerzeugung) und ca. 5,5 MW-thermisch (Wärmeerzeugung). In Kooperation mit wissenschaftlichen Instituten und der Industrie werden am Standort Bruchsal Forschungs- und Entwicklungsvorhaben durchgeführt, deren Ergebnisse auch für andere Geothermieanlagen von Belang sein können.

Hierzu gäbe es eine Menge zu berichten und wer mehr dazu wissen möchte, dem helfen die Quellenangaben und weiteren Verweise im Schriftenverzeichnis weiter. Doch stellt sich zunächst die Frage:

Was ist Geothermie?

Zuerst wenden wir uns der Definition zu:

*Aus geologischer Sicht ist Geothermie
die Wärmelehre des Erdkörpers.*

Vereinfacht gesagt fallen hierunter die Vorgänge, die mit der Wärme in unserer Erde zu tun haben. Die Nutzung der Wärme – auch gleichbedeutend als Erdwärme bezeichnet – steht hier nicht im Vordergrund.

Der Nutzungsaspekt wird vielmehr in der Bezeichnung „geothermische Energie" aufgegriffen, die „die in Form von Wärme gespeicherte Energie unterhalb der Oberfläche der festen Erde" bezeichnet (VDI-Richtlinie 4640). Wenn wir im Folgenden von Geothermie sprechen, wird diese als Sammelbegriff für die geowissenschaftliche Forschung sowie die ingenieurtechnische Nutzung und die Bewirtschaftung gebraucht.

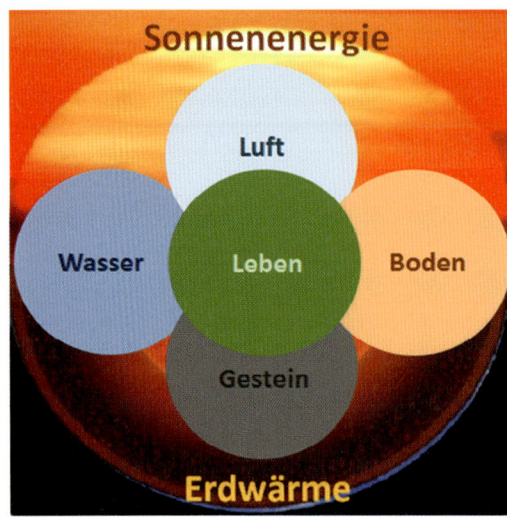

Abbildung 2:
Energiequellen der Erde

Erdwärme und Sonnenein-strahlung sind die beiden primä-ren Energielieferanten für unse-ren Planeten (Abb. 2). Durch das Zusammenspiel dieser beiden Kräfte konnte sich im Lauf der Erdgeschichte auf unserem Planeten das „System Erde" mit den haupt-beteiligten Komponenten Gestein (Lithosphäre), Boden (Pedosphäre), Wasser (Hydrosphäre) und Luft (Atmosphäre) entwickeln und somit die Voraussetzung zur Entstehung von Leben (Biosphäre) schaffen. Auch heute be-stimmen beide Faktoren das natürliche Geschehen auf unserer Erde, die z.B. als Klima- und Wettergeschehen (Sonnenenergie) oder Naturereignisse wie Vulkanausbrüche (Erdwärme) deutlich werden. Der Mensch begann schon in seiner Frühzeit diese Energiequellen für sich zu nutzen. *Waren es in der Vergangenheit zunächst heiße Quellen, an denen der Frühmensch seine Spuren hinterlassen hat, also Geothermie, wurde es im Zuge der kulturel-len Entwicklung jedoch die Sonnenenergie, die in zunehmendem Maße unsere Energieversorgung bestimmte;* z.B. in indirekter

Form durch Wind- und Wasserkraft oder als gespeicherte Sonnenenergie in fos-silen Brennstoffen (Kohle, Erdgas und Erdöl). Selbst in der aktuell stattfindenden Energiewende spielt bei den erneuerbaren Energien die Sonnenenergie mit Solar-, Photovoltaik- und Windkraftanlagen die beherrschende Rolle. Aber ist es für unsere Energieversorgung nicht naheliegend, auch den zweiten großen Energielieferanten, die Erdwärme, für unsere Energieversorgung anzuzapfen? Energie in Form von Wärme, die sozusagen direkt unter unseren Füßen vorkommt und genutzt werden kann? Bevor wir diese Fragen beantworten, wäre es doch interessant zu wissen:

Wie kommt die Wärme in unsere Erde?

Erdbeben und Vulkanausbrüche zeigen uns, dass unsere Erde kein starrer und kalter Planet ist, sondern sich immer in Bewegung befindet und in seinem Inneren extrem hohe Temperaturen herrschen. *Um der Wärme in der Tiefe auf die Spur zu kommen, müssen wir uns zuerst mit dem Aufbau unserer Erde beschäftigen.* Dieser lässt sich vereinfacht an einem Modell darstellen: dem Apfel. Dazu schneiden wir einen Apfel in der Mitte quer durch und erhalten ein bekanntes Bild (Abb. 3). In der Mitte befindet sich das fünfstrahlige Kerngehäuse mit den dunklen Samenkörnern. Nun haben wir im Zentrum der Erdkugel zwar weder ein Kerngehäuse noch Samenkörner, aber doch einen Bereich, den wir als Erdkern bezeichnen, in der Abbildung als gelber Kreis markiert. Der Erdkern besteht überwiegend aus metallischem Eisen und Nickel und ist zweigeteilt: Der innere Erdkern ist fest und der äußere Erdkern flüssig. Im Erdkern herrschen Temperaturen über 6.000°C. Er wird schalenartig vom zähflüssigen Erdmantel umschlossen, in der Abbildung das Fruchtfleisch des Apfels. Im Gegensatz zum einheitlich erscheinenden Fruchtfleisch des Apfels besteht der Erdmantel aus mehreren Zonen, die sich in zwei Hauptbereiche unterteilen lassen: der Untere und der Obere Mantel. Die Temperaturen im Erdmantel erreichen bis zu 4.000°C. Die oberste, äußere Schale der Erde ist die feste Erdkruste. Im Verhältnis zum Schalenbau der Erde entspricht die Dicke der Apfelschale der durchschnittlichen Mächtigkeit unserer Erdkruste (grüner Pfeil).

Es ist schon erstaunlich, wie gering der Anteil der Erdkruste am Aufbau unseres Planeten ist, wie dünn unsere Lebensgrundlage und wieviel Masse noch darunter ist.

Schon in unserem Apfel-Modell lässt sich erahnen, dass Erdmantel und Erdkern fast die gesamte (99%) der Erdmasse ausmachen. Davon lässt sich ableiten, dass auch 99% der Erde heißer sind als 1.000°C! Von dem übrigen einen Prozent, dessen Temperaturen entsprechend unter 1.000°C liegen, sind es wiederum auch nur ein Prozent, die unter 100°C liegen. Selbst 100°C sind als extrem lebensfeindlich anzusehen, so dass auf der Erde die Bereiche, in denen Leben möglich ist, noch weiter eingeschränkt werden. Diese Bereiche befinden sich auf der Erdkruste, der äußeren Schale unseres Planeten.

Abbildung 3:
Der Apfel als Modell
für unsere Erde.

Doch wie kommt nun diese unglaubliche Hitze in unsere Erde?

Um dem Rätsel auf die Spur zu kommen, schauen die Geowissenschaftler 4,5 Milliarden Jahre zurück in die Entstehungszeit unseres Planeten. In dieser Zeit entstand in unserem Sonnensystem ein neuer Himmelskörper. Kosmisches Gestein, Gas und Eis stießen mit großer Energie zusammen, rieben aneinander und verdichteten sich durch ihre gegenseitigen Anziehungskräfte allmählich zu einem großen planetenähnlichen Gebilde, der Vorstufe unserer Erde. Bei diesem Vorgang, der etwa 200 Millionen Jahre dauerte, entstand eine große Menge an Energie in Form von Wärme – oder zutreffender: großer Hitze –, die heute noch etwa ein Viertel der vorhandenen Erdwärme ausmacht.

Drei Viertel und damit der Großteil der Erdwärme stammen aus natürlichen radioaktiven Isotopen (ein Isotop ist eine Atomart eines chemischen Elementes), die in großen Mengen in unserem Erdinneren vorhanden sind und beim Zerfall Energie in Form von Wärme abgeben. *Diese Zerfallsprozesse, hauptsächlich im Erdmantel und der Erdkruste, die mit der Erdentstehung begannen, dauern heute noch an und werden auch in der fernen Zukunft im Erdinneren für die Entstehung von Wärmeenergie sorgen.*

Sonnenenergie dagegen erreicht nur die oberflächennahen Schichten und spielt bei der Wärmeentstehung im Erdinneren keine Rolle, wohl aber in unserer Atmosphäre, die als Isolator die Wärmeverluste reduziert und unsere Erde vor den eisigen Temperaturen des Weltalls schützt.

Versuch 2: Wärmespeicher Pellkartoffel

Eine frisch gekochte Pellkartoffel. Von außen ist nicht erkennbar, dass man sich an ihr die Finger verbrennt.

Pellkartoffeln – schnell gekocht, nahrhaft und mit oder ohne Schale immer ein Genuss. Beim Pellen allerdings hat die Pellkartoffel so ihre Tücken: Obwohl die Kartoffel kalt abgeschreckt wurde, wird sie außen nach kurzer Zeit wieder so heiß, dass man sie kaum anfassen kann. Warum?

Warum ist die Erdkruste kalt?

Wir haben erfahren, wie sich Geowissenschaftler die Entstehung der Wärme (man sollte besser sagen: der enormen Hitze) im Erdinneren vorstellen. Aber unsere Erdkruste ist mit durchschnittlich 15°C vergleichsweise kalt und an der Erdoberfläche kommen sogar Minusgrade und Frost vor. Hier liefert die Wärmelehre einen Lösungsansatz: Unterschiedlich hohe Temperaturen sind um einen Ausgleich bemüht. Dabei fließen höhere Temperaturen zu niedrigeren, bis sich ein Temperaturgleichgewicht einstellt. – Dieser Vorgang, auch Wärmefluss oder Wärmestrom bezeichnet, findet nicht nur in unserer Erde statt, sondern zum Beispiel auch in der Atmosphäre. Dort bestimmt der Wärmefluss von unterschiedlich warmen bzw. kalten Luftmassen unser Wettergeschehen. – So fließt ein steter Wärmestrom aus dem Inneren der Erde nahezu unmerklich an uns vorbei und wird über die Atmosphäre an den Weltraum abgegeben. Die abgegebene Wärmemenge ist beträchtlich: Sie entspricht mit etwa 44 Terawatt (TW, das sind 44 Billionen Watt, also eine 44 mit zwölf Nullen) fast dem dreifachen der weltweit benötigten Energieleistung.

44.000.000.000.000 Watt

Durch den Prozess der konstanten Wärmeproduktion im Erdinneren und der Wärmeabgabe, d.h. Abkühlung über die Erdkruste, entstand über Jahrmillionen ein Temperaturgleichgewicht, das die Entstehung von Leben erst ermöglichte.

Ist die Wärme in der Erdkruste überall gleich verteilt?

Wenn die in der Erdkruste aufsteigende Wärme abkühlt, dann muss im Umkehrschluss die Temperatur mit der Tiefe zunehmen.

Dass dem so ist, erkannte bereits Alexander von Humboldt bei seiner amerikanischen Forschungsreise (1799–1804). Erst 70 Jahre später konnten genaue Messungen in Bohrlöchern durchgeführt werden, die mit zunehmender Tiefe einen Anstieg der Temperaturen ergaben. Das Verhältnis von Temperatur und Tiefe wird als geothermische Tiefenstufe oder Temperaturgradient bezeichnet. In Mitteleuropa steigt die Temperatur im Schnitt alle 100 Meter um etwa 3°C an. Ist der örtliche Temperaturgradient höher, liegt eine Wärmeanomalie vor. In Bruchsal liegt der Temperaturgradient mit 6-8°C mehr als doppelt so hoch. An besonderen Standorten, z.B. in Vulkangebieten, kann der Temperaturgradient bis zu 20°C erreichen. *Die Wärmeverteilung in der Erdkruste ist somit nicht gleichmäßig. Und das kann mehrere Ursachen haben.*

Ursache 1: Wärmeströme aus dem Erdinneren

Im Erdmantel gibt es Bereiche mit einem höheren und Bereiche mit einem niedrigeren Wärmefluss. Heißes festes, aber trotzdem fließfähiges Mantelgestein steigt aus dem Unteren Mantel auf, kühlt im Übergangsbereich von Oberem Mantel und Erdkruste ab, wird dadurch schwerer und sinkt der Schwerkraft folgend wieder in den Unteren Mantel. Dort wird das abgesunkene Mantelmaterial wieder stark aufgeheizt und der Kreislauf beginnt wieder von vorne. Die Geowissenschaften haben hierfür eine Theorie aufgestellt, die als „Mantelkonvektion" bezeichnet wird. Aber nicht immer entsteht ein Kreislauf. Aus dem Grenzbereich zwischen Erdkern und –mantel aufsteigendes Material kann im Erdmantel schlauch- oder säulenförmige Körper bilden, die im Übergangsbereich Oberer Mantel–Erdkruste verharren und sich pilzförmig ausweiten. Da die Form im Laborversuch einer Rauchfahne (engl. plume) ähnelt, be-

Versuch 3: Der „Tinten-Plume"

Beim „klassischen" Modellversuch, um das Aufsteigen eines Mantelplumes zu demonstrieren, wird ein hohes Glasgefäß mit Wasser gefüllt. Danach wird mit Hilfe eines Röhrchens Tinte (im Gefäß schwarz) auf den Gefäßboden geleitet. Das Glas wird auf einer Heizplatte erwärmt. Nach kurzer Zeit lösen sich aus der Tintenschicht Wolken, die in Schlieren zur Oberfläche aufsteigen und sich dort ausbreiten. Die vom Boden aufsteigende Tintenblase ist zunächst kompakt (Abb. 3a). Beim weiteren Aufstieg löst sich die Blase in rauchfahnenähnliche Schlieren auf (Abb. 3b), die sich unter der Oberfläche sammeln (Abb. 3c). Hierbei nehmen die Tintenschlieren nicht den direkten Weg zur Oberfläche, sondern bilden ungeregelte, mehr oder weniger starke Wirbel, die in Turbulenzen nach oben steigen. Dies mag ein Hinweis darauf sein, dass man sich Wärmeströme als einen eher chaotisch ablaufenden Prozess vorstellen muss.

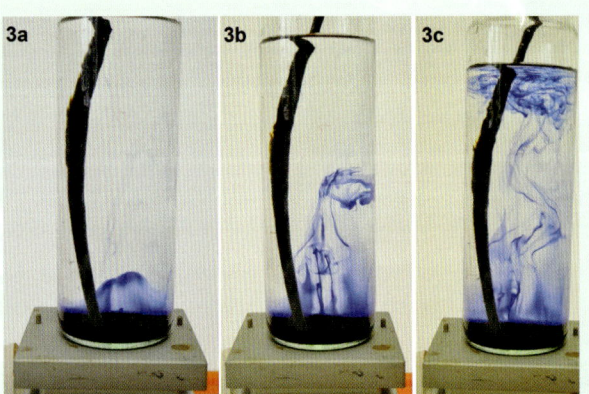

zeichnet man die Aufstiegsgebilde als Mantelplume. Dort wo ein Mantelplume die Erdkruste erreicht, entsteht eine räumlich begrenzte Zone, in der sich die Erdkruste stärker erwärmt. Kennzeichen solcher heißen Stellen (engl. hot spots) sind intensiver Vulkanismus. Bekannte Beispiele sind die Hawaii-Inseln oder Island.

Ursache 2: Der Aufbau der Erdkruste

Die Vorgänge im Erdmantel haben nicht nur einen wesentlichen Einfluss auf die Wärmeverteilung, sie sind auch der Motor für die Gestaltung der Erdkruste.

Schauen wir uns die Erdkruste einmal näher an. Diese ist, anders als die einheitliche äußere Schale in unserem vereinfachten Apfel-Modell, sehr unterschiedlich aufgebaut. Nach ihrer Gesteinszusammensetzung besteht die Erdkruste aus zwei Haupttypen: der „leichteren" Kontinentalen Kruste, die überwiegend die Kontinente aufbaut, und einer „schwereren" Ozeanischen Kruste, die an den mittelozeanischen Rücken gebildet wird und die Ozeanböden aufbaut. Die Krustenarten weisen auch unterschiedliche Mächtigkeiten auf. Die kontinentale Erdkruste hat eine durchschnittliche Mächtigkeit von ca. 40 km. In Extremfällen kann die Mächtigkeit unter 25 km oder bis zu 100 km betragen. Die ozeanische Kruste ist viel dünner. Ihre Mächtigkeit beträgt im Durchschnitt 5 km.

Es ist einleuchtend, dass die Erdwärme in der dicken kontinentalen Kruste geringer ist als in der dünneren ozeanischen Kruste.

Ursache 3: „Plattentektonik"

In der kontinentalen Kruste gibt es Bereiche, die im Untergrund deutlich höhere Wärmevorkommen aufweisen und sich als Energiequelle nutzen lassen. Ursache hierfür ist, dass die äußere Schale der Erde – im Gegensatz zur Apfelschale – nicht aus einem Stück besteht, sondern in ein Mosaik aus unterschiedlich großen Platten zerteilt ist.

Diese Platten setzen sich zusammen aus der Erdkruste und den obersten Bereichen des Oberen Erdmantels, dem Lithosphärenmantel.

Beide Einheiten bilden zusammen die „Lithosphäre". Dass die Lithosphäre nun in Platten zerteilt ist, ist eine Folge der aus dem Erdinneren aufsteigenden Erdwärme, denn die Lithosphärenplatten schwimmen auf einem Abschnitt des Oberen Erdmantels, der als „Astenosphäre" bezeichnet wird. Die Astenosphäre ist unterschiedlich mächtig, mancherorts fehlt sie sogar ganz. Sie besteht aus Gesteinsmaterial, das zwar fest ist, sich aber aufgrund des hohen Druckes wie eine Flüssigkeit verhält. Diese Eigenschaft führt dazu, dass in der Astenosphäre die aus dem Erdinneren aufsteigenden Wärmeströme in Bewegung umgewandelt werden. Als Folge können die

Versuch 4: Vorgänge an aktiven Plattengrenzen

lassen sich in einfachen Versuchen darstellen.
Ihr braucht:
– Zwei Sperrholzplatten, DIN A4, ca. 3mm dick
  (oder zwei vergleichbar dicke Pappen)
– Deckmaterial: z.B. feinen Sand, Mehl, Kakao ...
– Eine Unterlage

4.1 Divergente Plattengrenzen
Legt die beiden Platten auf die Unterlage nebeneinander, so dass
die Längsseiten sich berühren. Streut schichtweise das Deckmaterial
über die Plattengrenze und drückt dabei jede Lage vorsichtig an.
Nun zieht die beiden Platten langsam ca. 2 cm auseinander.
Was passiert?

4.2 Konvergente Plattengrenzen
Legt die beiden Platten auf die Unterlage im Abstand von 3 cm
nebeneinander. Streut schichtweise das Deckmaterial etwa 1 cm
dick über die Lücke und die Plattengrenze und glättet dabei
jede Lage vorsichtig. Nun schiebt die beiden Platten langsam
zusammen. Was passiert?

4.3 Transform-Störungen
Bereitet den dritten Versuch wie den ersten vor. Streut zusätzlich
zwei schmale Streifen aus unterschiedlichem Deckmaterial (z.B.
Mehl und Kakao) quer über die Plattengrenze. Dann schiebt die
beiden Platten in Längsrichtung langsam aneinander vorbei, aber
nicht auseinander ziehen.

aufschwimmenden starren Platten aufbrechen und gegen einander verschoben werden. Die großräumigen Vorgänge, die dem Bau, der Struktur und der Bewegung der Lithosphäre zugrunde liegen, werden als Plattentektonik bezeichnet. Bruchstellen in der Lithosphäre sind Schwachzonen der Erdkruste.

Wärmeströme können die aufgebrochenen Platten auseinanderziehen, man spricht von divergenten Plattengrenzen, und heißes Mantelmaterial weiter nach oben transportieren.

Die immer breiter werdende Bruchzone wird mit aufsteigendem Magma wieder verfüllt, so dass dort wieder neues Krustenmaterial entsteht. Diese Vorgänge laufen derzeit in der Mitte des atlantischen Ozeans ab. Der Meeresboden besteht dort aus einem von Nord nach Süd verlaufenden Gebirgszug, der durch untermeerischen Vulkanismus entstanden ist (Mittelatlantischer Rücken). Die Kräfte des sich dort aufweitenden Atlantiks führen unter anderem dazu, dass sich der südamerikanische und der afrikanische Kontinent langsam, aber stetig immer weiter voneinander entfernen (Divergenz).

Lithosphärenplatten driften nicht nur auseinander, sie treiben auch auf einander zu (Konvergenz). Es kommt zu Zusammenstößen (Kollisionen), bei denen sich die Platten unterschiedlich verhalten. Schwere ozeanische Lithosphäre taucht unter die leichtere kontinentale Lithosphäre ab (Subduktion), wodurch Tiefseegräben (z.B. der Marianen- und der Atacama-Graben) und Faltengebirge (z.B. die Alpen oder die südamerikanischen Kordilleren) entstehen.

Plattengrenzen können sich nicht nur von einander weg oder auf einander zu bewegen, sondern sie können auch aneinander vorbei gleiten.

Beispiel hierfür ist die St. Andreas-Störung in Kalifornien. Sie ist bekannt, da sie die Ursache für schwere Erdbeben sein kann, die besonders die Millionenstädte an der amerikanischen Westküste gefährden.

Damit sind wir bei einer wesentlichen Begleiterscheinung an aktiven, d.h. sich bewegenden Plattengrenzen. Die dort vorhandenen Druck- bzw. Zugkräfte werden von den Platten nicht kontinuierlich in Bewegung umgesetzt. An den Plattengrenzen baut sich eine Spannung auf, die sich in Form eines Erdbebens plötzlich entladen kann. Ein weiteres Merkmal aktiver Plattengrenzen ist der Vulkanismus. Neben dem Magma, das aus dem Oberen Erdmantel aufsteigt, kann sich in der Erdkruste auch Magma bilden. In Subduktionszonen geraten die abtauchenden Platten in Druck- und Temperaturbereiche, die zu einer Umwandlung (Metamorphose) bis hin zur vollständigen Aufschmelzung des Gesteins führen können. Aufgeschmolzenes Gestein kann als Magma an die Erdoberfläche aufsteigen und als Vulkan zutage treten. Bekanntes Beispiel ist der „Pazifische Feuerring", ein Vulkan-Gürtel, der den Pazifischen Ozean im Osten, Norden und Westen umschließt.

Bruchsal im tektonischen Spannungsfeld

Fassen wir einmal zusammen:
- Die Erde ist ein heißer Planet, in dessen Kern werden Temperaturen von über 6.000°C erreicht.
- Der Großteil der Erdwärme entsteht durch den Zerfall natürlicher radioaktiver Isotope (radiogene Wärme).
- Die Erdwärme strömt nach außen zur Erdoberfläche, dort wird eine Wärmemenge an den Weltraum abgegeben, die etwa dem Dreifachen des menschlichen Energiebedarfs entspricht.
- Wärmeströme sind wesentlich am Aufbau der Erdkruste beteiligt, sie steuern und treiben die Vorgänge der Plattentektonik an und bestimmen die Gestalt der Erdoberfläche.
- An aktiven Plattengrenzen, großräumigen Störungs- und Bruchzonen oder bei einem hochliegenden Erdmantel bzw. geringen Krustenmächtigkeiten treten erhöhte Untergrundtemperaturen (Wärme-Anomalien) und als Begleiterscheinungen Erdbeben und Vulkanismus auf.

Die unter dem letzten Punkt genannten Schwachstellen in der Erdkruste scheinen die besten Voraussetzungen zur Nutzung der geothermischen Energie zu bieten. Und in der Tat: Die derzeit leistungsstärksten Anlagen werden in aktiven Vulkangebieten (z.B. Island) betrieben.

Schauen wir nach Deutschland, so sind es drei Regionen, die zur Nutzung der Tiefengeothermie geeignet sind: das Norddeutsche Becken und das Molassebecken im Alpenvorland. Beide Geothermie-Regionen sind mit Ablagerungsgesteinen gefüllte, tiefe Einsenkungen (bis ca. 6.000 m) in eine vergleichsweise dünne Erdkruste. *Die dritte Großregion mit guten Voraussetzungen für die Nutzung der Erdwärme ist der Oberrheingraben, ein tektonisches Senkungsgebiet, das sich von Südsüdwest (Basel) nach Nordnordost (Frankfurt am Main) erstreckt.*

Der Oberrheingraben ist ein Teilabschnitt eines viel größeren Bruchsystems (Europäisches Känozoisches Grabensystem), das sich quer durch Europa vom nordwestlichen Mittelmeer nach Norden über das Rhônetal, die Bresse-Senke und den Oberrheingraben, weiter durch Deutschland und der Nordsee bis nördlich von Oslo/ Norwegen erstreckt ("Oslo-Graben").

Früher vermutete man, dass die Entstehung des Oberrheingrabens auf einen Plume oder ein "Mantelkissen" im Untergrund zurückzuführen sei. Heute geht man davon aus, dass in einer ersten Entstehungsphase vor etwa 50 Millionen Jahren, Zugspannungen in der Lithosphäre das Aufbrechen und eine Dehnung (Rifting) mit einer Ausdünnung der Erdkruste verursacht haben . Dadurch stieg im Grabenbereich die Kruste-Mantelgrenze bis in etwa 24 km Tiefe auf. Vor ca. 20 Millionen Jahren kamen in einer zweiten Phase Südwest-Nordost gerichtete Zugkräfte hinzu, so dass der Oberrheingraben in ein Spannungsfeld geriet, das die Grabenränder in Südwest-Nordost-Richtung gegeneinander verschob (Blattverschiebung).

Infolge der Ausweitung brachen das Grundgebirge (alte Kristallin- und Schiefergesteine, die den tiefen Untergrund – Sockel – des Kontinents bilden) und das Deckgebirge (auf dem Grundgebirge abgelagerte Gesteinsschichten) ein.

Die Absenktiefen erreichen örtlich mehr als 3.500 m. Verwerfungen an den Rändern des Oberrheingrabens weisen lokal Sprunghöhen von über 1.000 m auf. Somit ergibt sich zwischen der tiefsten Stelle im Grabeninneren und der höchsten Stelle am Grabenrand ein relativer Gesamtversatz von über 4.500 m.

Die Grabenränder sind nur an wenigen Stellen durch scharfe Störungen oder Bruchlinien begrenzt. Vielmehr zeigen die Grabenränder häufig ganze Scharen von grabenparallel verlaufenden Bruchlinien, an denen mehr oder weniger großräumige Verbände des Grund- und Deckgebirges als Bruchschollen in den Graben abgeglitten sind. Die Bruchflächen (Abschiebungen) verlaufen auch nicht vertikal, sondern fallen zur Grabenmitte ein, was als typisches Zeichen für ein Dehnungsgebiet gilt.

Durch den Grabeneinbruch entstand ein Ablagerungsgebiet, das mit der Absenkung von jüngeren Sedimenten gefüllt wurde. So lagern über den obersten Einheiten des Deckgebirges (Jura) mächtige Ablagerungen des Paläogens und Neogens (früher als "Tertiär" bezeichnet). Den Abschluss bilden die quartären Ablagerungen des Rheins.

Im Oberrheingraben treten die charakteristischen Begleiterscheinungen einer aktiven Riftzone auf. Wenngleich mit dem Kaiserstuhl der Vulkanismus vor ca. 13 Millionen Jahren zum Erliegen kam, treten Erdbeben bis zu einer Stärke von 3,0 häufig auf. Dies macht den Oberrheingraben zu einem ausgewiesenen Erdbebengebiet in Deutschland.

Der Oberrheingraben ist nach wie vor in Bewegung. Die Absenkungsrate liegt in einer Größenordnung von 0,5-1,0 mm im Jahr. Auch die Horizontalbewegungen (Rifting, Ost-West, und Blattverschiebung, Südwest–Nordost) sind immer noch aktiv. Dass in geologischer Zukunft das anhaltende Auseinanderdriften des Oberrheingrabens bzw. des gesamten Europäischen Grabensystems mal dazu führen kann, dass der europäische Kontinent auseinanderbricht, sollte derzeit nur theoretisch betrachtet werden.

Bruchsal liegt am Ostrand des Oberrheingrabens, von dem wir nun wissen, dass er als tektonisch aktive Zone eine Schwachstelle in der Erdkruste bildet, die für Bruchsals heißen Untergrund verantwortlich ist.

Wie wird Erdwärme genutzt?

Die Nutzung der Erdwärme wird in zwei Hauptarten unterteilt: die Oberflächennahe Geothermie und die Tiefe Geothermie.

Oberflächennahe Geothermie

Wie der Name schon sagt, befasst sich die Oberflächennahe Geothermie mit Wärmegewinnungs- und Nutzungssystemen, die oberflächennah (bis 400 m Tiefe) installiert werden und mit geringeren Untergrundtemperaturen (unter 20°C) betrieben werden können. Oberflächennahe Geothermieanlagen werden überwiegend zur Beheizung (Winterbetrieb) und Kühlung (Sommerbetrieb) von Einzelgebäuden installiert. Da das Geothermiekraftwerk in Bruchsal nicht zu den oberflächennahen Nutzungssystemen zählt, wird die oberflächennahe Geothermie aus Platzgründen hier nicht weiter behandelt.

Tiefe Geothermie

Die im tiefen Untergrund vorhandene Wärme an die Erdoberfläche zu fördern und dort in Kraftwerken als primären Energieträger zu nutzen, ist das Grundprinzip der Tiefen Geothermie.

Die Erschließung der Wärmevorkommen wird nach der Art der Lagerstätte in drei Hauptsysteme unterteilt:
- Petrothermale Systeme, Wärme ist im Gestein gespeichert
- Hydrothermale Systeme, Hochtemperatur (über 175 °C)
- Hydrothermale Systeme, Temperaturbereiche 100-175°C

Versuch 5: Die Spaghetti-Bohrung

Tiefbohrungen zur Nutzung der Tiefen Geothermie sind eine technische Herausforderung, denn sie reichen bis in große Tiefen (über 3.500 m), treffen auf hartes Gestein (Granit, Gneise) und hohe Temperaturen (über 150°C). Zudem ist es aus wirtschaftlichen Gründen üblich, die Bohrungen von einem Bohrplatz aus abzuteufen.

Damit im Untergrund ein möglichst großer Bereich erschlossen wird, werden die Bohrungen abgelenkt, d.h. ab einer bestimmten Tiefe wird die Bohrung nicht mehr senkrecht, sondern mit speziellen technischen Verfahren „um die Ecke" geführt.

Wie schwierig es ist, eine senkrechte Bohrung durchzuführen, zeigt folgender Versuch.
Ihr braucht:

- Lange Spaghetti (50 cm, ungekocht)
- Standzylinder oder Rohr, max. 50 cm lang, Durchmesser ca. 5–7 cm
- Füllmaterial für die Schichten, z.B. getrocknete Hülsenfrüchte (Erbsen, Bohnen, Linsen) und/oder Nährmittel (Reis, Zucker, Gries)
- Verschluss und Halterung für das Rohr

Stellt den Standzylinder auf eine ebene Unterlage bzw. befestigt das unten verschlossene Rohr in einer Halterung. Ggf. kann eine zweite Person das Rohr festhalten. Füllt in den Zylinder bzw. in das Rohr schichtweise abwechselnd die getrockneten Hülsenfrüchte und die Nährmittel ein. Jede Schicht soll nicht dicker als ca. 3–5 cm sein. Rüttelt jede Lage durch leichtes Anklopfen fest. Nachdem der Zylinder/das Rohr bis etwa 3 cm unter den Rand gefüllt ist, kann der Versuch beginnen. Nehmt dazu eine lange Spaghetti und versucht sie in der Mitte des Zylinders/Rohrs komplett zu versenken und wieder herauszuziehen, ohne dass die Spaghetti zerbricht.

Petrothermale Systeme (früher auch „Hot dry Rock-Verfahren" genannt) nutzen die im Gestein gespeicherte Energie zur Wärmegewinnung. Zur Erschließung der Wärme wird Wasser als Wärmeträger in den Untergrund gepumpt. Im Gestein nimmt es die Wärme auf und wird aufgeheizt wieder an die Erdoberfläche zum Kraftwerk gefördert. Dazu werden mindestens zwei („Dublette"), meistens jedoch drei („Triplette") Bohrungen in die Lagerstätte abgeteuft.

Eine bzw. zwei Bohrungen dienen der Förderung des heißen Wassers (Förderbohrungen) und eine Bohrung wird zur Rückführung des genutzten, abgekühlten Wassers ausgebaut (Injektionsbohrung). Damit dieses System als Kreislauf funktioniert, muss zwischen den Bohrungen eine hydraulische Verbindung bestehen. D.h. abgekühltes, rücklaufendes Wasser fließt durch das Gestein zu den Förderbrunnen und wird auf dem Weg dorthin wieder aufgeheizt. Im Gestein sorgen Klüfte, Spalten und Risse für die erforderlichen Wasserwegsamkeiten und Wärmetauscherflächen. Diese müssen durch die Ertüchtigung des Gesteins, d.h. durch hydraulische „Stimulation" technisch hergestellt werden. Dazu wird unter hohem Druck Wasser in den Untergrund gepumpt. Druck und Temperaturunterschiede lassen das Gestein aufbrechen („Wasserfracs") und im Idealfall entsteht ein künstlich erzeugtes, dreidimensionales Netzwerk aus untereinander verbundenen Klüften und Rissen, die für die erforderlichen Durchfluss- und Zirkulationsraten sorgen. Stimulierte petrothermale Systeme (Enhanced Geothermal Systems, EGS) erschließen Erdwärme aus großen Tiefen (ca. 4.000-6.000 m) und Temperaturen von über 165°C.

Ein Beispiel für ein Petrothermales System ist das Geothermiekraftwerk im elsässischen Soultz-sous-Forêts.

Hydrothermale Systeme

„Hydrothermal" bedeutet zunächst einmal „heißes Wasser". Im Zusammenhang mit der Geothermie steht der Begriff für natürlich vor-kommende, warme bzw. heiße Thermal-wässer im Untergrund. Thermalwasser ist Grundwasser mit Temperaturen über 20°C.

Nach der Art des Vorkommens und des Energiegehaltes werden zwei Systeme unterschieden:

Hochtemperatur Hydrothermale Systeme

erschließen Hochenergiesysteme mit Temperaturen im Bereich von 175°C bis 400°C. Das Reservoir besteht aus unter hohem Druck stehenden, überkritischem Wasser und Wasser-Dampf-Gemischen. Die Vorkommen sind an aktive Vulkangebiete gebunden. Hydrothermale Systeme kommen in Deutschland nicht vor.
Die in Deutschland fast ausschließlich betriebenen tiefengeothermischen Anlagen sind Hydrothermale Systeme in niedrigeren Temperaturbereichen von 100-175°C.

Versuch 6: Der stimulierte Wackelpudding

Zur Herstellung einer hydraulischen Verbindung zwischen den Bohrungen wird in EGS-Systemen der Untergrund stimuliert. Das Einpressen von kaltem Wasser unter hohem Druck lässt das Gestein aufbrechen. Damit sich die entstandenen Risse sich nicht wieder zusetzen, werden dem Einpresswasser Zuschlagstoffe zugegeben (sog. Proppants, meistens Quarzsand oder Keramikkügelchen), die nach der Druckabsenkung das Schließen der Risse verhindern sollen. Die Stimulation kann in einem Versuch verabschaulicht werden.

Ihr braucht:
– einen Becher Wackelpudding (Götterspeise)
– dickflüssige Dessertsoße, Vanille o.Ä.
– einen Trinkhalm
– einen Bleistift

Knibbelt zuerst die Etikettfolien an den Seitenwänden ab. Dadurch könnt ihr den Becherinhalt besser beobachten. Bohrt mit dem Bleistift in der Mitte des Deckels ein Loch, in das der Trinkhalm gerade so reinpasst. Lasst den Deckel verschlossen. Beim Abmessen nicht in den Wackelpudding stechen. Danach zieht etwas Dessertsoße in den Trinkhalm und haltet die obere Öffnung zu, damit sie nicht rausläuft. Führt den Trinkhalm mit der Soße vorsichtig durch das Loch im Deckel und steckt ihn etwa in die Mitte der Götterspeise. Dabei sollte keine Soße auslaufen! Nun pustet mit einem kurzen, aber nicht zu kräftigen Luftstoß die Soße in den Wackelpudding. Dabei entstehen Soßenfracs mit charakteristischen Ausbreitungsmustern. Welche sind besonders häufig?

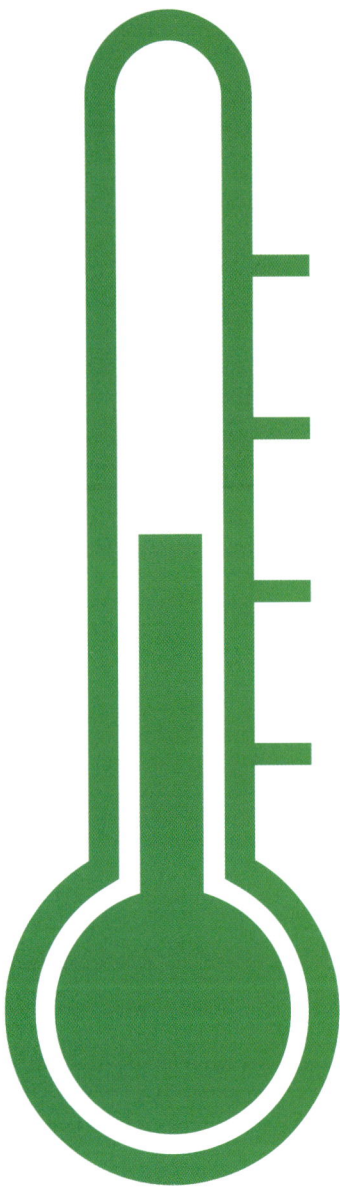

Die Thermalwasservorkommen werden durch mindestens zwei Tiefbohrungen (Dublette) erschlossen. In der Förderbohrung wird das heiße Wasser über Tage in das Kraftwerk gepumpt. Nach der Wärmeabgabe wird das abgekühlte Wasser über die Injektions- bzw. Schluckbohrung wieder in die Lagerstätte zurückgeführt. Damit eine Thermalwasserlagerstätte genutzt werden kann, muss ein ausreichendes Thermalwasserdargebot (nutzbare Thermalwassermenge) gewährleistet sein. Wichtige geologische Voraussetzungen sind hierbei die Eigenschaften der thermalwasserführenden Gesteine (Grundwasserleiter). Zur Speicherung des Thermalwassers müssen die Gesteine ein ausreichendes Porenvolumen (Porosität) aufweisen. Damit das gespeicherte Grundwasser zur Entnahmestelle fließen bzw. nachfließen kann, muss ebenfalls eine gute Durchlässigkeit (Permeabilität) vorhanden sein. Auch sollte die Beschaffenheit des Gesteins die Zusammensetzung des Thermalwassers nicht nachteilig beeinflussen. Geeignete Gesteinsarten sind hier körnige Ablagerungsgesteine, z.B. Sandsteine sowie kluft- und hohlraumreiche Kalksteine.

Das Geothermiekraftwerk Bruchsal ist eine hydrogeothermale Anlage. Aus 2.540 m Tiefe wird Thermalwasser aus den Sandsteinschichten des Unteren und Mittleren Buntsandsteins gefördert.

Das geförderte Thermalwasser hat eine Temperatur von etwa 125°C (Vorlauftemperatur). Nach der Wärmeabgabe wird das auf ca. 60°C (Rücklauftemperatur) abgekühlte Thermalwasser über die etwa 1,4 km von der Förderstelle entfernte Schluckbohrung etwa 1.950 m tief in den Untergrund zurückgeführt. Die Förderrate beträgt 24 l/s.

Erdwärme – Strom – Heizwärme

Die Energie des geförderten Thermalwassers wird in einem Geothermiekraftwerk in elektrischen Strom und Heizwärme umgewandelt. Ohne näher in die technischen Details zu gehen, lassen sich am Geothermiekraftwerk Bruchsal die wesentlichen Funktionsprinzipien beispielhaft aufzeigen.

Geothermische Kraftwerksanlagen werden über zwei Kreisläufe geführt (Binäre Systeme). Der erste Kreislauf (Primär- oder Förderkreislauf) ist der Thermalwasserkreislauf. Dieser überträgt in einem Wärmetauscher (Verdampfer) seine Energie an die Trägerflüssigkeit (Arbeitsmittel) des zweiten Kreislaufs, den Produktionskreislauf. In Bruchsal ist eine „Kalina-Anlage" in Betrieb, die als Arbeitsmittel ein Wasser-Ammoniak-Gemisch verwendet. Das vorgewärmte und unter Druck stehende Arbeitsmittel nimmt die Wärme auf und geht in die Dampfphase über. Nach vorgeschalteten Reinigungsschritten wird der noch unter Druck stehende Dampf einer Turbine zugeleitet. Dort tritt ein Druckabfall ein und die Volumenzunahme treibt die Turbine und den angeschlossenen Generator an. Nach dem Verlassen der Turbine wird die Restwärme des Dampfes zur Vorerwärmung der Trägerflüssigkeit genutzt. Im nachgeschalteten Kondensator geht der Dampf vollständig in die Flüssigphase über, die dem Vorwärmer und Verdampfer wieder zugeleitet werden kann. Die Abkühlung und Kondensation des Arbeitsmittels im Kondensator erfolgt im Tauscherprinzip durch den Kühlwasserkreislauf, der an den Kühlturm (vgl. Abbildung 1) angeschlossen ist.
Die Restenergie des abgekühlten Thermalwassers reicht aus, um die Wärme vor der Rückführung in den Untergrund auszukoppeln und in ein Nahwärmenetz einzuspeisen.

So versorgt im Rahmen des effizienten, umweltfreundlichen und klimaschonenden Wärmekonzeptes das Geothermiekraftwerk Bruchsal seit 2019 die Heizzentrale des benachbarten „Polizeipräsidiums Einsatz Bruchsal" mit Wärme aus der Tiefen Geothermie.

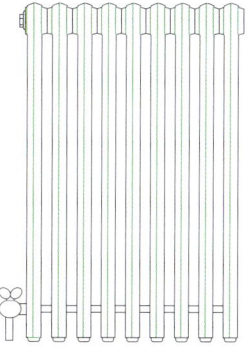

Geothermie – ein weites Feld

Am Beispiel des Geothermiestandortes Bruchsal sind wir der Erdwärme auf den Grund gegangen. Wir haben erfahren, woher die Wärme kommt, wie und wo sie sich in und auf unserer Erde verteilt und wie wir die Erdwärme nutzen können. Natürlich gibt es zur Geothermie noch viele weitere Themenbereiche, die es wert sind erörtert zu werden. Dazu gehören Nutzen und Risiken, Forschung und Entwicklung, Bohr-, Förder- und Anlagentechnik, um nur beispielhaft nur einige Felder der Geothermie zu nennen. Hier darauf einzugehen, würde den Rahmen sprengen.

Wer sich jedoch weiter für das Thema Geothermie interessiert, dem empfehle ich die im Quellenverzeichnis angegeben Schriften, Dokumente (meist als Download erhältlich) und Internet-Seiten.

Auf der Suche nach Informationen wird man dort in jedem Fall fündig!

Am Anfang des Aufsatzes habe ich meinen Dank an die inhaltlich beteiligten Institutionen ausgesprochen. Schließen möchte ich mit einem herzlichen Dank an die Stadt Bruchsal, insbesondere an das Amt für Jugend und Soziales, dessen Mitarbeiterinnen und Mitarbeiter mit großem Engagement und Organisationsgeschick die Bruchsaler Kinder-Sommerakademie planen und durchführen. Dank gilt auch den Hauptakteuren der BruKiSA, die Bruchsaler Kinder und Jugendlichen, die trotz Ferien, bei Hitze und bestem Badewetter die Vorlesungen und Workshops mit großer Begeisterung besuchen. All dies zusammen ist der Grundstein für das Erfolgskonzept BruKiSA und als Dozent war und ist es mir eine Freude, Kurse an der BruKiSA anzubieten.

Glück auf!

Quellenverzeichnis

Abbildungen

Abbildungen 1–3 im Fließtext: Quelle: EnBW/ ARTIS-Uli Deck, mit frdl. Genehmigung
Alle weiteren Abbildungen vom Autor

Schiften und Dokumente

Bauer, M.; Freeden W.; Jacobi, H. & Neu T. (Hrsg.) 2018: Handbuch Oberflächennahe Geothermie. - 817 S., Berlin Heidelberg (Springer Spektrum).
Bauer, M.; Freeden W.; Jacobi, H. & Neu T. (Hrsg.) 2014: Handbuch Tiefe Geothermie. Prospektion, Exploration, Realisierung, Nutzung. - 854 S., Berlin Heidelberg (Springer Spektrum).

Bundesministerium für Umwelt, Naturschutz und Reaktorsicherheit (Hrsg.) 2007: Tiefe Geothermie in Deutschland. - 43 S., Berlin.

Bundesministerium für Umwelt, Naturschutz und Reaktorsicherheit (Hrsg.) 2009: Nutzungsmöglichkeiten der tiefen Geothermie in Deutschland. - 73 S., Berlin.

Bundesministerium für Umwelt, Naturschutz und Reaktorsicherheit (Hrsg.) 2011: Geothermische Stromerzeugung. - 51 S., Berlin.

Bußmann, W. u.a. 2012: Geothermie – Energie aus dem Inneren der Erde. - BINE Fachbuch, hg. v. FIZ Karlsruhe, 170 S., Stuttgart (Fraunhofer IRB Verlag).

Eggeling, L., Held, S., Kölbel, T. & Münch, W. 2010: Das Geothermiekraftwerk Bruchsal – Bau, Inbetriebnahme und erste Ergebnisse. - Geothermische Energie 3/2010, Mitteilungsblatt des GtV-Bundesverband Geothermie e.V. (GtV-BV), Heft 68, S. 11-15, Berlin (GtV).

ewb Energie- und Wasserversorgung Bruchsal GmbH, EnBW Energie Baden-Württemberg AG: Energie, die aus der Tiefe kommt. Das Geothermiekraftwerk in Bruchsal.- Infoflyer, Bruchsal.

Geothermische Vereinigung, Bundesverband Geothermie e.V. (Hrsg.) 2008: Geothermie – Energie aus dem heißen Planeten. - Entdeckungsreise durch eine unerschöpfliche Energiequelle. Materialien für Schüler und Lehrer. 52 S., Berlin.

Held, S., Stricker, K., Fuchs, S., Gaucher, E., Bremer, J., Schill, E. & Kohl, T. 2020: Tiefengeothermie. Ein wichtiger Beitrag zur Energiewende. - GMIT – Geowissenschaftliche Mitteilungen, 82 (Dezember 2020), S. 8-19, Bonn.

Landesbetrieb Vermögen und Bau Baden-Württemberg (Hrsg.) 2019: Heizzentrale mit BHKW und Tiefen-Geothermie Polizeipräsidium Einsatz Bruchsal.- Faltblatt, Initiative Klimaschutz/ENBW, Vermögen und Bau Baden Württemberg, Karlsruhe.

LIAG, Leibniz-Institut für Angewandte Geophysik (Hrsg.) 2016: Tiefe Geothermie – Grundlagen und Nutzungsmöglichkeiten in Deutschland. - 87 S., Hannover.

Landesforschungszentrum Geothermie (Hrsg.) 2017: Tiefe Geothermie – Ein Handlungsleitfaden. - 88 S., Karlsruhe

Stober, I. & Bucher, K. 2020: Geothermie. - 3. Aufl., 386 S., Berlin Heidelberg (Springer Spektrum).

Verein Deutscher Ingenieure (VDI) 2001-2019: Richtlinienreihe 4640 „Thermische Nutzung des Untergrundes".- Blatt 1-4, Berlin (Beuth-Verlag).

Wirtschaftsministerium Baden-Württemberg 2008: Wärme ist unter uns. Geothermie in Baden-Württemberg. - 131 S., Stuttgart.

Internet-Seiten zur Geothermie (Auswahl)

https://www.agw.kit.edu/908_998.php
https://www.enbw.com/unternehmen/konzern/forschung/erneuerbare-energien/geothermie/
https://www.enbw.com/unternehmen/presse/forschungsprojekt-lithiumproduktion-in-geothermie-anlage-bruchsal.htm
https://www.geothermie.de
https://www.geothermie.de/bibliothek/lexikon-der-geothermie/b/bruchsal-geothermieanlage.html
https://www.geotis.de/homepage/GeotIS-Startpage
https://www.oberrheingraben.de/index.htm
https://www.tiefegeothermie.de/projekte/bruchsal
https://um.baden-wuerttemberg.de/de/energie/erneuerbare-energien/geothermie/

Erklärvideos (Auswahl)

Landesforschungszentrum Geothermie Karlsruhe: https://lfzg.de/medien/videos/

Reich, M.: Spaß mit Tiefbohrtechnik.- Youtube-Kanal https://www.youtube.com/channel/
   UCKeYr1oHWGzeAnmA6s7Bnwg

Anhang: Erklärung der Versuche

Versuch 1: Gas im Wasser

Die Erklärung: Mineralwasser enthält Kohlensäure als gelöstes Gas. Durch das Öffnen des Verschlusses entweicht das über dem Sprudelwasser angesammelte Gas und der in der Flasche vorhandene Druck wird abgebaut. Dadurch entspannt sich das Sprudelwasser und die überschüssige Kohlensäure tritt als Gasblasen aus.

Den Druckabbau könnt Ihr auch spüren, denn die Plastikflaschen sind nach dem Öffnen nicht mehr prall, sondern können leicht zusammengedrückt werden.

Versuch 2: Wärmespeicher Pellkartoffel

Die Ursachen liegen hier in der Fähigkeit Wärme aufzunehmen, zu speichern und wieder abzugeben. Beim Kochvorgang wird die Kartoffel erhitzt und nimmt die Wärme auf. Durch das Abschrecken mit kaltem Wasser senken wir die Oberflächentemperatur der Kartoffel soweit ab, dass wir sie in der Hand halten können. Aber nur kurze Zeit, denn bald wird die Oberfläche der Kartoffel wieder so heiß, dass wir sie nicht mehr anfassen können. Die in der Kartoffel gespeicherte Wärme strömt von innen nach außen zur Schale hin und wird an die Umgebung abgegeben. Im Gegensatz zur Erde ist der Wärmestrom in der Kartoffel endlich, denn irgendwann ist sie erkaltet.

Versuch 4: Vorgänge an aktiven Plattengrenzen

4.1 Divergente Plattengrenzen

Durch das Auseinanderziehen (*Rifting*) der Platten bildete sich eine Aufweitung. In diese Aufweitung ist das Deckmaterial eingebrochen. Ein schmaler Graben entstand. Der hier modellierte Vorgang zeigt das Anfangsstadium eines auseinander brechenden Kontinentes.

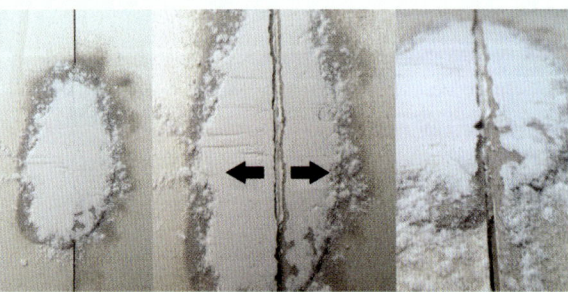

4.2 Konvergente Plattengrenzen

Durch das Zusammenschieben bewegen sich die Platten aufeinander zu (Konvergenz). Der Zwischenraum zwischen den Platten wird eingeengt und das dort vorhandene Deckmaterial türmt sich auf.

Der hier modellierte Vorgang zeigt eine Kontinent-Kontinent-Kollision im fortgeschrittenen Stadium.

Ihr könnt den Versuch verändern, in dem Ihr eine Platte vorsichtig unter die andere schiebt. Was ist nun zu beobachten?

4.3 Transform-Störungen

Durch das Vorbeigleiten reißt das Deckmaterial entlang der Plattengrenze auf. Die aufgestreuten schmalen Querstreifen werden dabei in der Bewegungsrichtung gegen-einander verschoben. Dabei verhält sich das Material unterschiedlich: Das Mehl zeigt ein

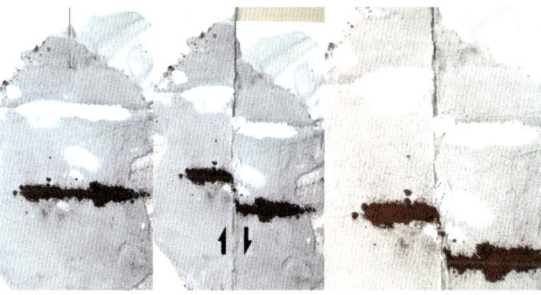

sprödes Verhalten, es bricht an der Trennlinie mit scharfer Grenze. Anders beim Kakao: Durch seinen Fettgehalt verhält Kakao sich kohäsiv, d.h. seine Teilchen ziehen sich gegenseitig an (Klumpenbildung!) und der Kakao wird mit der Bewegung auseinandergezogen (verschleppt). Die dünne Verschleppungslinie zeichnet die Scherbewegung und den Bereich der Trennlinie zwischen den beiden Platten nach.

Versuch 5: Spaghetti-Bohrung

Ihr merkt, man braucht schon eine gewisse Technik und Fingerspitzengefühl, damit die Spaghetti den Versuch heil übersteht. Obwohl die Nudel hart ist, verhält sie sich unter Druck nicht starr, sondern elastisch. Man kann sie leicht biegen. Beim Bohren nimmt zunehmender Tiefe nimmt der Bohrwiderstand zu. Der ausgeübte Druck treibt die Nudel nicht mehr voran. In der Bohrung kann die

Spaghetti nicht mehr elastisch reagieren. Wird der Druck zu groß, bricht sie.

Versucht man analog zur echten Bohrung im Rotationsverfahren, die Spaghetti durch Drehbewegungen abzuteufen, bauen sich mit zunehmendem Bohrwiderstand Scherspannungen auf, die bei Überbelastung ebenfalls zum Bruch der Nudel führen.

Versuch 6: Der stimulierte Wackelpudding

Zwei Ausbreitungsmuster treten häufig auf:

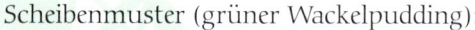

Scheibenmuster (grüner Wackelpudding):
Durch ein mehr oder weniger horizontales Aufreißen der Götterspeise hat sich die Soße scheibenförmig ausgebreitet. Die Fracs sind geringmächtig, schleierartig und dünnen zu den Rändern hin aus.

Birnenmuster (oranger Wackelpudding): Durch zu tiefes Einführen oder durch Auf- und Abbewegungen des Trinkhalms entstehen im Wackelpudding an der Austrittstelle und um die Bohrung Risse, in die die injizierte Vanillesoße bevorzugt (geringerer Widerstand) eindringt. Es entsteht eine aufsteigende Kaskade von einzelnen Scheiben, die zur Oberfläche hin kleiner werden.

AUTORINNEN, AUTOREN

Bernhard Potthoff, Dipl.-Geologe

Freiberuflich tätiger Geologe, Lehrbeauftragter an öffentlichen Bildungseinrichtungen. Projektleiter an der Schülerakademie Karlsruhe e.V., Fachbereich Umwelt- und Geowissenschaften.

Magie der Zahlen –
nicht nur beim Volk der Maya

Ernestina Dittrich

Wer waren die Maya?

Die Maya waren ein Volk in Mittelamerika. Sie lebten in der Zeit von etwa 1000 v. Chr. bis 1500 n. Chr. und bewohnten ein Gebiet, das ungefähr so groß war wie Deutschland. Noch heute leben ihre Nachfahren in Süd-Mexiko (Yucatán), sowie in Teilen von Guatemala, Honduras, El Salvador und Belize. Die Maya hatten eine hoch entwickelte Kultur. Sie errichteten große Städte und bauten hohe Pyramiden und Tempelanlagen. Einige dieser Bauwerke sind noch erhalten und werden gerne von Touristen besucht.

Aber auch ihre Kenntnisse in den Naturwissenschaften waren beeindruckend. Das Maya-Volk beschäftigte sich auch mit Astrologie. Sie beobachteten die Sonne und die Bewegung der Planeten und Sterne. Sie führten Tabellen über Sonnenfinsternisse, die sie sogar voraussagen konnten.

Sie hatten einen Kalender und ein eigenes Zahlensystem. Sogar die Zahl Null hatten die Maya etwa 1000 Jahre früher als wir eingeführt. Um die Zahlen zu schreiben, brauchten sie nur drei Zeichen, wir benötigen heute aber 10 Ziffern. Damit wir die Magie der Zahlen verstehen können, schauen wir uns zuerst unser heutiges Zahlensystem genauer an.

Dezimalsystem

Wir schreiben die Zahlen im **Zehnersystem** oder **Dezimalsystem** (lat. decimus = der Zehnte).

Wir haben 10 **Ziffern** zur Verfügung: **0, 1, 2, 3, 4, 5, 6, 7, 8, 9**. Vermutlich hat man sich dabei an den zehn Fingern unserer Hände orientiert. Damit können wir die ersten zehn Zahlen schreiben, die auch **Einer** genannt werden.

Um eine Zahl größere als 9 schreiben zu können, hat man eine neue Regel aufgestellt: Wir dürfen beliebig viele Ziffern hintereinander schreiben und alle Ziffern dürfen benutzt werden. Aber beachte, es kommt auf die Stelle an, an der die jeweilige Ziffer steht. Deshalb wird unser Zahlensystem auch **Stellenwertsystem** genannt.

Hat man eine Zahl mit nur zwei Stellen, so steht die erste Ziffer, von links nach rechts gelesen, für die Anzahl der Zehner, die zweite für die Einer.

Die Zahl 10 bedeutet: ein Zehner und 0 Einer, 11 bedeute eine Zehn und ein Einer, 12 bedeutet ein **Zehner** und zwei Einer. Die größte Zahl, die wir mit zwei Ziffern schreiben können ist 99.

Für die nächstgrößere Zahl benutzt man drei Ziffern und die erste Ziffer steht für die Anzahl der **Hunderter**. Damit kann man bereits die Zahlen bis 999 schreiben.

Wir ahnen schon, wie es weitergeht: Für vierstellige Zahlen braucht man die **Tausender**.

Bei jeder neuen Stelle wird die **Stufenzahl** (auch Basis genannt) mit 10 multipliziert. Man kann die Stufenzahlen auch als Zehnerpotenzen schreiben:

1	10	100	1000	10000	...
1	$1 \cdot 10$	$10 \cdot 10$	$100 \cdot 10$	$1000 \cdot 10$	...
10^0	10^1	10^2	10^3	10^4	...

Zur Verdeutlichung fassen wir unser Wissen über das Dezimalsystem zusammen:
– Es gibt zehn Ziffern: 0, 1, 2, 3, 4, 5, 6, 7, 8, 9.
– Das Dezimalsystem ist ein Stellenwertsystem.
  Es kommt auf die Stelle an, an der die Ziffer bei der Zahl steht.
– Die Stufenzahlen sind 1, 10, 100, 1000, 10000, …
  (Einer, Zehner, Hunderter, Tausender,…).

Und hier noch zwei Beispiele im Dezimalsystem:

$$59306 = 5 \cdot 10000 \quad + \quad 9 \cdot 1000 \quad + \quad 3 \cdot 100 \quad + \quad 0 \cdot 10 \quad + \quad 6 \cdot 1$$
$$= 5 \cdot 10^4 \quad + \quad 9 \cdot 10^3 \quad + \quad 3 \cdot 10^2 \quad + \quad 0 \cdot 10^1 + \quad 6 \cdot 10^0$$

Um die Bedeutung der Stelle beim Dezimalsystem zu verdeutlichen, nehmen wir eine Zahl mit gleichen Ziffern.

Die Ziffern 2222 bedeuten als Zahl gelesen:

$$2222 = \quad 2 \cdot 1000 \quad + \quad 2 \cdot 100 \quad + \quad 2 \cdot 10 + \quad 2 \cdot 1$$
$$= \quad 2 \cdot 10^3 \quad + \quad 2 \cdot 10^2 \quad + \quad 2 \cdot 10^1 + \quad 2 \cdot 10^0$$

Wir können also mit 10 Ziffern alle Zahlen im Dezimalsystem schreiben.

*Nun wollen wir uns anschauen,
wie das Volk der Maya die Zahlen geschrieben hat.*

Zahlen der Maya

Die Maya kannten nur *drei Zeichen* für die *Ziffern*.
Und das soll ausreichen?
Um dieses Rätsel zu lösen, wollen wir uns die Schreibweise und die Rechenregeln des Rechensystems der Maya näher anschauen.
Die drei Zeichen waren:

Eine *Muschel* steht für die Null, **0**

ein *Punkt* hat den Wert **1** und

ein *Strich* hat den Wert **5**.

Die Regeln sagten:

– Höchstens vier Punkte und höchstens drei Striche in einer Stufe.
– Die Zahlen werden nicht wie bei uns von links nach rechts geschrieben, sondern in Stufen von unten nach oben.

Schauen wir mal, wie weit wir mit diesen beiden Regeln kommen, und versuchen wir, die Maya-Zahlen in einer Tabelle aufzuschreiben.

Nun müssen wir den Strich einführen, da man nicht mehr als vier Punkte verwenden darf.

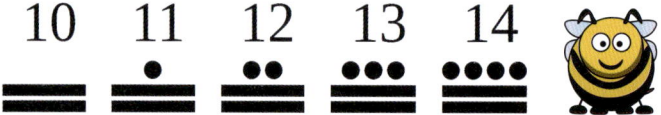

Für die Zahl 10 und größer brauchen wir schon zwei Striche.

Für die nächsten 5 Zahlen müssen wir drei Striche verwenden.

15 16 17 18 19

Die Zahlen 0 bis 19 wären geschafft.

Aber wie schreibt man die Zahlen 20 und größer?

Wir erinnern uns kurz, wie es bei unserem Dezimalsystem war:
mit den 10 Ziffern konnte man die Zahlen 0 bis 9 schreiben und musste dann für die 10 eine neue Stelle des Stellenwertsystems einführen. 10 bedeutet 1 Zehner und 0 Einer.

Fast genauso machten es die Maya. Für die Zahl 20 führten sie das Stellenwertsystem ein mit der Stufenzahl (Basis) 20. Das Stellenwertsystem mit der Stufenzahl 20 wird *Zwanzigersystem* oder auch *Vigesimalsystem* genannt. Vielleicht haben sie dabei nicht nur die Anzahl der Finger sondern auch der Zehen berücksichtigt. Sie schrieben aber die Stellen bzw. Stufen allerdings übereinander und nicht nebeneinander.

Damit ergeben sich folgende Stufenzahlen:

...	...	...
5. Stufe	160000	20^4
4. Stufe	8000	20^3
3. Stufe	400	20^2
2. Stufe	20	20^1
1. Stufe	1	20^0

Versuchen wir nun, einige Zahlen größer 20 zu schreiben, für die man nur zwei Stufen braucht. Die Stufen werden übereinandergeschrieben und nicht wie im Dezimalsystem nebeneinander. *Steht also ein Punkt in der zweiten Stufe, dann hat er den Wert 20. Stehen zwei Punkte in der zweiten Stufe, dann geben sie den Wert 2 x 20 = 40 an.*

Wie ist es mit Strichen? Ihr vermutet es schon. *Ein Strich in der zweiten Stufe hat den Wert 5 x 20 = 100.* Schreiben wir nun einige Zahlen auf mit zwei Stufen.

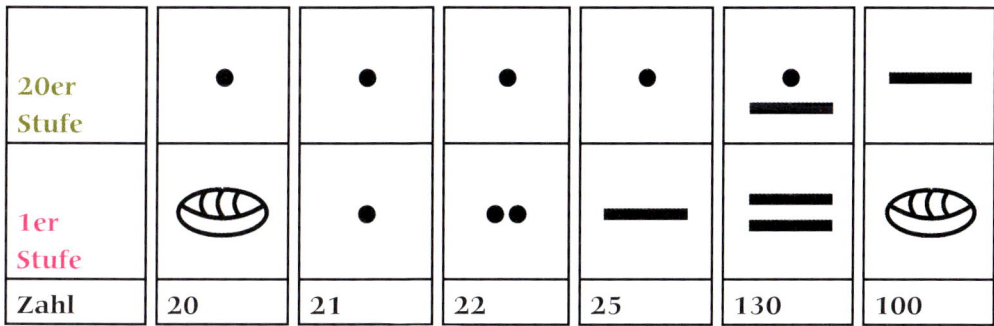

Was ist eigentlich die größte Zahl, die man mit zwei Stufen schreiben kann? Ihr wisst es bereits: in der 1. Stufe dürfen höchstens vier Punkte und drei

Striche vorkommen. Also die Zahl 19. Und in der zweiten genauso, aber da zählt jeder Punkt 20 und jeder Strich 100, also insgesamt 380.

Damit ist die größte Zahl mit zwei Stufen 19 + 380 = 399.

Für eine größere Zahl muss die dritte Stufe eingeführt werden. Ihr wisst bestimmt schon, für welchen Zahlenbereich die dritte Stufe ausreicht. Steht ein Punkt in der dritten Stufe, so bedeutet ein Punkt 400 und ein Strich zählt das Fünffache der Stufenzahl, also 2000.

Machen wir noch einige Beispiel mit drei Stufen:

3. Stufe $400 = 20^2$	•	▬	▬▬
2. Stufe $20 = 20^1$	🍞	🍞	▬▬
1. Stufe $1 = 20^0$	🍞	••• ▬▬	•• ▬
Zahl	400	2013	4207

Was ist die größte Zahl, die wir mit drei Stufen schreiben können?
In jeder Stufe stehen drei Striche und vier Punkte. Das Ausrechnen macht etwas Arbeit, da wir in jeder Stufe mit einer anderen Stufenzahl multiplizieren müssen.

Also das ist keine Hexerei, sondern Fleißarbeit. Wir wissen bereits, die größte Zahl mit zwei Stufen ist 399. Nun kommt noch die dritte Stufe dazu. Hier zählt jeder Punkt 400 und jeder Strich 5 x 400 = 2000. Also kommt in der dritten Stufe noch 4 x 400 + 3 x 2000 = 7600 zu 399 dazu. Wir haben es geschafft:

Die größte Zahl, die man mit drei Stufen schreiben kann ist 7999.

Aber hätten wir nicht
mit etwas Nachdenken schneller diese Lösung finden können❓
Aber natürlich!
Wir wissen, die kleinste Zahl mit vier Stufen hat einen Punkt in der vierten Stufe und in den anderen Stufen nur Nullen. Es ist also die Zahl 8000. Für eine um Eins kleineren Zahl, also 7999, reichen drei Stufen.

Testen wir unser Wissen über die Maya-Zahlen noch an einer sehr großen Zahl mit fünf Stufen.

5. Stufe	160000	•
4. Stufe	8000	(Muschel)
3. Stufe	400	• / ▬ ▬ ▬
2. Stufe	20	• • •
1. Stufe	1	• • / ▬
Zahl		166467

Rechnen wir die Zahl noch einmal aus:

1 x 160000 + 0 x 8000 + 16 x 400 + 3 x 20 + 7 x 1 =

160000 + 0 + 6400 + 60 + 7 = 166467

Nun können wir die Zahlen der Maya schreiben und lesen. Dieses war keine Zauberkunst, sondern die Magie der Mathematik. Deine Freunde kannst Du jetzt verblüffen. Stelle ihnen einige Zahlen der Maya vor und bitte sie, das Rätsel zu lösen. Sie werden ganz schön überrascht sein, dass man alle Zahlen mit nur drei Ziffern schreiben kann.

Rechnen mit Maya-Zahlen

Konnten die Maya mit ihrem Zahlensystem rechnen?
Natürlich!
Die Addition geht ähnlich wie in unserem Zahlensystem.
Wir zählen die Ziffern jeder Stufe zusammen.
Wie man Zahlen addiert, schauen wir uns an Beispielen an.

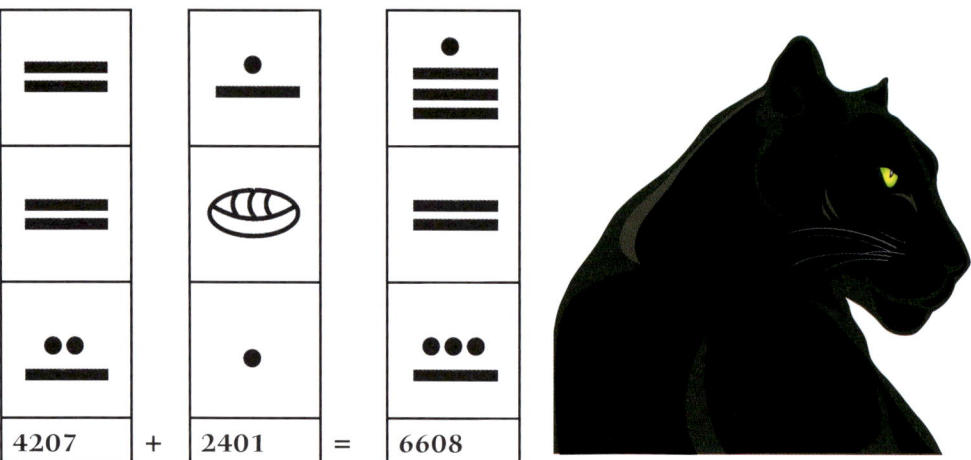

| 4207 | + | 2401 | = | 6608 |

Das klappt ja schon gut. Aber wir müssen weiterhin die Regeln beachten, höchstens vier Punkte und höchstens drei Striche in einer Stufe. Was machen wir, wenn beim Zusammenzählen der Zeichen diese Regel verletzt wäre? Kein Problem!

Kommen beim Zusammenzählen von Punkten in einer Stufe mehr als fünf zusammen, dann werden in der Stufe fünf Punkte zu einem Strich zusammengefasst.

Auch hier ein Beispiel:

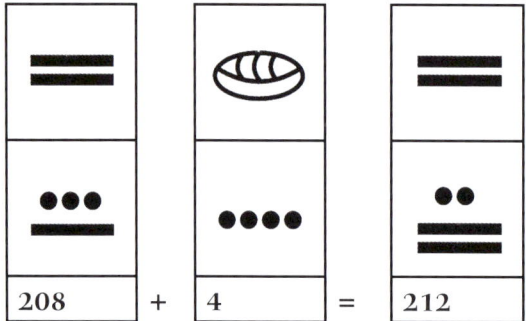

| 208 | + | 4 | = | 212 |

Bleibt nur noch die Frage zu klären, was machen wir, wenn mehr als drei Stiche in einer Stufe bei der Addition vorkommen? Auch dieses Rätsel konnten die Maya lösen. Wie in unserem Dezimalsystem müssen wir mit Übertrag in die nächste Stufe rechnen und fassen vier Striche zu einem Punkt in der nächsthöheren Stufe zusammen.

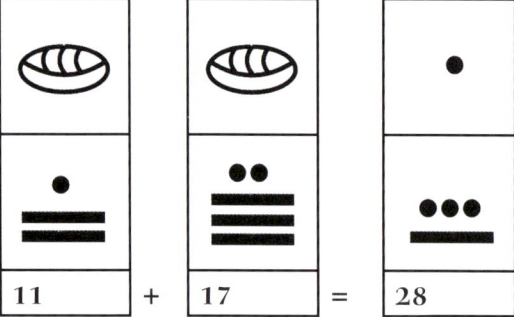

| 11 | + | 17 | = | 28 |

Jetzt überlegt Ihr bestimmt, ob die Maya auch Zahlen subtrahieren konnten. Das war auch keine Zauberei. Ich überlasse euch die Lösung dieses Rätsels. Ihr könnt es an einigen Beispielen ausprobieren und werdet bestimmt erfolgreich sein.

Die Bilder-Zahlzeichen der Maya

Die Maya verwendeten nicht nur die Schreibweise mit Muschel, Punkt und Strich für Zahlen. Für offizielle Anlässe und für monumentale Bauwerke hatten sie noch eine zweite Darstellung mit Bildern, die sehr beindruckend war. Diese Bilderzeichen stellten menschliche Köpfe dar und werden *Glyphen* genannt.

Wir vermuten schon, dass es 19 verschiedene Symbole geben muss. Genau richtig!

Auch die Glyphen haben eine bestimmte Bedeutung.

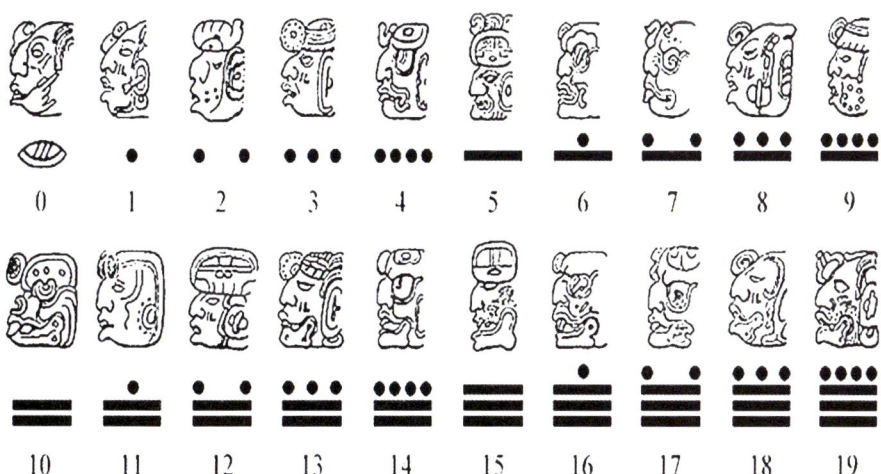

Das Zeichen für die Zahl 0 ist ein Kopf mit einer menschlichen Hand als Unterkiefer.

Jede Zahl von 1 bis 13 wird durch das Bild eines bestimmten Maya-Gottes wiedergegeben.

1 Mondgöttin	8 Maisgott
2 Opfergott	9 Jaguargott
3 Windgott	10 Todesgott
4 Sonnengott	11 Junger Erdgott
5 Alter Erdgott	12 Venusgott
6 Sturmgott	13 Wasserlilienmonster
7 Jaguargott der Unterwelt	

Die Zahlen von 14 bis 19 werden jeweils durch Kombination von Glyphenmerkmal(en) eines Zahlengottes von 4 bis 9 mit dem Kennzeichen für den Zahlengott 10, dem fleischlosen Unterkiefer, gebildet.

Ausblick

Wir haben die Magie der Maya-Zahlen gelöst und können nun ihre Zahlen lesen, schreiben und mit ihnen rechnen. Es ist also keine Hexerei, dass man Zahlen nur mit drei Zeichen schreiben kann.

Frage ist: kann man Zahlen auch mit nur zwei Zeichen darstellen?
Ja, das geht auch. Das *Zweier- oder Dualsystem* verwendet nur die Zeichen 0 und 1 als Ziffern. Die Stufenzahl ist 2. Das Dualsystem wird auch *Binärsystem* genannt. Es ist ein sehr wichtiges System, da es beim Rechnen mit Computern verwendet wird. Der Grund ist, dass ein Computer zwei Zustände AN und AUS unterscheiden kann: Entweder es fließt Strom oder nicht. Wie Ihr seht, gibt es noch viele interessante Rätsel in der Mathematik, die man meistens aber mit etwas Nachdenken und festen Regeln lösen kann.

AUTORINNEN, AUTOREN

Ernestina Dittrich, Studiendirektorin

Sie arbeitete am Karlsruher Institut für Technologie (KIT), Fakultät für Mathematik, Abteilung für Didaktik. Außerdem war sie Fachberaterin für Mathematik am Regierungspräsidium Karlsruhe, Lehrbeauftragte am Studienseminar und Buchautorin.

Schatzsuche in der Stadt – mathematisches Geocaching

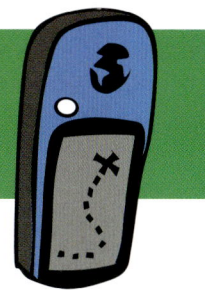

Melanie Platz & Stefan Ritter

*Eine moderne Schnitzeljagd oder auch „Geocaching"
bietet die Möglichkeit außerschulisches Lernen,
Stadtgeschichte und Mathematiklernen zu verbinden.
Im vorliegenden Beitrag werden drei durchgeführte
Geocachings und deren Entwicklungsprozess vorgestellt.
Ein besonderer Fokus liegt dabei auf der technischen
Umsetzung, der Aufgabengestaltung sowie der Integration
in die Lehramtsausbildung.*

1. Einleitung

Das Lernen mit und über digitale Medien und Werkzeuge sollte bereits in den Schulen der Primarstufe beginnen (KMK 2016). Dabei gehen die Entwicklung und das Erwerben der notwendigen Kompetenzen für ein Leben in einer digitalen Welt „über notwendige informatische Grundkenntnisse weit hinaus und betreffen alle Unterrichtsfächer. Sie können daher keinem isolierten Lernbereich zugeordnet werden." (KMK, 2016, S. 12). Der Umgang mit der Digitalisierung im Schulbereich sollte dem „Primat der Pädagogik" (BMBF, 2016, S. 3) bzw. dem „Primat des Pädagogischen" (KMK, 2016, S. 51) und dem „Primat des Fachdidaktischen" (GDM, 2017, S. 41) folgen und muss in pädagogische und fachdidaktische Konzepte eingegliedert sein, in denen das Lernen im Vordergrund steht (KMK, 2016; Platz, 2019).

*Ein inhaltlich sinnvoller und didaktisch reflektierter Einsatz
von digitalen Medien im Mathematikunterricht kann unter
anderem im Rahmen eines Geocachings erfolgen.*

Benz (2018) beschreibt ein *Geocaching* als „eine digitale Art der Schnitzeljagd ohne aufgemalte Pfeile" (S. 34). *Es handelt sich um eine Art Schatzsuche, die mit Hilfe von GPS-fähigen Geräten durchgeführt wird* (Lammersen, 2015). Dabei wird der „Schatz" mit „Cache" bezeichnet und kann mit Hilfe von

Koordinaten gefunden werden (Benz, 2018, S. 34). Es gibt verschiedene Arten von Caches, wobei ein Multi-Cache ein besonderes Potential für den Unterrichtseinsatz mit sich bringt:

Beim Multi-Cache werden nacheinander mehrere Stationen angesteuert, an denen man jeweils die Koordinaten für die nächste Station erhält, bis man abschließend beim letzten Cache, dem sogenannten Final Cache, angelangt ist (Benz, 2018; Lammersen, 2015).

Um die Koordinaten für die nächste Station zu erhalten, müssen beispielsweise mathematische Rätsel mit einem Bezug zur jeweiligen Station gelöst werden („Rätselcache", Lammersen, 2015). So kann ggf. ein Thema aus dem fächerübergreifenden Unterricht aufgegriffen werden und die Schülerinnen und Schüler werden an verschiedene, zum Thema passende Stationen geführt (ebd.).

Durch die Umsetzung eines Geocachings im Mathematikunterricht können durch geschickt gewählte „gute" (u.a. Büchter & Leuders, 2005) und substanzielle Aufgaben (u.a. Krauthausen & Scherer, 2019) im Rahmen der Rätsel in einem Multicache die drei Winter'schen Grunderfahrungen (1995)[1] ermöglicht werden, wodurch ein Beitrag zur Allgemeinbildung geleistet werden kann. Insbesondere kann das Betrachten der Lebenswelt mit der „mathematischen Brille" (Feigl, 2018, S. 19) geschult werden.

„Tatsächlich ist Mathematik [...] in unserer Umwelt überall zu finden, an Gebäuden, im Supermarkt, im Straßenverkehr, in der Natur [...]. Dabei ist das ‚Mathematische' als Merkmal [...] zu sehen." (Feigl, 2018, S. 18f).

Ein erster Multicache mit mathematischen Rätseln wurde für die Bruchsaler Kinder-Sommer-Akademie 2016 entwickelt und mit Kindern der Primarstufe und Sekundarstufe I umgesetzt (siehe Kapitel 2). Das Konzept wurde gemeinsam mit Lehramtsstudierenden des Primarstufenlehramtes der Universität Siegen (Fach Mathematik) weiterentwickelt und thematisch im Rahmen eines Seminars in die Lehramtsausbildung integriert (Kapitel 3 und 4). Dadurch soll ein Beitrag zum aktuellen Bedarf geleistet werden, fundierte didaktisch zeitgemäße Konzepte zur Integration von digitalen Medien in den übrigen Unterricht für die Lehrer*innenaus- und -fortbildung anzubieten (Krauthausen, 2012; GDM, 2017). Zudem sollen die Lehramtsstudierenden durch das Seminar bei dem Erwerb allgemeiner Medienkompetenz unterstützt werden, sodass diese in ihrem späteren Lehrerberuf „digitale Medien in ihrem jeweiligen Fachunterricht professionell und didaktisch sinnvoll nutzen […] können." (KMK, 2016, S. 24). Dazu müssen Lehrerinnen und Lehrer den adäquaten Einsatz digitaler Medien und Werkzeuge planen, durchführen und reflektieren können (KMK, 2016, S. 26).

2. Schatzsuche in Bruchsal 2016

Im Rahmen der 7. Bruchsaler Kinder-Sommer-Akademie (BruKiSA) fand am 08.08.2016 der Workshop „Schatzsuche in Bruchsal – Geocaching" statt. 20 Kinder im Alter von 8 bis 13 Jahren nahmen am Geocaching teil. Die Einführung erfolgte an der ersten Station, dem Rathaus am Campus in Bruchsal, über eine Geschichte:

Es gab einmal, vor langer Zeit, einen furchtlosen Piraten mit Namen Captain Schreck hier in unserer Stadt. Keine Angst, er war nicht böse, sondern ein ganz lieber Geselle. Er mochte Eiscreme, Schokolade und seinen Geburtstag, der am 08.08. war. Doch er war hier ganz allein und hatte Sehnsucht nach dem Meer. Also beschloss er eines Tages, die Stadt zu verlassen, um endlich wieder in See zu stechen. Denn hier würde er nicht glücklich werden, das wusste der Pirat. Aber wohin mit den vielen Goldstücken und Schätzen, die er im Laufe der Jahre gesammelt hatte? Die haben auf einem Schiff keinen Platz, das ist Euch bestimmt auch klar. Aber was sollte er machen, denn er wollte seinen Schatz ja behalten?
Er musste den Schatz verstecken, so dass ihn keiner finden konnte. Aber der Pirat war ja auch schon alt und vergesslich und hatte Angst den Schatz nicht wieder zu finden. Was tat er dann wohl? Er erstellte eine Schatzkarte und markierte wichtige Punkte auf dem Weg. Nachdem er seinen Schatz dann ganz hier in der Nähe versteckt hatte, machte er sich los, die sieben Weltmeere zu entdecken. Doch er kam nie wieder zurück von seiner Reise und nun haben wir seine Schatzkarte gefunden.

Wollen wir den Schatz gemeinsam suchen?

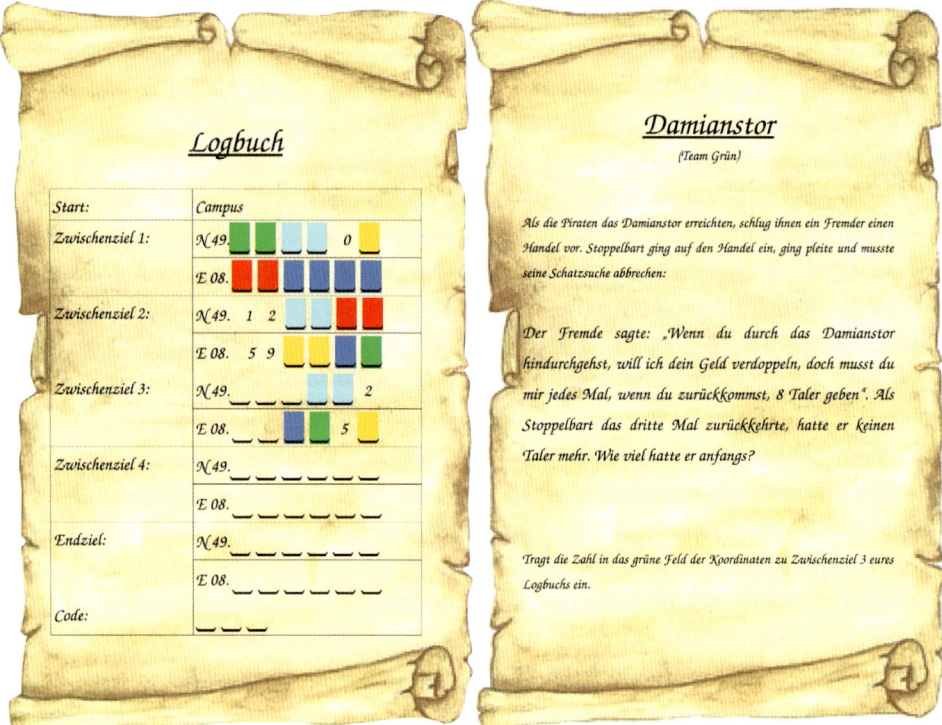

Abbildung 1: Links: Logbuch zum Geocaching, Rechts: Beispiel einer Aufgabe

Auf Grund des großen Altersunterschieds der Kinder wurden diese im Vorfeld in fünf Gruppen eingeteilt (Team gelb, hellblau, grün, dunkelblau und rot) und es wurden binnendifferenzierte Problemlöseaufgaben mit verschiedenen Schwierigkeitsgraden vorbereitet sowie natürlich differenzierende Problemlöseaufgaben. Die Kinder sollten nicht gegeneinander arbeiten, sondern miteinander: Um die nächste Koordinate zu finden, mussten die Ergebnisse aller Gruppen vorliegen und an der entsprechenden Stelle in das Logbuch (siehe Abbildung 1) eingetragen werden.

Zur Navigation wurde eine ältere Version (3.5.3) der App Locus Map Free[2] verwendet sowie Android-Smartphones (Motorola DEFY+ mit Android 2.3.6). In die App wurden die Koordinaten eingegeben und es konnte zum Zielpunkt navigiert werden, wobei nur die Luftliniendistanz zum Zielpunkt angezeigt wurde

Abbildung 2a: Screenshot der App „Locus Map Free".
Eingabe der Koordinaten.

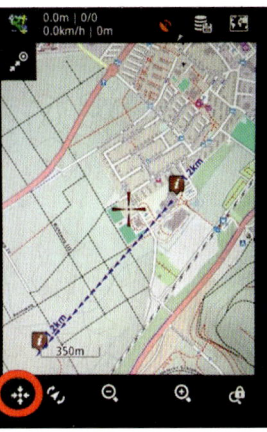

Abbildung 2b: Anzeige der Luftlinie.

(siehe Abbildungen 2a und 2b), wodurch eine Förderung des räumlichen Vorstellungsvermögens ermöglicht werden konnte.

Jede Gruppe erhielt nur ein Smartphone und nach Erreichen einer Station wurde das Smartphone an das nächste Gruppenmitglied weitergegeben. Zu Beginn wurde zudem die Funktionsweise der App erläutert, denn „der Umgang mit den Apps und den enthaltenen Potentialen muss – wie bei jedem anderen (physischen) Arbeitsmittel auch – erlernt werden." (Walter, 2017, S. 279).

Außerdem wurde die Funktionsweise des GPS erklärt. Dazu wurden u.a. Ausschnitte eines „Sendung mit der Maus"-Videos gezeigt:

https://www.wdrmaus.de/filme/sachgeschichten/navigationssystem.php5

GPS ist ein globales Satellitennavigationssystem zur Positionsbestimmung (Frank, Richter, Roeckerath & Schönbrodt, 2018). „Für den Betrieb von GPS werden mindestens 24 funktionsfähige Satelliten benötigt, die in einer Höhe von 20.200 km die Erde auf einer leicht ellipsenförmigen Bahn im mittleren Erdorbit umkreisen. Auf sechs verschiedenen Bahnen (alle mit einem Neigungswinkel von 55° bezüglich der Äquatorebene) befinden sich jeweils mindestens vier Satelliten in gleichen Abständen [...]. Durch diese Anordnung der Satellitenbahnen können von jedem Ort der Erde zu jedem Zeitpunkt mindestens vier Satellitensignale empfangen werden." (Frank et al., 2018, S. 141).

Insbesondere in der Stadt können Ungenauigkeiten entstehen, wenn keine Sichtverbindung zu einem Satelliten besteht (Abschattung), z.B. in Häuserschluchten oder hinter einem Haus. Abschattung kann beispielsweise auch entstehen, wenn der Empfänger in der Hand direkt vor dem Körper getragen wird (DE:Genauigkeit von GPS-Daten, 2019). „Ausschlaggebend für die mögliche Genauigkeit ist die Geometrie, in der die Satelliten relativ zueinander stehen. Diese kann aber nicht beeinflusst werden, beziehungsweise nur durch Messungen zu verschiedenen Zeitpunkten. Ideal ist, wenn vier Satelliten sichtbar sind, die in den vier Himmelsrichtungen möglichst weit auseinanderstehen, aber dennoch mindesten 10° über dem Horizont." (DE:Genauigkeit von GPS-Daten, 2019). Dass Ungenauigkeiten beim Navigieren entstehen können, muss mit den Schülerinnen und Schülern im Vorfeld besprochen werden.

Zur Angabe der Position werden Koordinaten verwendet, die aus Angabe von Längen- und Breitengrad bestehen.

Die Breitengrade werden vom Äquator aus gezählt, bis zum Nord- bzw. Südpol erstrecken sich 90 Breitengrade. Die Längengrade erstrecken sich vom Nullmeridian auf einer Sternwarte in Greenwich bei London nach Osten und Westen mit jeweils 180 Längengraden (Benz, 2018). In der App Locus Map Free werden die Koordinaten in Graden und Dezimalgraden angegeben.

Da die App keine Möglichkeit bietet, Aufgaben an den verschiedenen Geokoordinaten anzuzeigen oder gar die Lösungen automatisch auszuwerten, wurden die Aufgaben als „Caches" an den verschiedenen Stationen von einem Mitarbeiter der BruKiSA aufbewahrt und an die Schülerinnen und Schüler bei deren Eintreffen an der Station weitergegeben, sodass keine Aufgaben versehentlich von Passanten eingesteckt werden konnten. Das Geocaching führte vom Campus zum Damianstor, Europaplatz, Marktbrunnen und über St. Paul zurück zum Campus.

Die Lösung des letzten Rätsels ergab einen Code, der zum Öffnen eines Zahlenschlosses an einer mit einem „Schatz" (Spielzeug und Süßigkeiten) gefüllten Schatztruhe genutzt wurde.

Die Kinder wurden bei der Schatzsuche durch die Dozierenden und Mitarbeiter der BruKiSA begleitet. Dadurch, dass die Aufgaben in Papierform an der jeweiligen Koordinate weitergegeben wurden und an den Stationen teilweise Material verwendet wurde, war ein zusätzlicher organisatorischer und personeller Aufwand notwendig. Deshalb wurden in folgenden Geocachings Apps eingesetzt, die eine Aufgabenstellung innerhalb der App ermöglichten. Die im folgenden beschriebenen Geocachings wurden im Rahmen von Seminaren durch Lehramtsstudierende der Universität Siegen in Kooperation mit einer regionalen Grundschule – der Jung-Stilling-Grundschule Siegen – entwickelt.

3. Schatzsuche in Siegen 2018

In Form einer Projektarbeit wurde im Sommersemester 2018 Rahmen des Seminars „Fachdidaktische Ergänzung" im Bachelorstudiengang Lehramt

Primarstufe, Fach Mathematik, ein lokales Geocaching als Multi-Cache für den Einsatz im Mathematikunterricht entwickelt. Ziel des Seminars ist es u.a. praktische Erfahrungen zu Unterrichtsprojekten und außerschulischem Unterricht zu sammeln. Dabei teilten sich die 42 Teilnehmer*innen in verschiedene Teams ein: Projektleitung, Story, Routenplanung, Mathematikaufgaben, Technik, Public Relations und Review.

- Das Projektleitungs-Team war für die operative Planung und Steuerung des Projektes verantwortlich. Im Bereich der Planung legte das Projektleitungs-Team Ziele sowie benötigte Ressourcen für deren Erreichung fest. Auch die Kommunikation zwischen den einzelnen Teams musste organisiert werden.
- Das Story-Team legte einen Kontext fest, in den das Geocaching eingebettet sein sollte (rahmende Geschichte). Neben einer Story kümmerte sich dieses Team auch um digitale „Requisiten" wie das Design, thematisch passende Bilder, etc.
- Das Routenplanungs-Team legte die Route fest, die im Rahmen des Geocachings abgelaufen werden sollte. Dazu mussten die Stationen des Geocachings festgelegt werden und die Geo-Koordinaten mussten ermittelt werden. Aussagekräftige Fotos von den einzelnen Stationen wurden zur Verständigung zwischen den Teams und für die Verwendung in der App geschossen. Zudem wurden Verkehrssicherheit und sanitäre Einrichtungen auf dem Weg berücksichtigt.
- Das Mathematikaufgaben-Team erstellte Mathematikaufgaben für die einzelnen Stationen, die zu der Zielgruppe passten (Drittklässler*innen) und mathematikdidaktische Aspekte „guter" Aufgaben berücksichtigen. Insbesondere folgende Merkmale einer Aufgabe spielen nach Büchter & Leuders (2005, S. 74) mit einem jeweils spezifischen Beitrag zur Aufgabenqualität eine Rolle: die Authentizität, die Offenheit und das Differenzierungsvermögen einer Aufgabe.
- Das Technik-Team kümmerte sich um die Technische Umsetzung des Geocachings. Das Geocaching wurde mittels Whereigo[3] umgesetzt. Dabei wird eine virtuelle Geschichte, oder in unserem Fall eine Schnitzeljagd, als programmierter Spielablauf (Cartridge) mit geeigneten Smartphones im Freien gespielt. Position und Bewegung des Spielers können mit realen und virtuellen Orten und Gegenständen verknüpft werden und es ist möglich, komplexe virtuelle Spielhandlungen in der realen Landschaft zu verorten. Um das Technik-Team bei der technischen Umsetzung zu unterstützen, wurde ein Tutorial erstellt: https://de.wikiversity.org/wiki/OpenSource4School/Geocaching/Whereigo.
- Das Public Relations Team kümmerte sich um die Kommunikation mit der Schule (Jung-Stilling-Grundschule Siegen) sowie um die Außenwirkung. Hierzu gehörte auch eine Analyse des didaktischen Hintergrunds eines Geocachings.
- Alle Studierenden waren Teil der Review-Teams, das das entwickelte Geocaching testete und den einzelnen Teams Rückmeldung in Form von konkreten Optimierungsvorschlägen gab.

Das Geocaching fand am 21.06.2018 mit den zwei dritten Klassen der Jung-Stilling-Grundschule (51 Schüler*innen) statt. Zuvor wurde im Rahmen eines Unterrichtsbesuchs des Technik-Teams die Funktionsweise der App erläutert.

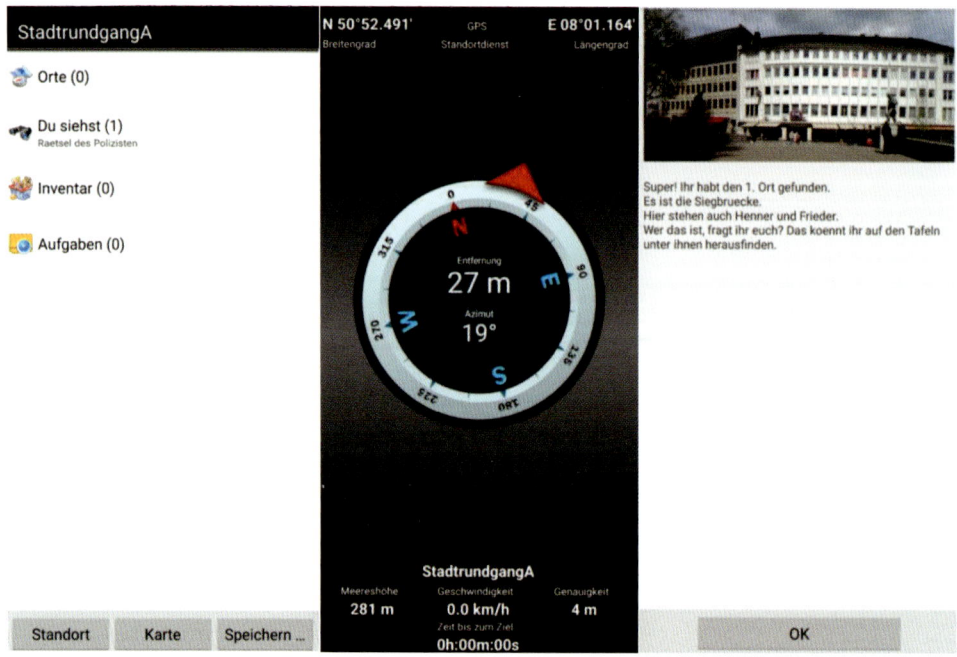

Abbildung 3: Screenshots des entwickelten Stadtrundgangs A in der App „Whereyougo".

In der App wurde mittels eines Kompasses (siehe Abbildung 3) navigiert, sodass auch hier räumliche Fähigkeiten genutzt werden mussten, um die einzelnen Stationen zu finden. Mit Geokoordinaten und Aufgaben in Papierform wurde hier nicht gearbeitet, sondern es wurden Aufgaben automatisch freigeschaltet, sobald die entsprechende Station erreicht wurde und durch Eingabe der richtigen Lösung wurde die Navigation zur nächsten Station freigeschaltet.

Da im dritten Schuljahr die Siegener Sehenswürdigkeiten Gegenstand des Sachunterrichtes sind, erarbeiteten die Schüler*innen in einer parallel stattfinden Unterrichtsreihe zur „Stadt Siegen" kurze Referate, die an den jeweiligen Stationen des Geocaches vorgetragen wurden.

Die Kinder wurden im Vorfeld durch die Lehrpersonen in 9 Gruppen mit jeweils 5-6 Kindern eingeteilt. Zunächst starteten um 08:45 Uhr drei Gruppen aus Klasse a) gleichzeitig und 5 Minuten später nochmals zwei Gruppen aus Klasse a), sodass um 11 Uhr eine Turmführung in der Nikolaikirche wahrgenommen werden konnte. Vier Gruppen aus Klasse b) starteten ebenfalls zeitversetzt, sodass um 11:45 Uhr eine Turmführung wahrgenommen werden konnte. Jede Gruppe wurde durch zwei Studierende begleitet und es gab Streckenposten, die an den jeweiligen Stationen Unterstützung anboten.

Der Aufhänger Fußballweltmeisterschaft
wurde für den Start des Geocachings genutzt:

Liebe Kinder der Klassen 3a und 3b der Jung-Stilling-Schule,

wir heißen Anna und Leon und sind neun Jahre alt. Wir sind beste Freunde und spielen beide gerne Fußball. Wir sind sogar Mitglieder in einem Verein, bei den Sportfreunden Siegen. Deswegen freuen wir uns auch schon sehr auf die Fußball-Weltmeisterschaft in Russland in diesem Jahr. Aber gestern haben wir etwas ganz Furchtbares erfahren. Dieser Artikel in der Siegener Zeitung hat alle in Angst und Schrecken versetzt!

Schock! Die WM ist in Gefahr!

Fußballnationalmannschaft auf dem Weg zum Hotel verschwunden

Siegen. Nach einem geheimen Intensivtraining zur Vorbereitung auf die Fußball-Weltmeisterschaft im Leinbachstadion in Siegen verschwand die deutsche Fußballnationalmannschaft auf dem Weg zurück ins Hotel.

Am 20.06.2018 wandte sich der Trainer der Nationalmannschaft an die Polizei mit der Bitte nach der verschwundenen Mannschaft zu suchen: „Wir waren in Siegen, um ungestört trainieren zu können. Niemand sollte von diesem Aufenthalt wissen, damit sich die Spieler so kurz vor der WM in Ruhe vorbereiten können. Auf dem Weg von dem Stadion zu unserem Hotel verschwand der Bus mit der Mannschaft spurlos.". Weil die Mannschaft in wenigen Tagen nach Russland fliegen muss, ist höchste Eile geboten. Wenn die Spieler nicht gefunden werden, kann Deutschland nicht an der Weltmeisterschaft teilnehmen. Die Polizei sucht intensiv, bisher aber ohne Erfolg. Die Bevölkerung wird um ihre Mithilfe gebeten. Wer etwas Ungewöhnliches bemerkt oder gesehen hat, soll sich sofort bei der Polizei melden!

Wir glauben nicht, dass die Polizei die Mannschaft alleine rechtzeitig finden kann. Deswegen möchten wir ihnen gerne helfen. Zu zweit können wir das aber nicht schaffen. Könnt ihr uns bitte helfen, die Fußball-Weltmeisterschaft zu retten?

Liebe Grüße

Anna und Leon

Um ein „Abspitzeln" zu vermeiden, wurden drei verschiedene Geocachings (A, B und C) entwickelt. Die drei Geocachings unterschieden sich lediglich bezüglich der

Zahlenwerte, die in den Textaufgaben, d.h. „in Textform dargestellte Aufgaben, bei denen die Sache weitgehend […] austauschbar ist" (Schipper, 2009, S. 242), verwendet wurden. Beispielsweise wurde an der ersten Station – der Siegbrücke – folgende Aufgabe gestellt:

Anna und Leon sitzen auf den Siegtreppen. Sie sind immer noch ganz aufgeregt und können nicht glauben, dass die WM für Deutschland vielleicht nicht mehr weitergeht. „Wir brauchen irgendjemanden, der etwas gesehen hat.", sagt Anna „Das nennt man Zeugen. Das ist in Mamas Krimibüchern auch immer so." „Vielleicht haben Bergmann Henner und Hüttenmann Frieder die Mannschaft ja gesehen", witzelt Leon. „So ein Quatsch!", lacht Anna, „die kennen sich doch nur mit dem Erzbergbau in Siegen aus. Aber auf der Brücke steht auch ein Polizist. Den könnten wir fragen, was die Polizei schon herausgefunden hat." Der Polizist gibt Anna und Leon folgenden Tipp. Helft ihnen das Rätsel zu lösen:

Die Bergleute bauen in 1 Stunde 2,5 kg Erz ab.
Henner schafft davon 1400 Gramm.
Wie viel Gramm schafft Frieder[4] in einer Stunde

Im zweiten Geocaching wurde 1400 durch 1600 und im dritten durch 1700 ersetzt.

Die weiteren Stationen waren Unteres Schloss, Martinikirche, Marienkirche, Rubenshaus sowie Nikolaikirche und Rathaus. Die Geocaching-Schnitzeljagd kann kostenlos heruntergeladen und ausprobiert werden:
https://geocachingsiegen.github.io/Stadtrundgang/Komplett.gwc.
Aufgerufen werden kann die Schnitzeljagd auf dem Smartphone über die App Whereigo (iOS) bzw. Whereyougo (Android).

Leider muss von vorne begonnen werden, falls die App oder das Smartphone abstürzt und nicht zwischengespeichert wurde. Deshalb spielten die Studierenden das Geocaching auf ihrem eignen Smartphone parallel mit, um im Notfall das Endgerät austauschen zu können, ohne dass Verzögerungen entstanden. Die Einteilung der Studierenden in Projektteams mit verschiedenen Aufgabenbereichen war nur mäßig für die Entwicklung des Geocachings geeignet, da manche Gruppen zeitweise Leerläufe hatten, da sie auf Ergebnisse anderer Gruppen warteten oder teilweise in Zeitnot kamen, falls andere Gruppen zu langsam arbeiteten. Deshalb wurde die Aufgabenzusammenstellung der Gruppen im Seminar im Sommersemester 2019 verändert. Zudem war die technische Umsetzung mittels Whereigo recht aufwändig für die Studierenden und ein gewisses informatisches Grundwissen war notwendig, um ein Geocaching entwickeln zu können. Ferner wurden ausschließlich Textaufgaben (Schipper, 2009) eingesetzt, weshalb im Folgejahr mehr Wert auf die Reflexion der Aufgabenqualität gelegt wurde und ein Werkzeug verwendet wurde, das den Programmieraufwand reduzierte.

4. Schatzsuche in Siegen 2019

Im Sommersemester 2019 fand das Seminar „Fachdidaktische Ergänzung" im Bachelorstudiengang Lehramt Primarstufe der Universität Siegen, Fach Mathematik, als Blockseminar mit 17 Studierenden statt. Das Geocaching umfasste abermals die Stationen Siegbrücke, Unteres Schloss, Martinikirche, Marienkirche, Rubenshaus und Nikolaikirche. Die Studierenden wählten in Kleingruppen jeweils eine Station aus, die sie für das Geocaching aufbereiteten. Um eine strukturiertere Vorgehensweise sowie eine bessere Dokumentation und Reflexion der Aufgabenqualität zu ermöglichen, wurde die Seminarkonzeption in Anlehnung an Seminare zum mathematischen Stadtspaziergang (u.a. Buchholtz & Armbrust, 2018) überarbeitet. Dazu wurde ein Steckbrief zu jeder Station erarbeitet, welcher den Namen der Station, die Aufgabenstellung, Antwortmöglichkeiten (mögliche Lösungsbereiche und mögliche Fehler), Feedback (Welche Rückmeldungen sollen Schüler auf falsche oder richtige Lösungen erhalten? Welche Lösungshinweise können der betreuenden Lehrperson mitgegeben werden?), die rahmende Geschichte (vom vorherigen Punkt ausgehend und zum nachfolgenden Punkt hinführend), die vermittelte Stadtgeschichte, Hinweise für betreuende Lehrpersonen und Kommentare enthielt. Im Rahmen einer Hausarbeit wurde die Aufgabenqualität ausführlich reflektiert.

Als technisches Werkzeug wurde Actionbound[5] verwendet. Actionbound ermöglicht mit einem recht intuitiven Graphical User Interface die webbasierte kooperative Erstellung eines Geocachings (eines „Bounds") sowie das öffentliche oder exklusive zur Verfügung stellen des Geocachings, sodass dieser mittels App auf einem Smartphone gespielt werden kann.

Für den privaten Gebrauch ist Actionbound kostenfrei, bei Nutzung im Bildungskontext gibt es eine sogenannte „EDU-Lizenz", die für das Seminar erworben wurde.

Die Organisation am Tag der Durchführungen am 03.06.2019 war ähnlich wie im Jahr 2018, allerdings nahmen dieses Mal drei dritte Klassen der Jung-Stilling-Grundschule teil, insgesamt 76 Drittklässler*innen. Durch die große Anzahl an Schüler*innen war eine stärkere Unterstützung durch die Lehrpersonen während der Durchführung notwendig.

Zunächst mussten die Schüler*innen eine Flaschenpost am Siegufer finden, die folgende Nachricht enthielt:

Lieber Finder,
Ihr seid meine einzige Hoffnung jemals wieder auf freiem Fuß zu sein!
Ich, Zeitreisender Brutus Brunswick, bin unrechtmäßig im Gefängnis gelandet, nur weil ich nicht zeitgemäß gekleidet war. Dabei weiß ich nicht einmal, in welchem Jahr genau ich bin...
Um mein Schloss zu öffnen, braucht Ihr einen Zahlencode, der entschlüsselt, in welchem Jahr ich gefangen bin. An jedem meiner Reisepunkte habe ich einen Stein hinterlassen, um meinen Weg zurück zu finden. Findet sie alle und bringt sie zu mir, findet heraus, in welchem Jahr ich bin, um mich zu befreien. Als Lohn winkt euch ein Teil meines Schatzes, den ich auf meinen Zeitreisen erbeutet habe.

Als Aufgaben wurden nun auch substanzielle Aufgabenformate wie Zahlenmauern (u.a. Krauthausen, 1995) und Sachaufgaben, bei denen die Sache selbst im Vordergrund steht und die Mathematik Hilfsmittel zur Erschließung liefert (Schipper, 2009, S. 242) entwickelt (siehe Abbildung 4a und 4b).

Hofmeister Johann:
Wusstet Ihr, dass das Schloss ursprünglich mal ein Kloster war?
Bis 1650 lebten hier die Mönche.

Abbildung 4a und 4b: Screenshots ausgewählter Aufgaben des entwickelten Bounds in der App „Actionbound".

Henner und Frieder sind schwer am schuften. Das Eisen aus den Bergwerken muss bis zu den Hütten hinaufgebracht werden. Könnt ihr ihren Zahlenberg lösen?

Dann vertrieb der evangelische Graf Johann Moritz von Nassau die Mönche und ließ aus dem Kloster ein Schloss bauen. Und seht Ihr da hinten die Torbögen? Sie werden Teil eurer Aufgabe! Um mir zu beweisen, dass Ihr es ernst meint mit der Rettung von Brutus, möchte ich gerne wissen, wie hoch wohl alle Bögen zusammen sind?

Zudem konnten u.a. durch den geringeren Programmieraufwand auch Aufgaben mit gestuften Lernhilfen (u.a. Franke-Braun, Schmidt-Weigand, Stäudel & Wodzinski, 2008) mittels Tipps implementiert werden, beispielsweise durch Aktivierung des Vorwissens (Abbildung 5).

Willkommen am unteren Schloss.

Ihr befindet euch nun auf dem Schlossplatz! Sucht nach dem Hofmeister des Unteren Schlosses. Er wird euch Hinweise geben, wie ihr Brutus finden könnt.

Abbildung 4b

max. 100 Punkte

1. 2.

Wie funktioniert denn jetzt diese Zeitmaschine? Es muss immer eine Jahreszahl in die Zeitmaschine eingegeben werden. So kommt ihr zur nächsten Station! Denkt dran: Wie sieht eine Jahreszahl aus? Aus wie vielen Zahlen besteht sie?

Tipp (1/1): Erinnerung!! Zahlenmauern kennt ihr schon. Immer 2 Zahlen nebeneinander werden addiert und bilden das Ergebnis des Steins darüber.

max. 100 Punkte

Am Unteren Schloss erwartet euch der Hofmeister. Er wird euch weiterhelfen können auf eurer Suche.

Aktuelle Entfernung vom Ziel: 176 m

!!!TIPP!!!

!!!TIPP!!!

!!!TIPP!!!

!!!TIPP!!!

Abbildung 5: Screenshots des entwickelten Bounds in der App „Actionbound". Links: Beispiel eines Tipps. Rechts: Richtungspfeil.

Die Navigation erfolgte wie bei Whereigo über einen Richtungspfeil mit Luftliniendistanzanzeige (siehe Abbildung 5). Auch dieses Geocaching kann kostenlos gespielt werden, mit der ActionBound-App kann der QR-Code geöffnet werden:

https://actionbound.com/bound/Geocaching-2019-Siegen

Die App funktionierte sehr stabil und eine vorherige Einführung war nicht notwendig, da die App intuitiv bedienbar war. Da die Schülergruppen auch dieses Mal zeitversetzt starteten, ergaben sich zum Teil lange Wartezeiten, die überbrückt werden mussten.

5. Zusammenfassung & Ausblick

Die Schatzsuche in Bruchsal 2016 war am nächsten an der Grundidee des Geocachings, da der Schatz (Cache) mit Hilfe von Koordinaten (Benz, 2018) gefunden wurde.

Jedoch bietet die Verwendung von virtuellen Caches den Vorteil, dass der organisatorische und personelle Aufwand reduziert werden kann. Dennoch wurden auch mit stärkerer Technikeinbindung Materialien und Hilfestellungen durch die Studierenden bereitgestellt, da insbesondere in der Primarstufe das „Begreifen" (u.a. Reimann, 2010) eine wichtige Rolle spielt.

Auch das notwendige kooperative Arbeiten der Gruppen in Bruchsal war von Vorteil (u.a. um kommunikative und soziale Kompetenzen zu fördern), da dadurch alle Schüler*innen an einem gemeinsamen Ziel arbeiteten und lange Wartezeiten wegfielen. Andererseits wird dadurch insbesondere bei großen Schülergruppen ein hoher organisatorischer Aufwand notwendig.

Die Reduktion des technischen Aufwandes zu Gunsten der Fokusverschiebung auf die Erstellung „guter" Aufgaben wirkte sich positiv auf die Qualität des Geocachings aus. Jedoch war dafür die Verwendung einer kostenpflichtigen Software notwendig.

Sicherlich wäre es spannend die Kinder selbst ein Geocaching (oder Cartridge oder Bound) für ihre Stadt entwickeln zu lassen. „Für das Planen des eigenen Caches in Gruppenarbeit können die Kinder auf unterschiedlichen Leistungsniveaus arbeiten: von der komplett autonomen Gruppenarbeit über impulsgesteuertes Arbeiten bis hin zu konkreten Anregungen durch Beispiele." (Benz, 2018, S. 36). Eine Herausforderung besteht dabei – wie auch oben geschildert bei den Studierendengruppen – in der Erstellung passender Rätsel zur Sehenswürdigkeit bzw. Station oder deren Koordinaten (vgl. Benz, 2018).

Danksagung

Den beteiligten Studierenden der Universität Siegen danken wir ganz herzlich für ihre Mitarbeit, den Ideenreichtum und die geleistete Entwicklungsarbeit. Zudem gilt allen beteiligten Lehrer*innen der Jung-Stilling-Grundschule sowie den Organisatoren der BruKiSA ein besonderer Dank. Und – last but not least – sei natürlich den Schülerinnen und Schülern gedankt, die sich auf das Abenteuer Geocaching eingelassen haben – nur durch deren Beteiligung konnten die Schatzsuchen überhaupt stattfinden.

Literatur

Benz, N. (2018). Geocaching - Komm, wir finden einen Schatz! Mathematik differenziert, 2-2018: 34–40.

Buchholtz, N., & Armbrust, A. (2018). Ein mathematischer Stadtspaziergang zum Satz des Pythagoras als außerschulische Lernumgebung im Mathematikunterricht. In Evaluierte Lernumgebungen zum Modellieren (pp. 143-163). Springer Spektrum, Wiesbaden.

Büchter, A. & Leuders, T. (2005). Mathematikaufgaben selbst entwickeln: Lernen fördern-Leistung überprüfen. Berlin: Cornelsen Scriptor.

Bundesministeriums für Bildung und Forschung (BMBF) (2016). Bildungsoffensive für die digitale Wissensgesellschaft. Strategie des Bundesministeriums für Bildung und Forschung [Electronic version]. https://www.bmbf.de/pub/Bildungsoffensive_fuer_die_digitale_Wissensgesellschaft.pdf

DE:Genauigkeit von GPS-Daten. (2019, September 3). OpenStreetMap Wiki. Retrieved 17:44, Mai 2, 2021 from https://wiki.openstreetmap.org/w/index.php?title=DE:Genauigkeit_von_GPS-Daten&oldid=1898800.

Feigl, W. (2018). Mathematische Spaziergänge - Mit der mathematischen Brille unterwegs. Mathematik differenziert, 2-2018: 18–25.

Frank, M., Richter, P., Roeckerath, C., & Schönbrodt, S. (2018). Wie funktioniert eigentlich GPS? – ein computergestützter Modellierungsworkshop. In Digitale Werkzeuge, Simulationen und mathematisches Modellieren (S. 137-163). Springer Spektrum, Wiesbaden.

Franke-Braun, G., Schmidt-Weigand, F., Stäudel, L., & Wodzinski, R. (2008). Aufgaben mit gestuften Lernhilfen-ein besonderes Aufgabenformat zur kognitiven Aktivierung der Schülerinnen und Schüler und zur Intensivierung der sachbezogenen Kommunikation. Lernumgebungen auf dem Prüfstand. Zwischenergebnisse aus den Forschungsprojekten, 27-42.

Gesellschaft für Didaktik der Mathematik (GDM) (2017). Die Bildungsoffensive für die digitale Wissensgesellschaft: Eine Chance für den fachdidaktisch reflektierten Einsatz digitaler Werkzeuge im Mathematikunterricht [Electronic version]. Mitteilungen der Gesellschaft für Didaktik der Mathematik, [S.l.], n. 103, S. 39-41, juli 2017. https://ojs.didaktik-der-mathematik.de/index.php/mgdm/article/view/59

Kultusministerkonferenz (KMK) (2016). Strategie der Kultusministerkonferenz „Bildung in der digitalen Welt" (Beschluss der Kultusministerkonferenz vom 08.12.2016) [Electronic version]. https://www.kmk.org/fileadmin/Dateien/pdf/PresseUndAktuelles/2016/Bildung_digitale_Welt_Webversion.pdf

Krauthausen, G. (1995). Zahlenmauern im zweiten Schuljahr – ein substanzielles Übungsformat. Grundschulunterricht 10: 5–9.

Krauthausen, G. & Scherer, P. (2019). Natürliche Differenzierung im Mathematikunterricht. Konzepte und Praxisbeispiele aus der Grundschule (3. Aufl.). Seelze: Kallmeyer.

Lammersen, H. (2015). Geocaching mit Schülern: Wochenplan, Tagespläne und alle Arbeitsmaterialien für die Projektwoche. Hamburg: AOL-Verlag.

Platz, M. (2019). Vorstellung eines Entscheidungsunterstützungssystems zur Auswahl passender Apps und Applets für den Mathematikunterricht der Grundschule. In R. Rink, & D. Walter (Hrsg.), Beiträge zum 5. Band der Reihe „Lernen, Lehren und Forschen mit digitalen Medien". Digitale Medien in der Lehreraus- und -fortbildung von Mathematiklehrkräften - Konzeptionelles und Beispiele (S. 167–182). Münster: WTM-Verlag.

Reimann, M. (2010). Kindergartenkinder „be-greifen" geometrische Objekte in Spiel- und Erkundungssituationen. Berichtband der 44. Tagung für Didaktik der Mathematik in München 2010: 689–692.

Walter, D. (2017). Nutzungsweisen bei der Verwendung von Tablet-Apps. Cham: Springer

Winter, H. (1995). Mathematikunterricht und Allgemeinbildung. Mitteilungen der Gesellschaft für Didaktik der Mathematik, 61: 37–46.

Weblinks:

https://www.uni-siegen.de/start/news/oeffentlichkeit/824618.html
https://www.melanie-platz.com/geocaching-2019/

AUTORINNEN, AUTOREN

Prof. Dr. Melanie Platz, Mathematikerin

Sie legte 2009 an der Universität Koblenz-Landau die 1. Staatsprüfung für das Lehramt an Realschulen ab und promovierte 2014 im Fach Mathematik. Ihr Forschungsschwerpunkt entwickelte sich auf den Bereich Primarstufe weiter mit dem Fokus der Entwicklung technologiegestützter substanzieller Lernumgebungen zu zeitgemäßen und fachlich und didaktisch begründeten, aber im Primarstufenmathematikunterricht kaum behandelten Themen wie das präformale Beweisen und die Schaffung von Risk Literacy sowie Search Literacy. Seit März 2021 ist sie Professorin für Didaktik der Primarstufe – Schwerpunkt Mathematik – an der Universität des Saarlandes und leitet die entsprechende Arbeitsgruppe.

Prof. Dr. re.nat. Stefan Ritter, Ingenieurmathematik

Er ist Professor für Ingenieurmathematik an der Hochschule Karlsruhe. Sein Arbeitsschwerpunkt ist die Mathematikausbildung von Studierenden der Elektro- und Informationstechnik und von Studierenden des Studiengangs Data Science. Seine wissenschaftlichen Arbeitsgebiete sind die mathematische Physik und die mathematische Modellierung und Simulation.

Anmerkungen

1. (G1) Erscheinungen der Welt um uns, die uns alle angehen oder angehen sollten, aus Natur, Gesellschaft und Kultur, in einer spezifischen Art wahrzunehmen und zu verstehen, (G2) mathematische Gegenstände und Sachverhalte, repräsentiert in Sprache, Symbolen, Bildern und Formeln, als geistige Schöpfungen, als eine deduktiv geordnete Welt eigener Art kennen zu lernen und zu begreifen und (G3) in der Auseinandersetzung mit Aufgaben Problemlösefähigkeiten, die über die Mathematik hinaus gehen, (heuristische Fähigkeiten) zu erwerben.
2. https://docs.locusmap.eu/doku.php?id=manual:faq:devices_olderandroid&s[]=old&s[]=version
3. https://wherigo.com/
4. Henner (der Bergmann) und Frieder (der Hüttenmann) sind zwei Bronzeplastiken, welche die Geschichte des Siegerländer Erzbergbaus und der Eisen- und Stahlindustrie versinnbildlichen. In der Aufgabenstellung Frieder Erz abbauen zu lassen, ist historisch folglich nicht ganz korrekt.
5. https://actionbound.com/

Waschen ohne nass zu werden –
was wir von Pflanzen und Tieren lernen können

Matthias Mail

Bestimmt kennt Ihr von einem Spaziergang durch den Wald, aus dem Urlaub oder von einem Ausflug in den Zoo schon viele unterschiedliche Pflanzen und Tiere. *Aber was denkt Ihr, wie viele verschiedene Arten es tatsächlich auf der Erde gibt?*

Genau weiß das niemand, aber man schätzt, dass es etwa 10 Millionen, das heißt 10.000.000 unterschiedliche Arten sind. Das ist eine ganze Menge und das Spannendste ist, dass wir die meisten davon noch gar nicht kennen.

Bisher haben Forscher nur rund 1,8 Millionen verschiedene Pflanzen und Tiere beschrieben, das heißt mehr als 80% sind bisher noch unbekannt – es gibt also noch viel zu entdecken.

Aber wie können wir von diesen Lebewesen etwas lernen?

All diese Pflanzen und Tiere leben an den unterschiedlichsten Orten der Erde und haben sich im Laufe ihrer Evolution an die verschiedenen Bedingungen ihrer Lebensräume angepasst. Wenn Ihr zum Beispiel an den Nordpol fahrt, dann müsst Ihr euch warm anziehen und könnt selbst dann nur kurz in der Kälte sein. Damit es den Eisbären nicht so geht wie euch, haben sie sich dauerhaft an die Bedingungen angepasst, indem sie zum Beispiel ein Fell haben, dass besonders gut wärmt. Oder wenn Ihr mit eurer Familie in den Süden in den Urlaub fahrt, dann wisst Ihr sicher, dass man trotz

Sonnenschutz wieder in den Schatten gehen und viel trinken muss. Pflanzen können sich aber nicht eincremen oder in den Schatten gehen – und trotzdem haben sich manche Pflanzen, wie beispielsweise Kakteen, so angepasst, dass sie in diesem Klima überleben. Zum Beispiel dadurch, dass sie das schädliche ultraviolette Licht reflektieren und so viel Wasservorrat wie möglich speichern. Oder dadurch, dass sie ihre Oberflächen so optimiert haben, dass immer nur ein geringer Anteil direkt der Sonne ausgesetzt ist. Zudem verlieren sie kaum Wasser über ihre Oberflächen.

Solche Strategien und Lösungen, mit denen Pflanzen und Tiere sich an ihre Umgebung angepasst haben, können wir uns „abschauen", um technische Systeme zu verbessern und Probleme zu lösen. Die wissenschaftliche Disziplin, die sich damit beschäftigt, nennt man Bionik. Das Wort Bionik ist abgeleitet von den beiden Begriffen Biologie und Technik und das Ziel dieser Fachrichtung ist es, sich Prinzipien in der Natur anzuschauen und diese dann in die Technik zu übertragen. Solche bionischen Lösungen nutzen wir alle jeden Tag, oft ohne zu wissen, woher diese kommen.

Ein paar Beispiele sind hier zusammengestellt.

Bestimmt habt Ihr irgendwo an euren Schuhen, eurer Jacke oder an eurem Rucksack einen Klettverschluss. Das ist eine bionische Erfindung! Erfunden wurde er von Georges de Mestral. Er war oft mit seinem Hund spazieren und so wie Ihr bestimmt schon oft Kletten an euren Kleidern hattet oder Euer Hund nach dem Spaziergang Kletten im Fell hatte, hatte auch der Hund von Georges de Mestral immer wieder Kletten in seinem Fell, die nur schwer wieder herauszubekommen waren. Er schaute sich genauer an, wie die Kletten so gut am Fell halten konnten und bemerkte, dass sie kleine Widerhaken hatten, die sich im Fell des Hundes verhakten.

Zieht man fest daran, geben die elastischen Haken nach und lösen sich. Anschließend gehen sie in ihre ursprüngliche Form zurück und können dann an einer anderen Stelle wieder einhaken.

Das brachte Georges de Mestral auf die Idee, dass man so ein Haftsystem sicherlich auch künstlich herstellen kann. Er entwickelte ein Band mit kleinen elastischen Haken, das den Haken der Kletten entspricht. Dazu ein zweites Band mit Strukturen, in die die Haken sich verhaken können, wie im Fell des Hundes. Zusammen bilden diese beiden Bänder den Klettverschluss, wie er sich zum Beispiel an euren Schuhen oder an eurem Rucksack befindet. In Bild 1 ist das Prinzip gezeigt.

Bild 1: A) Die Große Klette. Die Pflanze habt ihr sicher schon bei einem Spaziergang gesehen. B) Klette im Fell eines Hundes. C) Nahaufnahme der elastischen Haken der Klette, mit denen sie sich z.B. im Hundefell „festhält" D) Klettverschluss. Oben die elastischen Haken, unten das Band, in dem sie sich verhaken können, ähnlich wie beim Fell des Hundes.

Das hättet Ihr wahrscheinlich nicht gedacht, dass Ihr alle Erfindungen aus der Natur nutzt, oder? Und es gibt noch viele weitere Beispiele: Vielleicht hat sich der ein oder andere von euch beim Blick aus einem Flugzeug schon mal gefragt, warum die Flügel an den Spitzen nach oben geknickt sind, so wie Ihr es im Bild 2 seht.

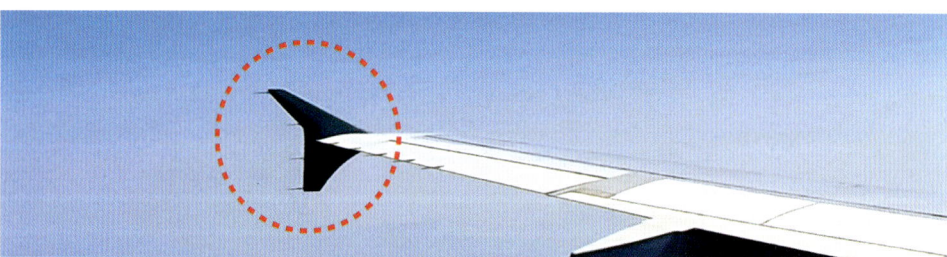

Bild 2: Winglet an der Flügelspitze eines Passagierflugzeugs.
Bild: T. Schönsteiner, Süßen.

Auch das ist eine bionische Erfindung, die sogenannten Winglets. Diese verbessern die Flugeigenschaften und helfen sehr viel Treibstoff einzusparen.

Tatsächlich hat man sich das bei Vögeln abgeschaut — viele Zug- und Greifvögel haben an ihren Flügelspitzen Federn, die nach oben stehen. Im Windkanal zeigte sich, dass diese das Strömungsverhalten verändern und die Vögel dadurch sehr viel weniger Energie für ihren Flug benötigen.

Das Prinzip hat man dann auf Flugzeugflügel übertragen. Dort funktioniert es wie bei den Vögeln und hilft Energie einzusparen. Wieder ein Beispiel, was die Natur

schon optimiert hat und was wir uns zunutze machen können. Eigentlich hat man das ganze Flugzeug von der Natur abgeschaut! Otto Lilienthal baute die allerersten Flugzeuge vor 130 Jahren nach dem Vorbild des Storches, der lange ohne Flügelschlag in der Luft segeln kann.

Selbst elektrische Batterien haben ein biologisches Vorbild: Alessandro Volta baute die ersten vor 220 Jahren nach dem Vorbild des elektrischen Zitterrochens aus dem Mittelmeer.

Aber hier soll es ja darum gehen, wie man etwas waschen kann, ohne dass es nass wird. Vielleicht hat die Natur dazu ja auch schon etwas „erfunden".

Und tatsächlich gibt es sowas. Kennt Ihr den *Lotus-Effekt*? Er wurde vom Botaniker Wilhelm Barthlott entdeckt und entschlüsselt. Er bemerkte, dass von vielen Pflanzenblättern Wasser einfach abperlt und die Blätter dabei nicht einmal nass zu werden scheinen. Mehr noch, Schmutz der auf den Blättern liegt, scheint nach dem Abspülen einfach verschwunden zu sein. Wenn es regnet, werden die Blätter also gewaschen, ohne dabei nass zu werden. Prof. Barthlott fragte sich, wie das wohl möglich ist, wobei er sich sicher war, dass es etwas mit den Oberflächen der Blätter zu tun haben musste.

Also untersuchte er diese genauer und bemerkte, dass die Oberflächen nicht glatt, sondern rau sind.

Wobei die Blattoberflächen wie eine „Hügellandschaft" aussehen. Diese Hügel sind nur etwa 20-40 µm groß, das ist etwas dünner als eines eurer Haare. Auf diesen „Hügeln" sitzt eine Schicht aus winzigen Röhrchen aus Wachs. Diese Röhren sind nur 120 Nanometer dick. Das ist ziemlich klein, damit Ihr es euch vorstellen könnt: Ihr müsstet etwa 500 Stück von diesen Röhrchen nebeneinanderlegen, damit sie so dick sind wie eines eurer Haare. In Bild 3 sind mehrere Mikroskopaufnahmen der Blattoberfläche gezeigt, damit Ihr einen Eindruck habt, wie die Hügellandschaft und die kleinen Wachsröhrchen aussehen. Solche Wachsschichten habt Ihr sicher selbst schon einmal bemerkt, sie sind häufig auch auf Früchten zu finden. Schaut euch zum Beispiel eine frische Traube oder eine frische Pflaume an. Sie sind matt, wenn Ihr aber mit dem Finger darüberstreicht werden sie glänzend. Was Ihr abgerieben habt, ist eine Wachsschicht wie auf den Lotusblättern und das abgeriebene Wachs bleibt an euren Fingern hängen.

Bild 3: A) Die Lotus-Pflanze – ihre Blätter sind Wasser abweisend und selbstreinigend. B) Mikroskopaufnahme der „Hügellandschaft" auf der Blattoberfläche. C) Nahaufnahme einer „Hügelspitze". Es sieht fast aus, als würde Schnee darauf liegen, aber das sind die winzigen Wachsröhrchen. D) Schaut man noch näher hin, kann man die einzelnen Wachsröhrchen erkennen. Sie sind nur 120 Nanometer dick. Bild D): W. Barthlott, Bonn.

Aber wie hilft das beim Waschen ohne nass zu werden?

Wenn nun Wasser auf diese Blattoberfläche kommt, dann kann es wegen der sogenannten Oberflächenspannung nicht zwischen die Wachsröhrchen eindringen und bleibt wie ein Fakir auf dem Nagelbrett als Kugel auf den Röhrchen sitzen. Die Oberfläche ist also Wasser abweisend (man nennt das „hydrophob"). Kippt man das Blatt ein bisschen, dann kann sich der Tropfen nicht mehr halten und rollt herunter.

Jetzt wissen wir, warum das Blatt immer trocken bleibt, aber warum wird es beim Regen auch sauber?

Wenn sich Schmutz auf dem Blatt befindet, liegt er, wie das Wasser, nur auf den kleinen Wachsröhrchen auf und wird dadurch nur ganz schwach festgehalten. Rollte jetzt ein Wassertropfen über die Oberfläche, wird der Schmutz viel stärker vom Wasser als von der Blattoberfläche festgehalten und somit einfach mitgenommen. Wie und wie gut das funktioniert, könnt Ihr in Bild 4 sehen.

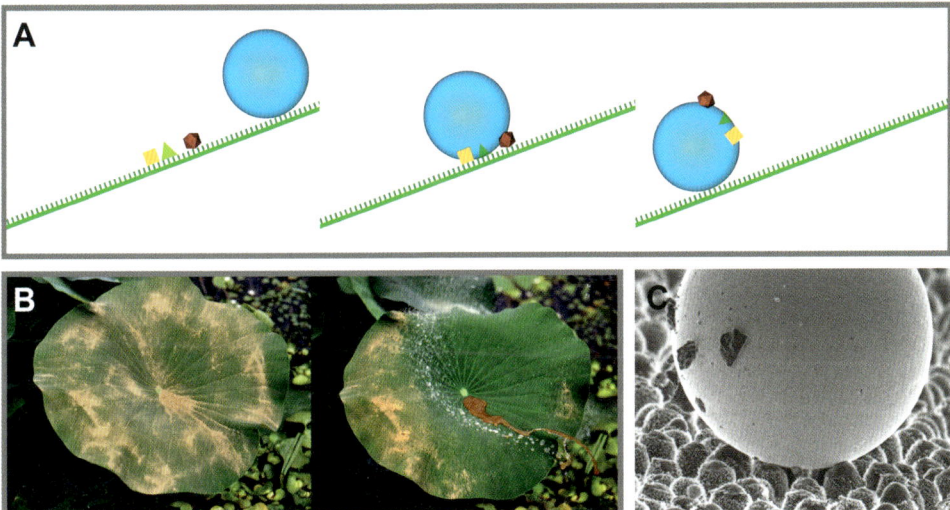

Bild 4: A) Das Schema zeigt euch, wie der Lotuseffekt funktioniert. Der blaue, kugelförmige Tropfen sitzt wie ein Fakir auf der Oberfläche. Weil diese schräg ist, beginnt der Tropfen zu rollen. Weiter unten sitzen auch die Schmutzpartikel (gelb, rot und hellgrün) auf der Oberfläche. Auch sie sitzen nur auf den Spitzen der Oberflächenstrukturen auf. Auf seinem Weg rollt der Tropfen über die Schmutzpartikel und weil sie an Wasser besser als an der Oberfläche haften, werden sie vom Tropfen mitgenommen. B) Hier seht Ihr, wie gut das beim Lotus funktioniert. Zuerst liegt ganz viel Schmutz auf dem Blatt, aber mit ein bisschen Wasser kann er einfach heruntergewaschen werden. C) In der Mikroskopaufnahme seht Ihr es noch einmal ganz deutlich: Der Tropfen liegt kugelrund nur auf den Spitzen und die Schmutzpartikel bleiben an ihm hängen.
Bilder B) & C): W. Barthlott, Bonn.

Als Wilhelm Barthlott den Lotus-Effekt entschlüsselt hatte, überlegte er sich, dass man doch sicher auch technische Oberflächen mit solchen Strukturen herstellen und damit das Prinzip übertragen kann. Gemeinsam mit seinen Kooperationspartnern entwickelte er erste Prototypen, wie zum Beispiel einen Honiglöffel, mit einer Lotus-

Effekt-Oberfläche, wie Ihr ihn in Bild 5 seht – so ein Löffel ist natürlich praktisch, Ihr könnt damit Honig löffeln, Marmelade und danach eure Suppe und er bleibt immer sauber. Mittlerweile könnt Ihr eine ganze Reihe von Produkten mit Lotus-Effekt kaufen, zum Beispiel eine Fassadenfarbe zum Anstreichen von Gebäuden, sodass man Schmutz einfach von der Fassade waschen kann.

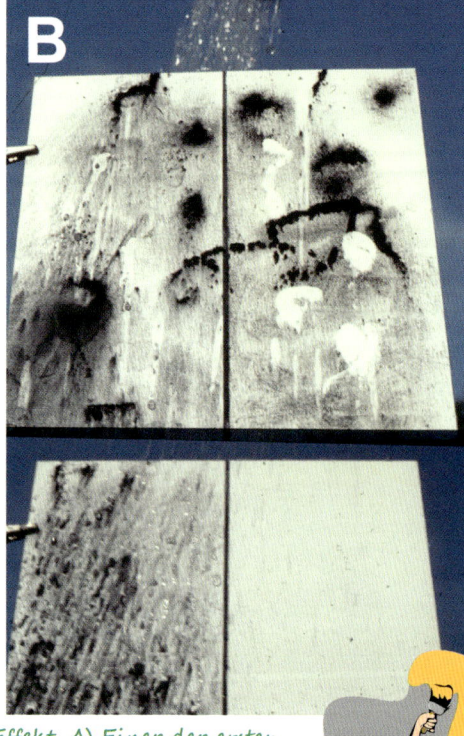

Bild 5: Technische Oberflächen mit Lotus-Effekt. A) Einer der ersten Prototypen: ein Honiglöffel, von dem der Honig einfach abrollt. B) Vergleich von herkömmlicher Farbe und einer Farbe mit Lotus-Effekt. Auf der linken Seite der Platte ist herkömmliche Farbe, rechts die Farbe mit dem Lotus-Effekt. Dann wurde Ruß auf beiden Seiten verteilt. Wenn anschließend Waser auf die beiden Seiten gegossen wird, dann bleibt der Ruß auf der herkömmlichen Farbe hängen. Von der Farbe mit Lotus-Effekt wird er einfach abgewaschen, so wie der Schmutz vom Lotus-Blatt. Bilder: W. Barthlott, Bonn.

Warum gibt es so unterschiedliche Oberflächen und warum sind sie so nützlich für uns?

Das kleine Experiment auf den nächsten zwei Seiten hat euch hoffentlich Spaß gemacht und Ihr habt bemerkt, wie unterschiedlich Pflanzenoberflächen sein können. Aber wie spannend solche Oberflächen tatsächlich aussehen, das könnte Ihr euch

Kleines Experiment:

Ihr könnt den Lotus-Effekt und die unterschiedlichen
Eigenschaften von Pflanzenoberflächen zu Hause selbst ausprobieren. Alles was ihr benötigt ist: etwas Wasser, ein bisschen
„Schmutz" (das kann z.B. feiner Sand, etwas Mehl oder ein bisschen Puder sein), einen Strohhalm oder eine Pipette und ein bisschen Honig oder wasserlöslichen Flüssigkleber.
Jetzt braucht ihr natürlich noch ein paar Pflanzenblätter. Schaut
mal, ob ihr folgendes findet (die Bilder in Bild 6 helfen euch beim
suchen):

Bild 6: Mit diesen Blättern könnt ihr experimentieren:
A) Kapuzinerkresse, B) Schwertlilie, C) Frauenmantel, D) Lupinen,
E) Kirschlorbeer, F) Rhododendron, G) Salbei, H) Geranie

Kapuzinerkresse oder Schwertlilien, Frauenmantel oder Lupinen,
Kirschlorbeer oder Rhododendron, Salbei oder Geranien.
Ihr könnt aber natürlich auch alle anderen Blätter einfach auspro-
bieren.
Zunächst schaut ihr euch die Blätter genau an. Was seht
ihr? Sind sie zum Beispiel glatt oder rau, glänzen sie oder
sind sie matt, oder haben sie vielleicht Haare auf ihrer
Oberfläche?

Als nächstes legt ihr die Blätter vor euch auf den Tisch und gebt einen Tropfen Wasser darauf. Wie verhält sich der Tropfen? Bestimmt gibt es hier Unterschiede: Vielleicht zerfließt er, sitzt wie eine Kugel auf der Oberfläche oder verformt sich und bleibt hängen.

Jetzt haltet ihr das Blatt schräg und lasst etwas Wasser darauf tropfen. Was passiert diesmal? Perlt das Wasser einfach ab, bleiben die Tropfen hängen oder wird die gesamte Blattoberfläche nass?

Wiederholt das jetzt noch einmal mit Honig oder Flüssigkleber – was passiert nun?

Zum Schluss gebt ihr noch ein wenig Schmutz auf die Blätter, haltet sie schräg und versucht den Schmutz mit Wasser abzuspülen. Klappt das, oder bleibt der Schmutz an den Blättern haften?

Nun zu den Ergebnissen:

Bestimmt habt ihr bemerkt, dass die Blätter sich ganz unterschiedlich verhalten. Die Blätter von Salbei oder Geranien sind matt und rau. Sie werden nass, Kleber und Honig haften darauf und auch der Schmutz lässt sich kaum abspülen. Diese Blätter sind Wasser anziehend (man sagt „hydrophil") und weisen damit natürlich auch keinen Lotus-Effekt auf.

Die Blätter von Kirschlorbeer oder Rhododendron sind glatt und glänzen. Auch bei ihnen bleiben Wasser, Honig und Kleber haften, sie sind also auch eher hydrophil. Auch der Schmutz lässt sich hier nur schwer abwaschen, allerdings besser als bei Salbei oder Geranien.

Die Blätter von Frauenmantel oder Lupinen sind matt und haben Haare auf ihren Oberflächen. Von ihnen perlt das Wasser ab, sie sind also hydrophob. Auch Honig und Klebstoff perlen ab, wobei sich die Tropfen entlang der Haare hangeln. Schmutz lässt sich aber nur sehr schwer von diesen Oberflächen abwaschen, denn er hängt zwischen den Haaren fest und das Wasser erreicht ihn kaum, weil es nicht zwischen die Haare dringt.

Bleiben noch die Blätter von Kapuzinerkresse oder Schwertlilien. Sie sind ebenfalls matt, sehen auf den ersten Blick beinahe glatt aus und haben keine Haare an ihren Oberflächen. Von ihnen perlen Wasser, Honig und Klebstoff einfach ab und auch Schmutz lässt sich problemlos herunterspülen. Sie verfügen über den Lotus-Effekt, beherrschen also das Waschen ohne nass zu werden perfekt.

wahrscheinlich kaum vorstellen. In Bild 7 ist eine kleine Auswahl gezeigt, welche komplizierten Strukturen die Natur sich „ausgedacht" hat.

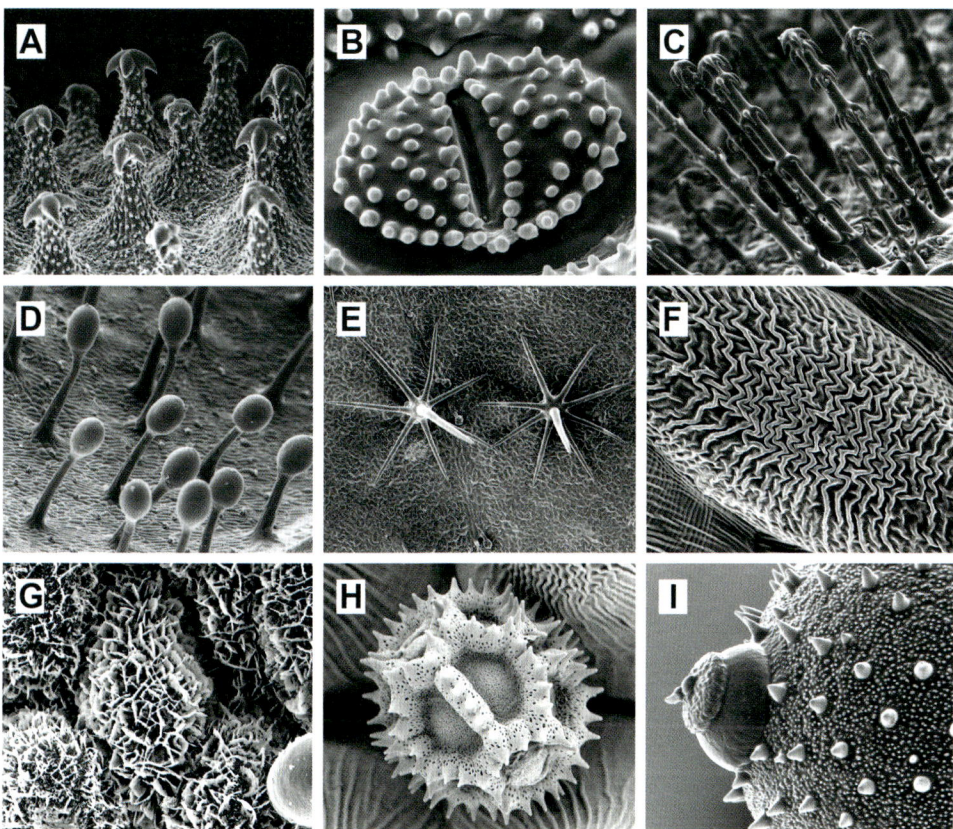

Bild 7: Eine kleine Auswahl von Mikroskopaufnahmen, die euch einen Eindruck geben, welche komplizierten und hoch interessanten Strukturen man auf biologischen Oberflächen finden kann. Bilder A)–D) und I): W. Barthlott, Bonn.

Aber wie untersucht man so etwas und wie findet man diese interessanten Strukturen? Zunächst schaut man sich die Tiere oder Pflanzen genau an, viele Dinge lassen sich schon mit dem bloßen Auge erkennen. Dann macht man die ersten Experimente, ähnlich wie Ihr sie mit den Blättern gemacht habt.

Anschließend nimmt man die Dinge genauer unter die Lupe, im wahrsten Sinne des Wortes.

Ihr könnt es ja selbst einmal ausprobieren, nehmt euch eine Lupe und etwas Wasser und geht damit in den Garten oder den Wald und schaut euch verschiedene Blattoberflächen mal etwas genauer an.

Probiert aus, wie sich ein Wassertropfen darauf verhält – bestimmt könnt Ihr viele spannende Dinge entdecken! Um noch kleinere Strukturen zu entdecken,

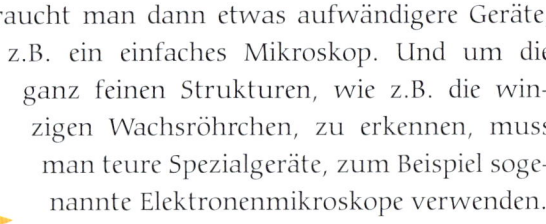

braucht man dann etwas aufwändigere Geräte, z.B. ein einfaches Mikroskop. Und um die ganz feinen Strukturen, wie z.B. die winzigen Wachsröhrchen, zu erkennen, muss man teure Spezialgeräte, zum Beispiel sogenannte Elektronenmikroskope verwenden.

Aber warum gibt es denn überhaupt so viele unterschiedliche Oberflächen?

Die Natur macht das doch sicher nicht nur, damit wir schöne Bilder machen können. Natürlich nicht, man kann sagen, die Natur macht nichts umsonst. All diese Strukturen haben eine oder mehrere Funktionen. Ihr müsst euch mal überlegen, wie wichtig die Oberflächen für die Pflanzen sind, sie sind schließlich die Verbindung zwischen der Pflanze und ihrer Umwelt – in etwa so wie es eure Haut ist. Aber im Vergleich zu euch können die Pflanzen im Sommer nicht einfach in den Schatten gehen oder sich eincremen und sie können auch nicht unter die Dusche gehen oder sich warm anziehen.

Die Pflanzen müssen mit allen Umwelteinflüssen wie Sonne, Regen, Wind, Verschmutzungen und vielem mehr zurechtkommen.

Daher haben sie über Millionen Jahre der Evolution Strategien entwickelt, um diese Herausforderungen zu meistern – und wir können davon lernen.

Beispielsweise gibt es Pflanzen, die im Wald am Boden unter den Bäumen wachsen und kaum Licht abbekommen. Sie haben ihre Oberflächen so optimiert, dass sie auch noch das letzte bisschen Licht einfangen und nutzen können. Auch bei Solarzellen wünschen wir uns, dass sie möglichst viel Licht einfangen, um möglichst viel Strom erzeugen zu können.

Daher sind die Oberflächen dieser Blätter die perfekten Vorbilder, um die Solarzellenoberflächen zu verbessern, sodass diese mehr Licht einfangen können.

Andere Pflanzen haben Oberflächen entwickelt, die Wasser anziehend sind und dieses direkt ins Pflanzeninnere leiten. Beispiele kennt Ihr vielleicht vom eigenen Blumenfenster: die Tillandsien und andere Bromelien sind beliebte Zierpflanzen, die auf den Ästen von Urwaldbäumen wachsen und Wasser ausschließlich über ihre Blattoberflächen aufnehmen, die Wurzeln dienen nur zur Befestigung! Solche Pflanzen wachsen auch häufig in Gegenden, in denen es wenig regnet, aber häufig neblig ist, wie in der Wüste Namib. Die Pflanzen sammeln dann das Wasser aus dem Nebel und nutzen es. Das können wir für technische Nebelfänger nutzen, die nach demselben Prinzip funktionieren, das auch die Pflanzen nutzen.

Damit kann Wasser für Menschen und Tiere in diesen Regionen gewonnen werden.

Die lichtsammelnden Oberflächen und die Nebelsammlerstrukturen sind schon tolle Beispiele, was wir von biologischen Oberflächen alles lernen können. Aber einer der aktuell spannendsten Effekte ist der sogenannte *Salvinia-Effekt*, der nach dem gleichnamigen Schwimmfarn *Salvinia molesta* benannt wurde. Diese Schwimmpflanze hat eine der kompliziertesten Oberflächen im Pflanzenreich.

In Bild 8 seht Ihr ein Foto der Blätter und Detailaufnahmen ihrer Oberfläche. Die Blattoberseiten sind mit Haaren besetzt, die aussehen wie kleine Schneebesen. Auf

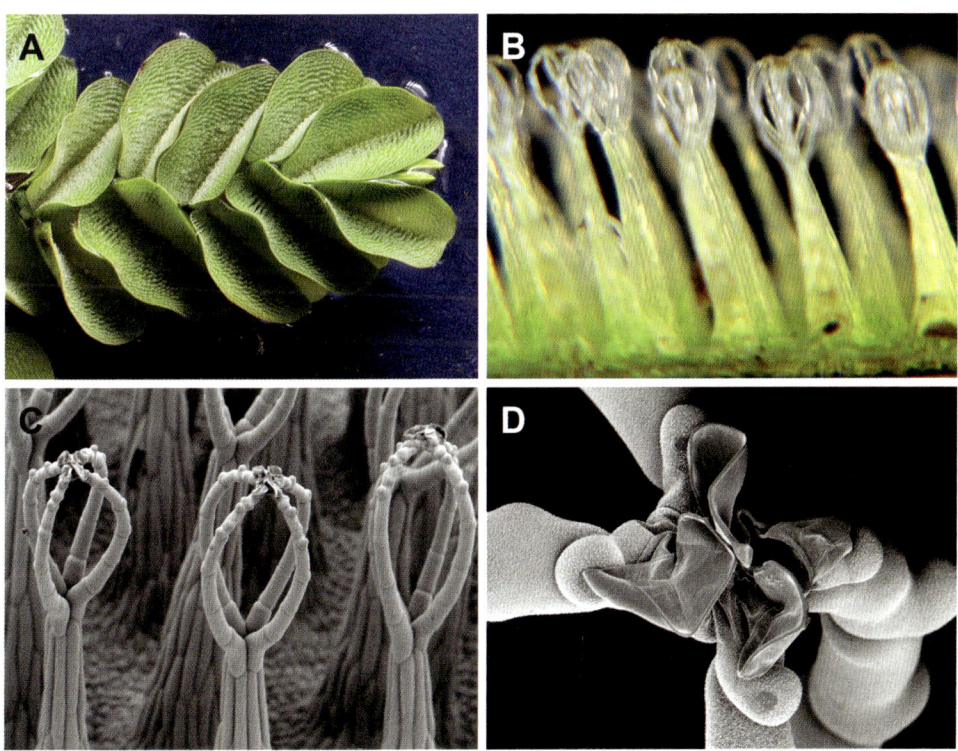

Bild 8: Der Schwimmfarn Salvinia molesta. A) Die Pflanze schwimmt auf dem Wasser. Auf der Oberseite der Blätter könnt ihr schon sehen, dass es dort eine haarige Struktur gibt. B) Nahaufnahme der Haare. Sie sehen aus wie kleine Schneebesen, sind aber nur wenige Millimeter lang. C) Mikroskopaufnahme der Schneebesenhaare. Sie sind mit winzigen Wachskristallen bedeckt und daher Wasser abweisend. D) An der Spitze jeden Haares gibt es vier Zellen, die keine Wachsschicht haben, sie sind Wasser anziehend. Unter Wasser halten sie sich am Wasser fest und helfen damit die eingeschlossene Luftschicht zu stabilisieren.

der Blattoberfläche und den Schneebesen ist wieder eine dünne Schicht aus winzigen Wachskristallen, so wie beim Lotus.

Dadurch sind auch diese Oberflächen hydrophob, aber nicht selbstreinigend, da der Schmutz sich in den Haaren verfängt. Normalerweise schwimmen diese Blätter an der Wasseroberfläche. Ihre Besonderheit zeigt sich, wenn sie unter Wasser getaucht werden. Dann kann kein Wasser zwischen die Haare dringen und es wird eine dicke Luftschicht eingeschlossen. Das erkennt man daran, dass die Blattoberseiten unter Wasser silbrig glänzen, weil Licht am Übergang von Wasser zu Luft reflektiert wird. Das könnt Ihr in Bild 9 sehr gut erkennen. Diese Luftschicht hilft dabei, dass die Blätter schneller wieder an die Wasseroberfläche gelangen und ermöglicht es der Pflanze unter Wasser weiter Photosynthese zu betreiben („zu atmen").

Bild 9: Luftschichten unter Wasser. A) Ein Blatt einer anderen Salvinia-Art wird unter Wasser getaucht. Man sieht sehr gut das silbrige Glänzen. Das zeigt, dass eine Luftschicht eingeschlossen wurde. B) Prototyp einer technischen Oberfläche mit Salvinia-Effekt. Der Rumpf des Modellboots wurde mit einer lufthaltenden Schicht überzogen. Ihr könnt auch hier sehen, dass der Teil des Rumpfs, der unter Wasser liegt, silbrig glänzt, also eine Luftschicht hält. Bild B): W. Barthlott, Bonn.

Und Salvinia hat noch einen ganz besonderen Trick auf Lager: An der Spitze von jedem Schneebesenhärchen sind vier Zellen, auf denen kein Wachs ist. Sie sind hydrophil, also Wasser anziehend. Damit wird beim Untertauchen das Wasser an jedem Härchen festgehalten und die Luftschicht noch stabiler. Versuche haben gezeigt, dass die Luftschicht über mehrere Wochen eingeschlossen bleiben kann, bis das Blatt abstirbt. Diesen Effekt, dass eine Luftschicht dauerhaft unter Wasser festgehalten wird, nennt man Salvinia-Effekt und auch er wurde von Wilhelm Barthlott entdeckt.

Und wie können wir den Salvinia-Effekt nutzen?

Zum Beispiel kann er zur Reibungsreduktion genutzt werden. Stellt euch mal ein Schiff vor, das durch das Meer fährt. Dabei reibt das Wasser die ganze Zeit am Schiffsrumpf und das kostet natürlich Energie. Wenn jetzt aber eine Luftschicht

Kleines Experiment:

Jetzt seid nochmal ihr gefordert – bestimmt wollt ihr auch den Salvinia-Effekt zumindest einmal testen. Was ihr benötigt: eine Schüssel mit Wasser, eventuell eine Taschenlampe und natürlich Blätter. Ihr habt zwar wahrscheinlich keine Blätter von Salvinia molesta zur Verfügung, aber ihr könnt einfach die Blätter, die ihr auch schon im ersten Experiment verwendet habt, untersuchen. Zudem könnt ihr, wenn ihr Trauben oder Pflaumen im Garten habt, eine frische Traube oder Pflaume benutzen. Außerdem benötigt ihr noch ein paar Büroklammern und etwas Knetmasse. Jetzt taucht die Blätter unter Wasser und schaut, ob ihr eine silbrig glänzende Schicht entdecken könnt.

Da das oft auch vom Einfallswinkel des Lichts abhängt, könnt ihr auch mit der Taschenlampe versuchen aus verschiedenen Richtungen auf die getauchten Blätter zu leuchten, vielleicht entdeckt ihr es dann. Auch die Traube oder Pflaume könnt ihr untertauchen und schauen, was passiert.

Jetzt könnt ihr noch einen Langzeittest machen. Bei einigen der Blätter und bei den Früchten habt ihr bestimmt eine silbrig glänzende Schicht gesehen. Fixiert sie mit Büroklammern und Knetmasse unter Wasser und schaut, wie lange es dauert, bis die Luft verschwunden ist. Die Luftschichten sind bestimmt nicht so stabil wie bei Salvinia, weil die wachsfreien Spitzen fehlen, aber trotzdem bleiben sie sicher eine Weile zu sehen.

Nun zu den Ergebnissen:

Sicher habt ihr nicht bei allen Blättern eine silbrig glänzende Schicht gesehen, aber zumindest bei einigen. Bei den Wasser anziehenden, also beim Rhododendron oder beim Kirschlorbeer war nichts zu sehen, sie werden ja vollständig nass und somit wird keine Luft eingeschlossen. Auch Salbei und Geranien sind hydrophil und daher nass und ohne Luftschicht. Aber bei der Kapuzinerkresse oder der Schwertlilie habt ihr sicher eine Luftschicht entdeckt. Sie ist ganz dünn, da es ja keine Haare auf den Blättern gibt, zwischen denen die Luft gehalten wird. Sie ist nur zwischen den winzigen Wachskristallen eingeschlossen. Anders ist das bei Frauenmantel oder Lupinen. Sie verfügen über Haare an ihren Oberflächen und halten eine dicke Luftschicht. Und auch bei den Früchten war bestimmt eine Luftschicht zu sehen, die ebenfalls sehr dünn und nur zwischen den Wachskristallen ist.

um den Schiffsrumpf wäre, dann würde das Wasser ja nur noch an der Luft reiben und das benötigt deutlich weniger Energie. Wenn man also den Salvinia-Effekt auf Schiffe übertragen könnte, dann könnten sie große Mengen an Treibstoff einsparen und das wäre natürlich für das Klima und den Umweltschutz ein wirklich wichtiger Beitrag. Erste Prototypen von solchen Oberflächen gibt es bereits. Sie reduzieren die Reibung um bis zu 30%. In Bild 9 seht Ihr rechts auch ein Modellboot mit einer dieser Beschichtungen. Der gesamte Rumpf ist von einer Luftschicht umgeben, das seht Ihr daran, dass er silbrig glänzt, so wie das getauchte Salvinia-Blatt.

Der Salvinia-Effekt ist ein aktuelles, sehr spannendes Beispiel, welche tollen Tricks wir uns bei der Natur noch abschauen können, die uns helfen unsere technischen Systeme zu optimieren und wie in diesem Fall auch ein wichtiger Beitrag für den Klimaschutz geliefert werden kann. Leider ist das Kapitel zu kurz, um all die tollen Erfindungen der Natur zu beschreiben, die wir bisher schon entdeckt haben. Aber es gibt zumindest einen Eindruck, was für ein interessantes Thema die Bionik ist.

Das Spannendste ist, dass wir den größten Teil der Lebewesen auf unserem Planeten noch gar nicht kennen – es gibt also noch vieles für euch zu entdecken.

Weiterführende Literatur, Links und Materialien

Wenn Ihr jetzt neugierig geworden seid und mehr zur Bionik erfahren wollt, noch weitere unglaubliche Erfindungen aus der Natur kennenlernen möchtet oder weitere spannende Experimentiervorschläge sucht, gibt es einige gute Bücher, hier nur zwei Beispiele „Die genialen Erfindungen der Natur – Bionik für Kinder" (von S. Belzer, Impian Verlag) oder „Erfindungen der Natur: Bionik, was wir von Pflanzen und Tieren lernen können" (von Z. Cerman, W. Barthlott u. J. Nieder, Rowohlt Taschenbuch).

Im Internet gibt es viele weitere Hinweise zu unserem Thema - zum Beispiel unter

https://de.wikipedia.org/wiki/Lotoseffekt oder https://de.wikipedia.org/wiki/Salvinia-Effekt

www.lotus-salvinia.de

www.biokon.de

Wenn Ihr nach weiteren Büchern zur Bionik sucht, dann findet Ihr eine tolle Auswahl unter:

www.biokon.de/service/literatur

AUTORINNEN, AUTOREN

Dr. Matthias Mail, Physiker

Er hat in Karlsruhe Physik studiert und sich bereits in seiner Diplomarbeit mit den funktionalen Oberflächen von Pflanzen beschäftigt. Außerdem begann er dort sich intensiv mit Elektronenmikroskopie und anderen Untersuchungsmethoden zu beschäftigen. Anschließenden promovierte er an der Universität Bonn in der Arbeitsgruppe von Prof. Dr. Wilhelm Barthlott zu den lufthaltenden Eigenschaften von superhydrophoben Oberflächen und beschäftigt sich seitdem intensiv mit bionischen Systemen. Mittlerweile arbeitet er am Karlsruher Institut für Technologie (KIT), wo er sich auch weiterhin mit Bionik und modernen Mikroskopiemethoden beschäftigt.

Das Klima im Kühlschrank

Dieter Fehler

Peter war mit Aline einkaufen. Eigentlich hasste Peter Einkaufen, wenn es um so alltägliche Dinge ging wie Essen, Waschmittel und andere „normale" Dinge.

Aber zum einen war Aline seine beste Freundin, weiter freute er sich immer, wenn die Leute in den Geschäften oder auf dem Wochenmarkt über Alines breites Badisch erstaunt waren. Denn schließlich sah Aline mit ihrer dunkel getönten Haut und ihren schwarzen Augen gar nicht badisch aus, und drittens galt natürlich immer Punkt 1 – siehe oben.

Diesmal kamen beide vollbepackt vom Wochenmarkt zurück. Sie hatten von Alines Mutter einen großen Einkaufszettel mitbekommen – Obst und Gemüse und natürlich frischer Käse – und stopften jetzt alles – Radieschen, Gurken, Tomaten, Salat und Käse – zusammen in den Kühlschrank.

„Räumt bitte alles noch in den Kühlschrank ein!", hatte Alines Mutter zu ihnen aus dem Keller hochgerufen. „Und wenn Ihr fertig seid, dürft Ihr euch ein Eis aus dem Gefrierschrank holen. Macht aber wieder richtig zu!" Sie kannte schließlich die Schwachstellen „ihrer" Kinder, Peter als Alines bester Freund zählte da selbstverständlich dazu.

Aline und Peter räumten, stopften um ehrlich zu sein, die mitgebrachten Lebensmittel in den Kühlschrank, der zugegebener Weise schon ziemlich voll war, kontrollierten noch, ob die Kühlschranktür trotzdem noch richtig schloss, holten sich ihr Eis – jeder eins – aus dem Gefrierschrank und verkrümelten sich in ihre Lieblingsecke im Garten: Wochenende!

Es sah alles wirklich nach einem friedlichen, von weiteren Elternaufträgen freien Wochenende aus, bis, ja bis die Stille herb unterbrochen wurde.

„Lena! Peter!"

Das war Alines Mama, und wenn Aline Lena gerufen wurde, dann musste sie etwas angestellt haben, dann war Land unter, wie Peters Oma zu sagen pflegte – sie kam schließlich von der Küste an der Nordsee. Also etwas lief hier gar nicht gut!

„Lena, Peter! Kommt sofort hier her, ich möchte bloß wissen, was Ihr euch dabei gedacht habt!"

Noch immer keiner Schuld bewusst, aber mit besorgten Gesichtern flitzten beide sofort zu Alines Mama in die Küche.

Diese stand vor dem offenen Kühlschrank, hielt mit der linken Hand einen Salatkopf fest, der gerade heraus purzeln wollte und deutete mit der rechten auf den vollgestopften Kühlschrank.

„Was soll denn das?"

Aline und Peter zuckten mit den Schultern:

„Du hast doch gesagt, wir sollten alles einräumen."

„Ja, aber doch nicht so! Wer soll denn hier noch was finden! Kraut und Rüben! Und vor allem" – ihre Stimme hob sich –, „ist das Gemüse nicht im Gemüsefach!"

„Ist das denn so schlimm?", wehrte sich Aline; was sie nicht hätte tun sollen.

„Aber ja! Dich möchte ich einmal sehen, wenn ich euch morgen diesen Salat anbieten würde oder erst recht die Radieschen, für die Du (und das klang ziemlich drohend) den Allein-Vernichtungsanspruch ausgerufen hast!"

„Warum?" wollten beide Kinder gleichzeitig wissen.

„Fragt nicht, räumt lieber den Kühlschrank ordentlich ein – und dass diesmal das Gemüse ins Gemüsefach kommt.

Wenn Papa dann endlich nach Hause gekommen ist, fragt den. Dann seid ihr wenigstens alle drei beschäftigt und stört mich nicht bei der Arbeit!", brummelte sie. „Und wenn Ihr es dann verstanden habt, erklärt es mir bitte nicht. Es reicht mir, wenn es funktioniert!"

Der Start ins gemütliche Wochenende war damit natürlich für Aline und Peter gründlich danebengegangen, und dazu wurde es – wie immer – erst einmal später Nachmittag, bis Alines Papa endlich nach Hause kam.

„Endlich Wochenende!", seufzte er und sah dann in zwei ungeduldige und wissbegierige Gesichter. Nichts mit Ruhe, dachte er – er kannte ja die beiden.

Aline und Peter hatten in der Zwischenzeit den Kühlschrank neu eingeräumt und ihn sich dabei genauer angesehen. Denn wenn Papa Zeit zum Fragen haben „musste", dann musste dies genutzt werden – unerbittlich.

Als sie den Kühlschrank leergeräumt hatten, hatten sie nämlich bemerkt, dass oben an der Kühlschrankinnenwand die Wandfläche [1] viel kühler war als bei allen anderen Innenwänden.

Sogar Wassertropfen waren da zu sehen, die daran herunterliefen und in einer Art Dachrinne aufgefangen wurden. Danach liefen diese Tropfen durch ein kleines Loch an der Rückwand nach außen.

Weiter hatten sie festgestellt, dass es nur im oberen Teil des Kühlschranks luftige Gitter gab und erst ganz unten eine Glasplatte, die zwei herausziehbare Schubladen abdeckte.

Das war das „Gemüsefach", in das Aline und Peter jetzt das mitgebrachte Gemüse hereinzulegen begannen.

„Wenn nicht alles hineinpasst", rief ihnen Alines Mutter noch zu, die bei einem vorsichtigen Kontrollblick bemerkte, dass die beiden Schwierigkeiten hatten, alles in die beiden Schubladen zu bringen, „könnt Ihr die Tomaten auch auf die Glasplatte legen, die sind nicht so empfindlich."

„Ach, den noch verpackten Käse könnt Ihr so in den Kühlschrank legen, aber den offenen Schnittkäse und den offenen Camembert wickelt bitte in Frischhaltefolie ein, oder besser noch, verpackt den offenen Käse in Dosen."

Wieso, weshalb, warum?

Der Fragenkatalog der beiden wurde immer größer, erst recht als ihre Mutter den inzwischen vorbildlich eingeräumten Kühlschrank inspizierte. Denn auf der Innenseite der Frischhaltefolien hatten sich inzwischen ganz kleine Wassertröpfchen gebildet – ganz so wie auf der Rückwand des Kühlschranks.

Auf Alines Papa wartete also ein ganzes Fragenpaket, und er wusste, die beiden würden keine Ruhe geben, bevor nicht ihre Neugierde befriedigt worden wäre. Erbarmungslos!

„Kommt, holt euch was Kühles zu trinken, und dann setzen wir uns raus in den Schatten." Für sein eigenes Getränk sorgte er selbst und brachte auch gleich noch Schreibpapier und Stifte mit.

„Also Ihr wollt wissen, warum das Gemüsefach unten im Kühlschrank ist?"

„Ja, aber auch, warum es überhaupt ein Gemüsefach gibt?", ergänzte Peter.

„Ja, ich weiß", sagte Alines Papa, „und ich weiß auch, dass Ihr beide euch den Kühlschrank beim zweiten Einräumen ganz genau angeguckt habt."

Alines Papa begann zu malen und erklärte dabei: „Ihr habt bemerkt, dass es auf der hinteren Innenwand oben viel kälter ist, und dass sich dort Wassertröpfchen bilden. Das ist die Kühlfläche …".

„Und wie wird es dort so kalt?" fragte Peter dazwischen.
„Die Frage habe ich befürchtet", stöhnte Alines Papa, „das gibt nämlich eine Extra-Vorlesungsstunde für euch. Aber bitte heute nicht auch noch [2]. Das Klima im Kühlschrank ist nämlich auch so kompliziert genug!"

„Versprochen?"
„Versprochen!"
„Also an der Kühlfläche bilden sich Wassertropfen …".

„Woher kommt das Wasser?"
„Aus der Luft, in der ist nämlich gasförmiges Wasser enthalten, das man gar nicht sieht."

Zwei Fragezeichen sahen ihn an. „Ja, die Luft, die wir atmen, besteht aus vielen unterschiedlichen Gasen. Die wichtigsten sind Sauerstoff, Stickstoff, Kohlendioxid und gasförmiges Wasser, das wir aber, wie die anderen Gase [3], gar nicht sehen können. Wir sehen Wasser nur dann, wenn es flüssig wird. Wo kann man denn das eigentlich beobachten?"

Peter war der erste mit einer Antwort: „An den Wolken. Da sind die Wassertröpfchen aber so klein, dass sie nicht herunterfallen – außer bei Regen natürlich!"

„Oder beim Wasserkochen, wenn es dampft." Das kam von Aline. „Direkt über dem Wasser sieht man gar nichts und erst weiter oben, wo es kälter wird, sieht man den Dampf – wie Nebel sieht er aus."

„Klasse, auf euch beide kann man ja richtig stolz sein. Ihr wisst wirklich schon eine Menge." Mit einem tiefen Schluck aus seinem Glas belohnte sich Alines Papa für schon vorausgegangene Fragestunden – es war doch einiges hängen geblieben!

„Also mit dem gasförmigen Wasser in der Luft ist es so, dass umso mehr Wasserteilchen – der Naturwissenschaftler nennen sie Moleküle – in der Luft sein können, je wärmer die Luft ist. Aber wenn die Luft kälter wird, schließen sich diese Wassergasteilchen wieder zusammen und bilden kleine Tröpfchen, das gasförmige Wasser ‚kondensiert', wie die Wissenschaftler sagen würden." [4]

„Ist das so, wie im Winter bei den Fensterscheiben in unserem Schulbus?"

„Oder wie in der Straßenbahn?"

„Oder, wenn die Mama wieder einmal so richtig lange geduscht hat!", ergänzte Alines Papa.

„Ja, Ihr beide habt ganz tolle Beispiele für das Wetter in unserem Kühlschrank. Wir alle atmen nämlich nicht nur unsichtbares gasförmiges Wasser ein, sondern wir atmen noch viel mehr gasförmiges Wasser aus [5]. Denkt einfach einmal an die Nebelwolken vor unserem Mund, wenn es draußen so richtig kalt ist. An den

Fensterscheiben vom Schulbus oder der Straßenbahn ist es kälter als im Innenraum, die Luft an den Scheiben kann nicht mehr so viel gasförmiges Wasser aufnehmen und kondensiert auf den Scheiben aus.

Man kann dann sogar richtig schöne Bilder auf die Scheiben malen."

An dieser Stelle wurde Peter ein wenig rot, er hatte nämlich Aline einmal ein Herz auf die Scheibe gemalt, was niemand zu wissen brauchte, denn das war schließlich eine ganz andere Geschichte.

„Und genau das passiert an der Kühlfläche im Kühlschrank", dozierte Alines Papa weiter, der natürlich von solchen Dingen überhaupt nichts mitbekam, während Aline Peter intensiv musterte.

„Das gasförmige Wasser kondensiert auf der Kühlfläche, die Tropfen fließen zusammen und werden immer größer und fließen schließlich nach unten bis zu dieser ‚Dachrinne' und dann durch dieses Ablaufloch aus dem Kühlschrank hinaus."

Alines Papa zeichnete und erklärte weiter:

„Und jetzt aufgepasst. Dabei entsteht in dem Kühlschrank eine ganz langsame Luftströmung. An der Kühlfläche wird die Luft abgekühlt, zieht sich etwas zusammen, wird dadurch schwerer und sinkt nach unten bis zur Glasplatte, strömt nach vorne an die Tür, wird etwas wärmer, dehnt sich dabei etwas aus, wird dadurch leichter und steigt wieder nach oben.

Es entsteht dabei ein ganz, ganz langsamer Luftwirbel, auch Zirkulation genannt. Und immer, wenn die Luft wieder an der Kühlfläche vorbeikommt, kondensiert etwas gasförmiges Wasser an die Kühlfläche. Dieses Wasser fließt dann die Kühlfläche herunter und schließlich durch das Loch nach hinten aus dem Kühlschrank heraus.

„Die Luft im Kühlschrank wird dadurch immer trockner!"

Alines Papa nahm einen weiteren tiefen Schluck und betrachtete bekümmert den Boden seines Trinkglases, denn auch der wurde immer trockner …

„Ja, und? Weiter?"

„Trockene Luft, das ist Luft, die noch viel gasförmiges Wasser aufnehmen kann, möchte jetzt natürlich wieder Wasser aufnehmen [6]. Die Kühlschrankluft an der Tür ist ja auch wärmer als die Kühlschrankluft an der Kühlfläche. Aber woher nehmen?"

„Tja, wenn nichts Anderes da ist, eigentlich nur von den Lebensmitteln", überlegte Peter, „denn in denen ist ja überall Wasser drin!"

Radieschen im Kühlschrank:

„Richtig, Peter! Nur geht das bei einigen Lebensmitteln leichter als bei anderen. Die von Aline überaus geliebten Radieschen – genauso wie der Kopfsalat – geben viel leichter Wasser ab als die Tomaten mit ihrer festeren Haut. Deswegen hat Mama auch erlaubt, die Tomaten bei Platzmangel im Gemüsefach nach oben zu legen.

Richtig gefährdet gegen Wasserverlust ist dagegen der Camembert. Der schrumpft zwar nicht so ein, aber er wird hart und schmeckt dann überhaupt nicht mehr. Mama

Radieschen im Kühlschrank:

umwickelt ihn deshalb mit Frischhaltefolie, so wie Ihr es heute gemacht habt. Auf der Innenseite bilden sich dann aus dem Wasser des Käses diese kleinen Tröpfchen, die dann verhindern, dass der Käse noch mehr Wasser abgibt."

„Die Wissenschaftler sprechen dann von einer ‚gesättigten Luft.'"

Radieschen im Kühlschrank:

Alines Papa sah in zwei unheimlich konzentrierte Gesichter.

„Und weil man nicht alles einpacken kann, gibt es das Gemüsefach. Durch den Glasdeckel ist das Gemüse von der Luftzirkulation im Kühlschrank getrennt und verliert so kaum an Wasser. Das Gemüse bleibt frisch und knackig."

„Das Gemüsefach ist deshalb immer viel feuchter als im restlichen Kühlschrank, wird viel schneller schmutzig und muss häufiger geputzt werden …"

„Ja, und das letzte Mal von mir.", seufzte Aline. „War das eklig!"

„Ja, und ich hatte es eigentlich unserer Mama versprochen.", bekannte ihr Papa und gab ihr einen Kuss auf die Backe. „Danke!"

„Jetzt aber aufgepasst! Ich habe für alles,
was ich euch gerade erzählt habe, ein Experiment.

Mama hat es übrigens erlaubt, es handelt sich schließlich um Lebensmittel, mit denen man nicht spielen sollte. Also unsere Chefin hat mir eine Ausnahmeerlaubnis erteilt – sie hofft ja schließlich, dass Ihr dann später den Kühlschrank immer richtig einräumt!"

„Wir legen dazu einige der geliebten Radieschen ganz ohne allen Schutz auf einen flachen Teller in den Kühlschrank – und zwar nach oben und nicht in das Gemüsefach – und andere unter eine Frischhaltefolie in eine kleine Schale und warten ab, ganze 7 Tage.

Den ersten Blick auf unsere Radieschen
werfen wir aber schon heute Abend."

„Und dass mir keiner von euch diese Radieschen anrührt! Die restlichen Radieschen aus dem Gemüsefach dürfen aber gegessen werden!"

„Uff!, seufzte Peter erleichtert. „Und die anderen Radieschen?"

„Nächste Kontrolle nach 3 Tagen und dann nach 7 Tagen
noch einmal."

„Die Radieschen von dem Teller, die hast Du nach 7 Tagen ganz für Dich allein!" versprach ihm Alines Papa.

Und Aline eilte sofort zu ihrer Mama, Peter natürlich im Schlepptau:

„Mama, warum kommt jetzt das Gemüse unten in den Kühlschrank?"
„Weil da das Gemüsefach ist, Aline!"

Von den Radieschen, die ohne Schutz auf dem offenen Teller lagen, wollte nach 7 Tagen niemand mehr etwas essen.

BruKiSA 2012: „Liebling, mach den Kühlschrank auf, mich friert!"
Inhalt: Klima im Kühlschrank, Thermodynamik, Phasenübergänge

Radieschen im Kühlschrank:

Nach 7 Tagen!

Anmerkungen

[1] Bei manchen Kühlschränken ist die Kühlfläche getrennt innen an die Rückwand montiert (manchmal sogar als kleine Gefriereinheit für Eis), immer aber oben.

[2] Es gibt viele verschiedene Arten, um Kälte zu erzeugen, am meisten verbreitet sind Kühlschränke mit Kompressoren oder mit rein elektrischen Kühlflächen (Peltier-Elemente), eine Vorlesung darüber – versprochen, vielleicht im nächsten Jahr.
Weil aber dabei immer Wärme erzeugt wird, muss die Rückseite außen an einem Kühlschrank immer gut belüftet sein.

[3] Die Luft enthält viele verschiedene Gase in einer Mischung, ungefähr 78 % Stickstoff und 21 % Sauerstoff. Dann zum Beispiel noch das Edelgas Argon, Kohlendioxid und gasförmiges Wasser.

[4] Warme Luft kann mehr gasförmiges Wasser enthalten als kalte Luft. Deswegen bemerken wir diese Kondensat-Tropfen immer an den kälteren Flächen in einem Raum, während wir innen davon nichts bemerken, außer dass wir uns unwohl fühlen, weil die Luft uns zu schwül, zu feucht ist [6].

[5] Unser Körper braucht viel Energie, und diese gewinnt er zu einem großen Teil aus der „kalten Verbrennung" von Wasserstoff und Sauerstoff zu Wasser, das wir zum Teil mit dem anderen Verbrennungsprodukt Kohlendioxid über die Atmung nach außen abgeben – es gibt da aber auch noch andere Wege.

[6] Als Feuchte bezeichnet man den Anteil von gasförmigem Wasser in der Luft. Die relative Feuchte gibt an, ob die Luft noch gasförmiges Wasser aufnehmen möchte oder ob sie eher einen Teil des gasförmigen Wassers kondensieren möchte. 90 % relative Feuchte bedeutet, dass die Luft kaum noch gasförmiges Wasser aufnehmen kann, 20 % relative Feuchte dagegen, dass die Luft gasförmiges Wasser aufnehmen möchte. Am wohlsten fühlen wir uns bei 40% bis 60% relativer Feuchte.
Vielleicht habt Ihr zuhause ein Luftfeuchtigkeitsmessgerät im Wohnzimmer (Hygrometer), dann achtet einmal darauf, wie sich die Feuchte im Zimmer beim Lüften verändert.

AUTORINNEN, AUTOREN

Prof. Dr. Dieter Fehler, Diplom-Physiker
(meine Vita steht auf der Seite 22)

BruKiSA 2010

Der Urknall und seine Teilchen, *Prof. Dr. Wim de Boer, KIT Karlsruhe*
Klima und Klimawandel – Naturgefahren, *Christina Fiene, PH Heidelberg*
GPS-Satellitensysteme – Die Reiseführer aus dem Weltraum, *Gisela Stadler, SEW Eurodrive*
Die Schutzschicht unserer Erde – Gefährdung durch den Menschen, *Dr. Michael Höpfner, KIT Karlsruhe*
Sturm im Wasserglas, *Prof. Dr. Dieter Fehler, DHBW Karlsruhe*
Fahren mit Strom, *Torsten Cymanek, WBT Datensysteme*
Nach dem Vorbild der Natur – Bionik, *Dr. Stefan Schulz, KIT Karlsruhe*
Abenteuer „Schwarze Löcher", *Dr. Michael Biermann, Universität Heidelberg*

BruKiSA 2011

Klein, fein und ganz schön gemein - Mikroben in und um uns, *Prof. Dr. Ursula Obst und Silke Mareike Marten*
Ich sehe was, was Du nicht siehst - optische Täuschungen, *Prof. Dr. Dieter Fehler*
Story of the car - Wie entsteht ein Auto?, *Prof. Dr. Dr.-Ing. Dr. h.c. Jivka Ovcharova*
Faszinierende Einblicke in unser Inneres – Schlüsselloch Chirurgie, *Dr. med. Bernhard Rumstadt*
Der Traum von Troja - Mythos oder Wirklichkeit?, *Dr. Marion Boos*
Dinos & Co. - Giganten und Zwerge damals und heute, *Dr. Christina Ifrim*
Perfektionismus - der Wunsch des Menschen nach Vollkommenheit, *Dr. Christine Altstötter-Gleich*
Traumhaftes Australien - das Leben auf dem fünften Kontinent, *Dipl. -Betriebswirt Jochen Wessalowski*
Sensorik zum Anfassen - Riechen, Schmecken & Co., *Prof. Dr. Bernhard Tauscher*

BruKiSA 2012

Liebling, mach den Kühlschrank auf, mich friert!, *Prof. Dr. Dieter Fehler*
Der Blick ins infrarote Universum, *Dr. Silvia Scheithauer*
SOS! Erste Hilfe bei Stromausfallkatastrophen, *Werner Rüssel*
Kryptographie und Geheimschriften, *Dr. Matthias Rüssel*
Geld - die wichtigste Nebensache der Welt, *Nicole Tillmann*
Das Terrornetzwerk der Viren, *Dr. med. Richard Spörri*
Roboter in der Biologie - Roboter fangen Zebrafische, *Dip.-Ing. Alexander Pfriem*
Elektromobilität, *Thorsten Götzmann*
Kriegsstrategien in der Antike, *Dr. Marion Boos*
Ammoniten - vom Auf und Ab in den Meeren der Vorzeit, *Dr. Christina Ifrim*

BruKiSA 2013

Wasser und Mikroben - wie bleiben wir gesund?, *Prof. Dr. Ursula Obst und Silke-Mareike Marten*
United Airways - Flug durch die Atemwege, *Prof. Dr. Vincent Heuveline*
Drachen der Lüfte - Monster der Meere, *Dr. Christina Ifrim*
Natur - Lehrmeister des Menschen, *Dr. Sanaz Mostaghim*
Wenn die Erde bebt …!?, *Dr. Joachim Ritter*
Von Euros, Gurken und Piraten - die Politiker der EU, *Dr. Marc Mühleck*
Spektroskopie - was wir aus den Farben der Sterne lernen, *Dr. Michael Biermann*
Eins, zwei, drei im Sauseschritt - Zeitmessung, *Prof. Dr. Dieter Fehler*

BruKiSA 2014

Meteoriten - Bomben aus dem All, *Dipl. Geologe Bernhard Potthoff*
Tiere der Steinzeit, *Dipl. Geologe Bernhard Potthoff*
Von der Feder zum Flügel, *Dipl. Geologe Bernhard Potthoff*
Entdeckungsreise zu den Arzneipflanzen der Welt, *Prof. Michael Wink*
Atlantis bis heute, *Noura Dirani und Jacob Birken*
Die Luft, die uns umgibt, *Prof. Dr. Werner Aeschbach-Hertig und Dr. Nicole Vollweier*
Physik, *Prof. Hans-Christian Schulz-Coulon*
Wie viel Sonne braucht der Mensch? - Und was sagt die Haut dazu?, *Dr. Jessica Hassel*

BruKiSA 2015

Ein-Zwei-Drei im Sauseschritt, es läuft die Zeit, wir laufen mit!, *Prof. Dr. Dieter Fehler*
Wie bleibe ich gesund?, *Prof. Dr. med. Jürgen Wacker*
Überall Steckdosen - Erneuerbare Energien von der Kerze bis zum Kraftwerk, *Dr. Hartmut Schönherr*
Papyrus - Papier - PC; Ein Gang durch die Geschichte des Schreibens, *Prof. Dr. Sabine Liebig*
Welcher Stein ist das?, *Dipl. Geologe Bernhard Potthoff*
Als Astronaut den Kraichgau erforschen, *Dr. Inga Beck*
Welt der Kristalle, *Dipl. Geologe Bernhard Potthoff*
Geheime Botschaften, *Prof. Dr. Stefan Ritter & Dr. Melanie Platz*
Wärme aus der Tiefe - Bruchsals heißer Untergrund, *Dipl. Geologe Bernhard Potthoff*

BruKiSA 2016

Vom Indianerzelt zum Stadiondach, *Prof. Dr. Dipl-Ing. Hartmut Ayrle*
Wo bin ich?, *Prof. Dr. Dieter Fehler*
Flucht - ein Thema, das uns alle bewegt, *Prof. Dr. Sabine Liebig*
Die Zauberkraft der Mathematik, *Studiendirektorin Ernestina Dittrich*
Überall Steckdosen - Erneuerbare Energien, *Dr. Hartmut Schönherr*
Waschen ohne nass zu werden? - Was wir von Pflanzen und Tieren alles lernen können,
    Dipl.-Physiker Matthias Mail
Die Tunnelbaustelle, *Prof. Dr.-Ing. Dieter Kirschke*
Rosette, Phiale und Co., *Prof. Dr. Dieter Fehler*
Die Welt der Printmedien, *Prof. Bernd Jürgen Matt*
Wer ist Malala? Oder: Was wir an der Schule haben, *Prof. Dr. Werner Schnatterbeck*
Warum kann man mit Papier Spielsachen kaufen?, *Prof. Dr. Johannes Schmidt*
Wie helfe ich anderen?, *Prof. Dr. med. Jürgen Wacker*
Plane Deine Straße, *Prof. Dr.-Ing. Jan Riel*
Kann man ein Handy abhören?, *Prof. Dr. Manfred Litzenburger*
Schatzsuche in Bruchsal - Geocaching, *Prof. Dr. Stefan Ritter & Dr. Melanie Platz*
Mein Roboter lernt tanzen, *Prof. Dr. Cosima Schmauch & Dipl. Informatikerin Helga Gabler*
Katastrophen der Urzeit, *Dipl. Geologe Bernhard Potthoff*
Die Macht der Vulkane, *Dipl. Geologe Bernhard Potthoff*
Flosse-Pfote-Hand, *Dipl. Geologe Bernhard Potthoff*

BruKiSA 2017

Riesige Maschinen bohren sich durch die Erde, *Prof. Dr.-Ing. Dieter Kirschke*
Antriebslos durch die Nacht, *Prof. Dr. Dieter Fehler*
Mathematische Rätsel aus dem alten Ägypten, *Studiendirektorin Ernestina Dittrich*
Vom Indianerzelt zum Stadiondach, *Prof. Dr. Dipl-Ing. Hartmut Ayrle*
Wie helfe ich anderen?, *Prof. Dr. med. Jürgen Wacker*
Marmor, Stein und…?, *Dipl. Geologe Bernhard Potthoff*
Von der Magie des Feuers, *Dipl. Geologe Bernhard Potthoff*
Wasser im Himmel - Wolken, *Dipl. Geologe Bernhard Potthoff*
Geheime Botschaften, *Prof. Dr. Stefan Ritter*
Luft ist nicht nichts!, *Dipl. Geologe Bernhard Potthoff*
Optik, *Prof. Dr. Dieter Fehler*
Mein Roboter lernt tanzen, *Prof. Dr. Cosima Schmauch & Dipl. Informatikerin Helga Gabler*

BruKiSA 2018

Biologie- und Chemieworkshop für junge Wissenschaftler, *Dr. Ines Lind*

Magie der Zahlen nicht nur bei dem Volk der Maya, *Studiendirektorin Ernestina Dittrich*

Zaubertricks der Mathematik, *Prof. Dr. Stefan Ritter*

Wie helfe ich anderen?, *Prof. Dr. med. Jürgen Wacker*

Wie die Römer den Alltag meisterten, *Lothar Weis*

Die Entstehung der Erde, *Dipl. Geologe Bernhard Potthoff*

Die Kraft der Sonne nutzen - Experimente mit Solarzellen, *Prof. Dr. Manfred Litzenburger*

Die Entwicklung des Lebens, *Dipl. Geologe Bernhard Potthoff*

Die Evolution des Menschen, *Dipl. Geologe Bernhard Potthoff*

Was wäre, wenn die Hummel wüsste, dass sie nicht fliegen kann?, *Prof. Dr. Dieter Fehler*

Waschen ohne nass zu werden? - was wir von Pflanzen und Tieren alles lernen können,
    Dipl.-Physiker Matthias Mail

Akte Physix, *Prof. Dr. Dieter Fehler*

Mein Roboter lernt tanzen, *Prof. Dr. Cosima Schmauch & Dipl. Informatikerin Helga Gabler*

BruKiSA 2019

Wie helfe ich anderen?, *Prof. Dr. med. Jürgen Wacker*

Schatzsuche in Bruchsal - Geocaching, *Prof. Dr. Stefan Ritter & Dr. Melanie Platz*

Wie die Römer den Alltag meisterten, *Lothar Weis*

Biologie- und Chemieworkshop für junge Wissenschaftler, *Dr. Ines Lind*

Mathematische Zaubereien, *Studiendirektorin Ernestina Dittrich*

Sonne, Mond und Sterne, *Prof. Dr. Dieter Fehler*

Wir bauen uns einen Handy-Detektor, *Prof. Dr. Manfred Litzenburger*

Meteoriten - Bomben aus dem All!?, *Dipl. Geologe Bernhard Potthoff*

Die Farbe der Steine - Steinfarben, *Dipl. Geologe Bernhard Potthoff*

Mein Roboter lernt tanzen, *Prof. Dr. Cosima Schmauch & Dipl. Informatikerin Helga Gabler*

Erneuerbare Energien - Biomasse, *Dipl. Geologe Bernhard Potthoff*

Die Ente wird nicht zu Wasser gelassen, *Prof. Dr. Dieter Fehler*

BruKiSA 2020

Wie helfe ich mir selbst?, *Prof. Dr. med. Jürgen Wacker*

Eier kochen auf dem Everest, *Prof. Dr. Dieter Fehler*

Magie der Mathematik, *Studiendirektorin Ernestina Dittrich*

Geheimnisvolle Schriften, Codes und Chiffren, *Dipl. Geologe Bernhard Potthoff*

Die Kraft der Sonne nutzen - Experimente mit Solarzellen, *Prof. Dr. Manfred Litzenburger*
    und Prof. Dr. Stefan Ritter

Bausteine des Lebens, *Dipl. Geologe Bernhard Potthoff*

Wärme aus der Tiefe - Bruchsals heißer Untergrund, *Dipl. Geologe Bernhard Potthoff*

Botschaften aus der Vergangenheit: Schätze aus dem Stadtarchiv erkunden, *Dr. Tamara Frey*

BruKiSA 2021

Mein Roboter lernt tanzen, *Prof. Dr. Cosima Schmauch & Dipl. Informatikerin Helga Gabler*

Physikalische Spielereien - Eine physikalische Reise durch mein Arbeitszimmer,
    Prof. Dr. Dieter Fehler

Mathematik erleben, entdecken und begreifen, *Studiendirektorin Ernestina Dittrich*

Salz ist nicht gleich Salz!, *Dipl. Geologe Bernhard Potthoff*

Katastrophen der Urzeit, *Dipl. Geologe Bernhard Potthoff*

Stein und ...? - Die Welt der Gesteine und Minerale, *Dipl. Geologe Bernhard Potthoff*

Die Kraft der Sonne nutzen - Experimente mit Solarzellen,
    Prof. Dr. Manfred Litzenburger und Prof. Dr. Stefan Ritter

Passt unser Universum wirklich in eine Nussschale?, *Dipl.-Ing. u. Dipl.-Wirtsch.-Ing. (FH) Peter Kunz*